ZHONGGUOFOJIAODE
DUOMINZUXINGYUZHUZONGPAIDEGEXING

中国佛教的多民族性与诸宗派的个性

杜继文／著

中国社会科学出版社

图书在版编目（CIP）数据

中国佛教的多民族性与诸宗派的个性/杜继文著.—北京：中国社会科学
出版社，2008.7
　　ISBN 978-7-5004-7059-5

　　Ⅰ.中…　Ⅱ.杜…　Ⅲ.佛教—中国—文集　Ⅳ.B948—53

中国版本图书馆 CIP 数据核字（2008）第 100678 号

责任编辑　雁　声
特邀编辑　立　早
责任校对　曲　宁
封面设计　大鹏工作室
版式设计　戴　宽

出版发行　中国社会科学出版社
社　　址　北京鼓楼西大街甲 158 号　　邮　编　100720
电　　话　010－84029450（邮购）
网　　址　http：//www.csspw.cn
经　　销　新华书店
印　　刷　华审印刷厂　　　　　　　　装　订　广增装订厂
版　　次　2008 年 7 月第 1 版　　　　印　次　2008 年 7 月第 1 次印刷
开　　本　710×1000　1/16
印　　张　16.25　　　　　　　　　　插　页　2
字　　数　300 千字
定　　价　32.00 元

自 序

　　收入这本论文集中的文章时间跨度颇大，从 20 世纪 80 年代初至今，约 28 个年头。翻翻内容，感到无甚长进，有些惭愧。感谢中国社会科学出版社和责编黄燕生女士不嫌寒碜，仍将它用心出版，得面读者。

　　论文集所用的书名《中国佛教的多民族性与诸宗派的个性》是其中的文章之一。此文有中国和美国翻译的两个英文译本，表明它是受到读者较多的注意了。但还有一篇，即《略论康僧会佛学思想的特色》，似乎完全没有反应，趁此机会，想略说几句。

　　"文革"结束后，任继愈先生组织撰写《中国佛教史》，那时我在内蒙古大学教书，是受邀的撰稿人之一，《略论》即是我为其第一卷草拟的一篇：《康僧会的佛教仁道说》，任先生把它抽出来推荐给《世界宗教研究》1981年第二期上发表，并改为现名。在我诸多佛教译籍的剖析中，为什么单选这篇发表？我想可能有一个原因——在佛教初传中国的研究中，着眼于佛教与道家、玄学关系的相当普遍，而儒家思想的作用反而被忽视了。康僧会的译籍，充塞的是"儒典之格言，即佛教之明训"，反映了与当时内地的学风完全不同的另一种文化气氛，足以填补先贤们研究上的缺失。

　　康僧会生于交阯，于吴赤乌十年（247）至建业，死于吴亡之晋太康元年（280），可见他的前半生是在交阯度过的，他的佛教思想亦当形成于此地。

　　交阯是汉末三国期间相对安定富庶的地区，士燮为太守，在这里经营40 余年，崇尚儒学，又宽待释、道，内地避乱士人常有百数，异见纷起，学术昌盛。著名的《牟子理惑论》就产生在这里，从中可以窥见诸子异学论辩的一斑。士燮本人治《左氏春秋》，师颍川刘子奇（刘陶）。刘乃桓灵时名儒，旨在"匡老子，反韩非，复孟轲"，与汉魏之际重《老子》、尚刑名的时风恰巧相反。这种风尚可能影响士燮，从而波及他的整个治下。《理惑论》称："牟子常以五经难之，道家术士莫敢对焉，比之于孟轲距杨朱、墨翟。"——从"复孟轲"到以"孟轲"自比，《孟子》的地位，被凸显出来了，而《孟子》之与"五经"并行，是儒家思想史上的重大变化。这消息首先在交阯学术圈中传播开来，康僧会则是第一个将它融入佛教译经事业中的人物。

　　《六度集经》是康僧会的主要译籍，其中贯彻的"儒典格言"，完全是《孟子》的仁道说，也是孟轲特有的政治理念，即民贵君轻的主张。贯彻于《六度集经》中的是对暴君虐民的抨击，异常激烈；号召推翻以至诛杀桀纣一类君主并取而代之的言论，毫不隐饰，这在汉译佛典中是绝无仅有的。康僧会的佛学思想，即使在儒学史上也应该有个交代。

2008 年 7 月 4 日

目　录

中国佛教的多民族性与
诸宗派的个性

在讨论中国的传统文化时，佛教是一个受到注意的对象。[①]它产生于古印度，曾盛行于中亚，约在西汉末年传入内地。对于有五千年历史的华夏文化而言，佛教是外来文化，当然不是正宗。因此，从它在社会上崭露头角开始，就受到非难和排斥。由汉魏三教之辩发端，到两宋以后的道学家，代有排佛大师出现；动用国家机器大规模的毁佛运动至少有四次，一般行政限制不可胜数。但结果是众所周知的：佛教没有销声匿迹。它在中国流传了近两千年，迭经演变，终于成了传统文化的组成部分，不但被海内外炎黄子孙当做认同的一大因素，而且俨然以华夏文化载体的资格，影响于东邻和南邻。

这种现象需要得到解释，而且已经有不少解释。其中比较普遍的一种，就是佛教中国化——被中国同化了。

我赞成这个说法，这是事实。需要强调的是，佛教的中国化绝不是单向的，仅表现为孟子所谓"用夏变夷"的一面，而是双向的，也有使夏"变于夷者"的一面。而恰巧对于后一面，我们的研究没有给以足够的重视。

佛教是历史上首次向我国国内固有传统作强烈冲击的外来文化，它的传入引起的我国社会经济文化以至人们思维模式的变化，今人有时不易想象。佛教有一套独特的思想体系和文化形态。它的被接受，从根本上改变了秦汉两代力图划一的文化结构，另竖起了一个"道统"，意义是深远的。在这方面，汉族出身的僧俗文人起了重要作用，而侨民游僧和少数民族的作用尤为

---

① 习惯上，人们把内地佛教称为中国佛教。今天看来，这种说法并不准确。准确地讲，中国佛教包括三个部分：一是汉语系统的内地佛教，二是藏传佛教，三是南传佛教。不过，本文讨论的范围限于隋唐的建立及其以前的内地佛教，而藏传佛教于唐代才传入我国，南传佛教恐怕更晚一些，所以仍依惯例，将这段历史上的内地佛教称作中国佛教。

突出。中国佛教不只是汉民族的创造，也是包括侨民在内的少数民族的创造，是融合多民族思想文化形态于一身的宗教。忽视中国佛教的多民族性，是我们研究中的另一缺陷。

从魏晋到五代宋初的近千年中，佛教是整个封建文化中最活跃、最有生生气的成分，丰富的佛教哲学思想一直渗透到华夏文化儒学的骨髓里，原因之一，在于它能够不断地吸取外来因素，经多民族之手丰富自己。这一时期，佛教内部创见屡出，标新立异，以致派别竞立，个性鲜明。没有个性就没有差别，没有发展，没有生命。两宋以后，佛教停滞，且日趋衰微，与诸宗混杂、个性消失有很大关系。以往的佛学研究常常忽略诸宗派的历史个性，从而忽略他们在开拓思想文化领域中各自的特殊作用，这是研究中的又一缺陷。

以上几点，多是我本人在佛教史研究中存在的问题，写出来向读者请教，也有自我反省的意思。

一

秦始皇以法术势统一中国，汉初改用黄老作指导，至于汉武帝而独尊儒术。在这短暂的百余年里，统治思想一再大幅度地变更，说明即使在同一类型的封建帝国，企图用一种思想统治全国也不能持久。到了东汉末年，以五经图谶为核心的儒术也走向穷途末路。首先是皇室对它失去信心，汉桓帝于宫中祭祀浮屠和老子就是个重要信号。农民虽有利用图谶造反的一面，但唾弃五经，黄巾领袖张角信奉《太平清领书》，张鲁治汉中采用《老子》，曹操理政取刑名。与清议蜂起的同时，士大夫普遍趋向秦汉道家，并以竞录奇书为时尚。

佛教正是在这样的思想文化背景下开始了自己的大发展时代，而推动这一发展的，首先是士大夫和外来的侨民游僧。

本文所谓的士大夫，泛指地主阶级的知识分子。这个阶层虽不构成封建社会阶级对抗中的重要力量，但却是反映社会变化和权力再分配的晴雨表。他们经过东汉后期两次党锢的严酷打击，情绪已经相当低落。随后的战火连年、饥殍遍野，迫使他们不得不重新审视世界和人生，寻求新的出路和答案。从汉桓帝到魏晋之际约一个世纪，是士大夫普遍苦闷、徬徨和求索的时期。直到这时，在中国徘徊了约一个半世纪的佛教才真正被发现。它那深邃的人生哲理和诡谲的宗教设想，拨动了士大夫的心弦，引起了强烈的震动：世界人生原来如此，一切痛苦和烦恼都可以解脱，污染的世界可以由此而得到净化；人们能够创造一种与中国古代圣训完全不同的生活方式。提供这种新的思路，并因此形成多种思想体系的，开始是以安世高、支娄迦谶为代表的佛籍翻译和传教活动。

安世高是安息人，支娄迦谶是大月氏人。安息人于公元前 1 世纪至 3 世纪初曾建起一个西迄地中海东岸，东抵印度西北部，领土广袤的帕提亚国；大月氏于公元前 2 世纪自阿姆河向东南扩展，达到印度河上游，并于 1 世纪中叶建立了佛教史上著名的贵霜王朝。这两个大国，处在希腊、波斯、印度和中国等古代文化交汇地区，流行到这里的佛教，不可避免地要打上新的烙印。佛教的造像直接导源于希腊艺术，即犍陀罗艺术，这已是公认的事实；在早期汉译佛典中也可以发现希腊哲学的影子。至于佛教因有波斯祆教的影响，以致祆教传入中国，大都向佛教依附，也是一大例证。密教中的所谓"杂密"部分，与佛教的根本教义相违，它的经典译为汉文比印度密宗的形成要早数百年，明显是在中亚形成；从其形态看，当属于那里的原始宗教。因此，由这个地区传入内地的佛教，也必然带有西方诸民族的成分，给予中国社会和文化以各种不同的影响。

据传，安世高原为安息国太子，因政治原因出家，于汉桓帝初年（148）来游洛阳，灵帝末年（189）避乱江南，曾到广州，死于会稽。他在中土活动四十余年，主要传播小乘教义。被认为是中国第一部佛经译籍《四十二章经》的思想，就流传在这个时期。这种教义集中讨论的是人生价值、人生本原和人的解脱问题。它的关于人生"无常"，人身"无我"（不自由），人生是苦的基本观念，在有切肤之感的士大夫中引起深沉的共鸣。值得注意的是，它把"人"，特别是"个人"，从家庭和国家的政治伦理关系中抽象出来，作为独立的考察对象，这种方法本身就是背离中国传统的。它视家庭为人的牢笼；性行为，包括婚姻，是一切苦难的开端；更反对闻达于朝廷。由此，它提倡剃须发、弃妻子、捐财产，与家庭和社会彻底决裂，过一种平和宁静的出世生活。这类主张，在中国是亘古所未有，对于建立在血缘关系上的宗法制度以及与此相应的人生观和价值观，包括"修齐治平"、"三纲五常"和"扬名显亲"等观念，无疑是一种叛逆。

印度的小乘派别甚多，而历史最长、影响最大的，莫过于说一切有部（简称有部）。安世高始传的就是这个部派。这一部派的论著十分丰富，直到唐代玄奘还在向内地翻译介绍。支持这派人生观和解脱观的哲理，即叫"一切有"，它在中国也曾引起强烈的、长时间的反响。所谓"毗昙学"、"俱舍学"等就是研习这派论著而形成的师说。有部的哲学不只渗透到两晋南北朝的僧侣论议中，而且也影响到世俗文士。按照有部的论点，可以重新考察裴頠的《崇有论》，特别明显的表现则是南朝宋罗含的《更生论》。

但是，若探究有部的哲学基础，还要追溯到古希腊。从巴门尼德的"存在"论，到柏拉图的"理念"论，都能看到与有部思想的相通之处。这不单是理论的比较，也有史实作根据。有部的活动中心是犍陀罗和迦湿弥罗，这是希腊化的重点地区之一。公元前2世纪初，希腊人曾在这里建立大夏。它的著名统治者弥兰陀王曾用兵恒河流域，是佛教的积极扶植者。现存两个汉译本的《那先比丘经》，就是记述弥兰陀王皈依佛教一事的。此经的结构颇特殊，既非用"佛说"的形式（经），也非署名的论议（论），而是采取问答的方式阐发哲理；它不崇尚戒律和禅定，而突出智慧的作用和智者的地位，这都反映了希腊的风格。此经有巴利文本，而以汉译本部分最为古老，据考证，原文可能是希腊文。在思想上，《那先比丘经》即属于说一切有部。

支娄迦谶（简称支谶）的生平失传。他约于桓帝末年（167）在洛阳，灵帝年间（178—189）有他的译经记录。他译介的佛经属大乘系统，主要是般若类经典。

般若作为一种哲学世界观和方法论，同说一切有一起，构成早期中国佛教的两大理论支柱。魏晋的般若学、姚秦时的"关河旧说"、隋唐的三论宗，都属般若这个系统。按照般若理论，人的世俗认识，其本质是虚妄的，借以把握对象的名言概念是纯主观的产物，不反映任何客观真理。因此，它对一切现象均取怀疑态度，最终是否定一切。这种相当彻底的怀疑论虽然集中运用在对佛教传统权威的否定上，但作为一种认识原则，对正统儒术的权威地位也构成了严重威胁。这首先表现在，它为士大夫背离宗法关系或玩世不恭提供了理论勇气。般若理论对于中国士大夫具有极大的吸引力。三国孙吴，另有月氏后裔支谦译出《维摩诘经》。由于此经特别发挥了般若关于权变和放荡不羁的思想，一大批士大夫为之倾倒，直到唐王维，还以"摩诘"为字。中国佛教最初就是凭借般若学进入上流社会，般若学后来又逐步转化为玄学的主要内容。

像般若那样的怀疑论，也并非为印度佛学所独有，而是世界历史范围的一种思潮。早在古希腊罗马的哲学中已经有突出的表现，其中，高尔吉亚和皮浪的观点尤其值得注意。皮浪认为："对任何一个事物来说，它既不不存在，也不存在，或者说，它既不存在而也存在，或者说，它既不存在，也不不存在。"这种看法用汉译《般若》类佛经的语言来表达，就是"诸法非非有，亦非有，既非有而亦有，非有亦非非有"。无论是皮浪的观点，还是般若的理论，意思都是表示，人的认识不可靠，对任何现象都不可能作出肯定或否定的判断。佛教哲学同希腊哲学的这种类似，无疑与东西方文化交流有关。据说皮浪本人就曾随亚历山大的军队到过印度，而亚历山大正是推行希腊化的首创者。这样看来，恩格斯把佛教徒和希腊人在"辩证的思维"方面相提并论，是很有道理的。

此外，支娄迦谶译介的"净土"类和"菩萨行"类佛典也很重要。

关于净土信仰，到曹魏康僧铠译出《无量寿经》始臻完备。此经设计了一个无贫困饥寒、无战乱痛苦、人们相处如兄弟的理想王国，所谓极乐世界。关于极乐世界的理想，系出于对彼岸的幻想，是极度厌恶现状的反映，因而与儒家设想的大同世界和道家的寡民小国都不相同。佛教有关彼岸的这种幻想，以及由此形成的信仰实践，也首先在士大夫中间拥有市场，而后成为民间信众进入佛教殿堂的捷径，影响既广且长。

菩萨行以"众生"为本位，以"六度"为内容。"众生"本位是针对小乘个人本位而突出出来的，与中国传统上的家庭本位、国家本位依然不同。"六度"是"普度众生"的实施，也是佛教介入世俗生活的主要途径。孙吴时康僧会编译《六度集经》，提出佛教救世主张。他力图用佛教说服君主，推行仁政，建设一个无战争、无盗贼、无牢狱、人民丰衣足食的地上乐园。他是在孟轲死后约五百年第一个发挥孟子民本思想的人，强调从民生衡量君德，民有择君之权。但那用以制约君民关系的，不是儒家的伦理道德，而是佛教的因果报应和五戒十善之类。这种一切为了众生着想的主张，同样拉开了与现政权的距离，是中国佛教的主流。

康僧会和康僧铠都是康居人。康居地处安息以东，大月氏以北，在咸海和巴尔喀什湖之间。从这里来华的侨民亦多。康僧会的先人世居印度，其父因经商移居交趾，后来他与支谦一起成为孙吴佛教的开拓者。

史学家曾论述过当时佛教给予人们最突出的印象。《后汉纪》说，佛教"所求在一体之内，所明在视听之表，归于玄微深远，难得而测"。《后汉书》则说它"好大不经，奇谲不已，虽邹衍谈天之辩，庄周蜗角之论，尚未足以概其万一"。这两家的说法表明同一个事实，即佛教在思维模式上与中国传统的经验主义不同，其抽象的理性分析与超验的宗教幻想，即使博识的学者也惊奇不已。

两汉哲学本质上是经验主义的，到王充而达到顶端。北朝颜之推说"凡人所信，唯耳与目"，这是传统儒家的出发点。《庄子》讲："六合之外，圣人存而不论"，也是基于经验主义的论断。佛教则着重以对经验主义的批判为自己的理论开路。支遁和慧远都曾指出，中国的常人以至圣人，均以自身的耳目所不至作为认识的极限，所以议论或者不关视听之外，或者若井底之蛙，乱断其所未了。然而佛教之所论所议所辩，恰巧侧重在通常的感觉经验之外；且主要运用概念分析和逻辑推理常常达到烦琐程度的论证方式，同当时玄学那种言简意赅、近乎抽象独断的论述方式也大异其趣。佛教由此开发的理论领域，如关于人的本原和社会不平等的起源，关于宇宙的本体和万物的内部结构，关于认识的本质和概念的本性等，在中国历史上也是少有的。这类深层的哲学问题，只有在佛教传入之后，才成为中国哲学探讨的内容。

佛教的宗教幻想极多，在佛教早期的传播期，特别能使王公大人"莫不矍然自失"、令"通人多惑"者，则是关于"因果相寻，生死报应"之说。

"因果报应"说在民众中流传之广影响之深，在中国所有宗教观念中当首屈一指。宋明以来的戏曲小说，包括文学巨著，几乎无不用其作思想指南，已陈腐到令人生厌的程度。而这种被广泛接受的观念实质上是有悖本土文化的基本价值观念的。两汉传袭来的宗教观念，主要是祖宗崇拜和天帝崇拜，图谶巫术是它们的附庸，总归是支持宗法血统和皇权至上。这其中虽也含有因果报应的意思，但施行者是"天道"，受报者多是行为者的家族。佛教同这种天命决定论和宗族决定论相反，它突出的是个人决定论。"因"即是"业"，指个人的思想言行；"报"指个人对自身行为必然承担的后果。换言之，人是自己创造自我和周围环境的，自己决定自己的命运，与任何外力都没有关系。这种思想在神秘主义的纱幕掩映下，也是对根深蒂固的家庭本位、国家本位及其政治伦理观的挑战。因此，它之引起舆论的震惊就可以理解了。

外来佛教从人生价值、政治伦理到哲学宗教同传统文化发生了全面的冲撞。历来的排佛者大都斥责佛教是无父无君无天，破国破家破身，说明了这种冲撞可能达到的严重程度。这种判断并非毫无根据。中国佛教第一部护教的论著是汉魏之际的《牟子理惑论》。此论特别为"舍尧舜周孔"而"更学夷狄之术"者辩解，以为"汉地未必为天中"，而"书不必孔丘之言"，君子应"博取众善以辅其身"。这表明部分士大夫很早已将佛教当做反正统的异端信奉；至于在知识僧侣层，以佛理秕糠"儒道九流"几乎成为佛家风尚。这种趋向在此后的历史长河中不曾消失，时隐时现，常为一些离经叛道、抗拒正统权势者当做理论武器，直到明清和近代，还有相当突出的表现。

在佛教的带动和刺激下，秦汉道家和方术加速了自身的宗教化，由此形成了封建社会意识形态从未有过的新结构，即儒释道的三足鼎立。三教之间既对立又调和，既斗争又妥协，至隋唐而稳定在维护封建制度的分工合作上。唐僧彦琮说，"忠孝"训俗，"道德"持身，"慈悲"育物，"鼎有三足，并着其功，三教同遵，嘉祥可致"。宋孝宗制《原道论》，谓"以佛修心，以道养生，以儒治世，斯可也"。尽管僧俗朝野对三教并行各有理解，但三教不可缺一，始终是社会舆论的基调。应该说，这是中国思想史上划时代的大事，儒家独尊和思想划一的历史局面最终结束了，封建意识形态形成了从未有过的新格局。这一新格局的出现，为活跃社会的文化思想和发展人的认识能力，提供许多新的条件。

二

从魏晋到南北朝，外来佛教向内地全面涌进，这是中国佛教发展最快的时期。域外僧侣不仅来自天竺、安息、月氏、康居，还有更远的今斯里兰卡、中南半岛等古国；以朱士行、法显等为代表的内地僧侣，撇开向祖先问道的老路，西行求法，开辟了向域外寻求真理的新纪元。而从刺激佛教发展的因素看，两晋南北朝与汉魏之际则有所不同。汉魏佛教的兴起，主要是受国内社会政治危机和思想文化危机的激发；两晋与十六国以后，更多的是受民族关系，特别是五胡进入中原的推动。

　　我国新疆的于阗（今于田）、龟兹、疏勒等地，本是丝绸路上的交通要道，也是佛教东向、中华文化西去的重要汇合点。魏晋以来，这些地区同内地的往来日趋频繁，对佛教的中国化起着特殊重要的作用。于阗很早就有《般若经》流行，朱士行于公元 260 年曾到此求取《大品》；于阗人无罗又在魏晋间进入内地，参与《放光般若经》的翻译。就是说，内地的般若学是以于阗为持续的资料供应点。名僧帛远和帛尸梨蜜多罗当是龟兹人。帛远祖上迁居河南沁阳，出家后于长安建精舍，有僧俗弟子千余人，声被关陇，崤函之右奉之若神，晋孙绰的《道贤论》，将他比之为竹林七贤中的嵇康。帛尸梨蜜多罗于西晋末渡江，所译《孔雀王咒》等杂密经典，被认为是江南有咒术之始。帛尸梨蜜多罗亦善玄谈而令王导等引为同类，王珉赞之曰："天授英伟，岂俟于华戎！"少数民族僧徒以其特有的佛教优势，跻进了以华夏正统自居的两晋名士圈，在文化思想上取得了同等的地位和声誉。此后，由于阗、龟兹两地进来的名僧络绎不绝，隋唐天台、华严两大宗派所奉的经典，都直接出自这里。而敢于在政治上向内地冲击的，也数这里的僧侣为最甚。

　　在西晋名士中声威最高，对胡、汉民众都有影响的僧侣，莫过于竺法护。他是大月氏后裔，世居敦煌，先后在敦煌、酒泉、长安译经 47 年，带来了西域各族的思想风情，开拓了国人的视野。他提倡"无想"般若，不论客观本体，直陈主体认识问题，对东晋般若学的多头发展有重要影响。孙绰以竺法护"德居物宗"匹之竹林七贤的山涛。特别值得一提的是，在他的译籍中，妇女都是庄重大方，有高度智慧和辩才。这些译籍激烈地抨击鄙视妇女、单纯以性别看人的偏见，认为妇女同样可以做"转轮圣王"。这类观点在东晋译出的《大云经》和《胜鬘经》中也有反映。历史上，这股既反佛教正宗又反儒家传统的思潮对于激励妇女参与社会和政治活动，曾起过相当积极的作用。北魏擅权的胡太后，唐武则天皇帝，都是著名的与佛教关系密切的妇女。睦州女子陈硕真，先于武后而自称文佳皇帝，她造反的地区，正是当时僧众聚集最多的地方，受牵连的僧众极多。

　　两晋名僧名士化是汉人所建国家中佛教发展的主要特点。其结果，名僧没有因此失去佛教的本色，名士沙龙却被搅得逐渐失掉三玄原旨，"贵无""崇有"都不能再领风骚。东晋名僧支遁以新义释《逍遥游》，《庄》学也向佛学转化。此后的士人普遍向高僧从学，包括知名于今的文人学士，可以开出一个很长的名单。佛教哲学几乎占领了全部理论阵地。

北方又是一种情况。由于五胡参与中原逐鹿，佛教首先被当做夺取和建立民族政权的舆论受到扶植。羯人石勒建后赵称帝，就曾踌躇再三，因为他熟悉内地典故，知道在儒家文献中找不到胡人可以在华夏世袭领地上建国的根据。但龟兹僧人佛图澄用因果报应之说支持石勒：将军"过去世"敬佛斋僧，今世当王晋土，是理所当然。一个严重的政治难题，就这样简单地解决了。中书著作郎王度反对赵石奉佛，石虎驳斥道：朕生自边壤，君临诸夏；佛是戎神，正所应奉。他们从异民族立场出发，以胡人奉胡神维护胡国家为目的，从突破传统的华夏文化束缚的角度上奉佛，带有自觉性。佛图澄也因此成为第一个参与国家军政机要，自上而下有力地推动佛教发展的僧侣。此后有作为的胡人政治家竞起效法。氐胡苻坚建立强盛的前秦，攻陷襄阳，特取名僧道安回长安供养；继之发吕光兵，西去龟兹迎取鸠摩罗什。后因政治变故，鸠摩罗什滞留凉州 17 年，至后秦姚兴始迎之入关。

姚兴的后秦是羌人国家，极重视同汉民族关系的改善和文化的繁荣，侧重从教理方面发展佛教。他待鸠摩罗什以国师之礼，组织了历史上第一个国家译场，招引了大江南北、黄河上下几乎所有的名僧前来从学，长安常有僧人五千余，极大地推进了全国各族间的交往和文化上的沟通。在后秦的领土上，"事佛者十室而九"，北方佛教又走向一个高潮。

鸠摩罗什（略作罗什）祖籍为天竺，其父与龟兹王女结婚，属于龟兹贵胄。他自幼游学于月支（又译"月氏"）、罽宾和沙勒一带，后又久居凉州，对中夏和西域的社会文化都很熟悉。他在长安译经讲学 11 年，系统地介绍了印度佛教中观学派创始者的思想，在揭示理论思维的内在矛盾和语言认识的缺陷上，可以看成是古希腊怀疑论的延续和发展，据此确定的方法论，深入到中国佛教的各个学派。鸠摩罗什后被尊为中国三论宗之祖。出于他门下之学僧，几占全国南北之八九。

北凉是匈奴人沮渠氏建立的国家，酷信神鬼巫术，也倡导佛教，在武威天梯山大造佛像，资助原籍天竺的昙无谶译经。昙无谶长期在龟兹、鄯善、敦煌和河西走廊一带活动，并以神异名闻内地诸国。他译的《大集经》类，将万物有灵论和多神主义引入佛教，相当集中地反映了西域各族的土著信佛；在《大涅槃经》后部分，补进了"一阐提"亦能成佛的内容，使佛性论更适合在中土流行。

北魏是鲜卑族拓跋部国家，灭凉而统一北方，佛教在这里的发展速度和规模在我国历史上均可谓之空前绝后。北魏先后开凿云冈、龙门石窟，建筑宏大华贵的寺院，铸造金铜佛像，划拨浮图户和僧祇户，佛教成了实际上的国教。至魏末统计，国内寺院 3 万有余，僧尼 200 万，仅洛阳一地，即有伽蓝 1300 余所。以天竺僧菩提流支、佛陀扇多和勒那摩提等先后在洛阳、邺都等地组成为时最长、规模最大的译经集团，着重译介印度无著、世亲的瑜伽行学派经论。

无著、世亲系贵霜王朝犍陀罗的首都富娄沙富罗人，贵霜王国很大程度上继承了大夏的文化传统，原是希腊化很深的地区。由他们创始的瑜伽行学派，而后转移到那烂陀寺，成为佛教大乘最有势力的一支。在贝克莱、康德以至马赫等人的理论体系中，都能找到这个派别的影子，即使近代的西方哲学，仍然有所反映。在中国，以研习瑜伽行派的论著为中心而形成的唯识法相学，最早就出现在北魏。北魏国家尤其支持对世亲所撰《十地经论》的宣传，由此形成的"地论学派"实力雄厚，人才辈出，其学术水平之高，影响之久，即使南朝也难以望其项背。

北齐、北周的佛教依然发达，地论学派继续居于统治地位。北齐是汉人政权，但以鲜卑族自居。北周是鲜卑族宇文部国家。总之，五胡诸国无不推行佛教，而以鲜卑族国家为甚。

佛教在北方诸国的急剧扩展，也对南方产生了很大影响。来自北天竺的佛驮跋陀罗，受到刘裕等人的扶植，在晋宋之际的建业开展了译经活动。他同法显共译的《大般泥洹经》，首先提出与般若学截然不同的主张，即所谓"泥洹不灭，佛有真我，一切众生皆有佛性"。这一主张震动了整个佛教义学领域，成为中国佛教史上里程碑式的事件；以佛性论为核心的涅槃学，逐步波及中国整个的思想界。

自宋文帝将佛教当做"坐致太平"的南面术对待，佛教在南朝也被当做政治统治和思想控制的手段。汉人国家的佛教性质也为之一变。另一方面，统治者对佛教的支持也为佛教的发展创造了条件。刘宋支持由中天竺来的求那跋陀罗继续译经，他所译的《胜鬘经》提出了"如来藏"的概念，《楞伽经》介绍了"阿赖耶"的唯识体系，《十二头陀经》则弘扬了头陀苦行。在研习这些译籍基础上形成的"楞伽师"和头陀行者，主要在北方活动，成为唐代禅宗的先驱；"如来藏"说与佛性论，以及旧译法相唯识学的"净心"说合流，逐步成为中国佛教心学的主流。

齐、梁两代将南朝佛教推向顶端，但译事则相当冷落。梁陈之际，西天竺的真谛由扶南来华，受到贵族僧侣的排斥，没有得到国家政权的支持，在颠沛流离的二十余年里，他着重译介瑜伽行派的论著。他着重弘扬的是《摄大乘论》，由此形成的摄论学，从广州向内地推进，同北方地论学遥相呼应，最后汇合于全国统一后的两京，对隋唐佛教义学理论的影响既广又深，所谓"唯识无尘"，几乎成了中国佛教所有派系的当然前提。

总而言之，从两晋十六国到南北朝，推动中国佛教大发展的主力是以五胡国家为代表的少数民族，外来佛异学连绵不断地向社会各个角落渗透，新的思潮彼此竞起，诸如三论、涅槃、毗昙、成实、楞伽、地论、摄论和禅等诸种师说有如雨后春笋，层出不穷，极大地开拓了佛教的创作领域，也丰富了整个思想文化的内容。

值得注意的是，这一时期我国民族关系复杂，民族对立突出，而唯有佛教能够顺畅地通行于各族之间，成为维系诸民族联结的重要纽带。石赵曾是民族歧视最深的政权，但它却首先宣布汉族与其他民族享有同等信仰佛教的自由。北魏奉佛的时间最长，规模最大，并没有因此而更加夷化，倒成了汉化程度最高最快的国家。生于京兆的僧朗，于苻秦时居泰山金舆谷聚徒，前后对其征请、馈遗以及封号赐土者，除苻坚外，还有前燕慕容儁、后秦姚兴、魏主拓跋珪、东晋孝武帝，这个只有百余人的僧团，竟成了各族国家联系的中介。至于道安，西域尊之为"东方菩萨"，一出北国，就受到东晋王朝的欢迎，重返长安，又成为前秦的贵宾。这类例子不胜枚举。以佛教为内容的频繁无间的友好往来，沟通了各族间的思想情感、生活习尚，以至润长共同的文化宗教心理。应该说，在北方各族与汉族的融合过程中，佛教是最积极的因素之一。

三

隋唐佛教诸宗的形成，被认为是佛教中国化的完成，原因是这些宗派都是中国人（实指汉人）的创造，并脱离了对外来佛教的依赖。其实，这也是对中国佛教相当隔膜的说法。

隋唐诸宗中唯有两派可能全是由汉人建立的，一是天台宗，二是三阶教。天台宗以《法华》立宗，故又名法华宗，旗号就是外来的；三阶教的经典多有独创，但却屡遭严禁，在唐代即已断绝。此外诸宗的创立者，无不与非汉族的僧侣有关。它们不仅得到封建国家的支持，而且以鲜明的个性适应当时社会的特殊需要，使中国的佛教哲学达到了一个全新的理论水平。就按时间的次序来看吧。

三论宗的创始者吉藏，原籍安息，祖世避仇来华，生于金陵，是标准的"侨归"，故有胡吉藏之称。他一生跨梁、陈、隋、唐四代，历经沧桑，看尽世间炎凉，但他个人所过的始终是僧侣贵族的生活，依附于历朝的王公大臣。这种人生经历，对他的思想形成起着决定性作用。

吉藏自幼投法朗出家。法朗是摄山三论学大师。自梁武帝崇尚《大品》和《成实》，三论学逐步上升为南朝显学。到了陈代，三论学成了皇室豪贵的精神寄托，有关学僧因而飞黄腾达。及至法朗奉敕住京城兴皇寺，三论学的地位被抬高到极点。吉藏在这样优越的条件下成长起来，年 19 即以辩锋饮誉扬都。陈之覆灭，对兴皇三论学是一个严重打击，名僧大都出走。吉藏东游会稽，住秦望山嘉祥寺十余年，接纳问道者千余人。隋开皇末，杨广晋为皇太子，吉藏被召入长安，由是开始了他的黄金时代。他曾奉诏主讲《维摩经》，击败著名南朝的成论师智脱；齐王暕于本第开讲，命吉藏登座，又战胜北朝的地论学者僧粲。他开讲《法华经》，闻风而造者以万计，"豪族贵游皆倾其金贝，财施填积，乃立十万尽藏"。隋以荒淫奢侈亡，吉藏为造 25 尊像，竭诚礼忏；又别置普贤菩萨像，躬对禅思，观实相空理。及至唐据京师，众僧推吉藏言于李渊，谓："唯四民涂炭，乘时拯溺，道俗庆赖，仰泽穹旻。"这种态度颇得新王朝的好感，被征为十大德之一，参与整顿全国僧纪。

道宣曾评吉藏的为人，是"任物而赴，不滞行藏"，这是十分深刻的。处事无好恶，政治无是非，看破红尘又不甘寂寞，既乐于放纵极端的斯混，也能忍受败落困顿的耻辱。梁陈以来的三论学僧几乎全是富贵破落子弟出身；吉藏特别讨陈叔宝（即陈后主）、杨广（隋炀帝）一类末代帝王的欢喜，大体反映了这个宗派的社会性质。

吉藏在当时是最博于佛教知识的僧侣。他的理论特点是将流行的"理二谛"说改为"于二谛"说，使佛教的出世思想发生很大变化。"二谛"原是佛教为协调世俗生活与其出世理想之间的矛盾而确定的双重真理观。其中

"真谛"是关于"一切法空"的道理，是绝对的最高真理；"俗谛"是与"性空"之理相反的世俗认识，对普通众生才是真理，佛教只是在"方便"时给予承认，所以只有相对的意义。这种二谛观是梁代官方佛学的基调，其前提和归宿都是将世界双重化，世间与出世间成了完全对立的两极。

吉藏着重批判这种观点。他认为二谛都是相对的，不是绝对的；只由于众生不同，病症有异，在教化上才有二谛的差别，因此二谛都属于"教谛"。由于这二谛只对于特定的对象有效，所以又名"于谛"。"于"就是相对的意思。这样，二谛就不是据"理"而言，仅属言教（名教）中事。理不可分，不可言说，不可思议，所以对任何事物都不能从理上给以肯定或否定。同样，出世间和世间的差别也只有在名教中才有意义。名教只是假说，既不是理，也达不到理。因此，从根本上说，区分此岸与彼岸，佛性与阐提，涅槃与生死等是不可能的。吉藏将自己的方法论概括为"超四句，绝百非"，立论时滔滔不绝，倚马万言，但最终是令人不知所云。因为立论的本意就是什么也不想肯定，什么也不想否定。将这种观点和方法具体运用到自己的日常遭遇，修身养性，叫做"无所得"。"无所得"是三论宗人提倡的最高精神境界，也就是于得失荣辱的巨变中不动于情的那种心态，这对于从权贵滑向破败当然是最难得的镇静剂。

由于阶级分化和权力分配而引起贫富贵贱的急剧转化，是中国封建社会中的常事，由此产生的没落情绪和世纪末的危机感，在哲学上时有表现，《列子》就可以作为这方面的代表。而就对这类情绪的哲学反映而言，吉藏的思想要丰富深刻得多。他的哲学不只归结为混世主义和纵欲主义，也含有相当的批判精神：假若圣人立言只不过是用来教训群氓，并不反映什么真理，那么圣人还有什么权威？名教还有什么说服力？三论宗至唐太宗时失势，门徒四散，因为新皇帝不喜欢他们的情调和倾向。作为一个僧团组织，三论宗在中国确实不再存在了，但那种对世间的批判态度和哲学思考，在一批不满现状，甚至企图冲破旧信条的人们中，仍然有长期的影响。

唐太宗要求的宗教哲学，是对世界和人生作肯定的严正的回答。在全国已有众多佛学派别存在的条件下，他特别选中并支持出国留学回来的玄奘，绝非偶然。

玄奘被推为唯识法相宗的鼻祖。人虽属汉族，但其学说却被视为十足的洋教条主义，国为他食外不化，不合国情，以致宗脉短促，根据主要是他恪守师训，坚持"五种姓"说，认为一分有情不具佛性；提倡心性杂染，与中国佛教普遍接受的性净说不同等。对玄奘作这样的判词，主要是受其后学传说的影响而不加鉴别造成的，是流传颇久颇广的误会。

玄奘的译籍中诚然有五种姓之说，但并不足以代表他个人的主张。在他编译的《成唯识论》即他的代表作中，则没有一分有情无佛性、因而不得成佛的说法。相反，他将佛性划分为"理"、"智"二种，理佛性众生悉有，唯智佛性才因人而异。他提倡"种子"具"本有"、"始起"两类，强调"熏习"和"转依"的作用，并不把人的认识凝固化，所以在理论上推不出某种众生不得成佛的结论。玄奘出国的宗教目的，诚然在解决佛性论上的困惑，包括"无性有情"是否亦有佛性，通过修行可否成佛的问题。据权威性的《大慈恩寺三藏法师传》记载，玄奘在印度得到的最后答案，是完全肯定的，而非相反。当然，这一记载也不能从玄奘本人的言论中得到证实。实际上，这两种相反的传说，都是他的门徒的宗派情绪作怪，是不可据以评论玄奘思想的。至于玄奘主张心性杂染，与当时心性论的主流派确实不全合拍，然而他据此突出后天教化的必要性和重要性，恰巧与唐太宗强调周围环境对形成人性的决定作用的观点，异常接近。

玄奘的唯识法相学特别为一个充满进取精神的封建王朝所选中，当然有更深层的原因。《成唯识论》的哲学体系，是以"唯识无境"为核心，由识"能变"和识"带相"两个基本环节组成。"能变"强调认识主体的能动性和创造力，"带相"说明认识客体来自主体的对象化和异化。这些观点尽管采取了极端唯心主义的形式，但对增强人的生活信心，激发人的创作活力，比佛教任何派别都具有积极意义，以此吸引雄才大略的帝王，是更合乎逻辑，也合乎时代的。

不过玄奘的学说最后能形成一个宗派，主要靠他的门徒的活动。这些门徒大致分成两支，一支以窥基为首，被称作慈恩宗；一支以圆测为首，被慈恩宗斥之为旁系。两人都非汉族血统。

窥基出身贵族，俗姓尉迟。据《宋高僧传》，其先祖与北魏同起，号尉迟部，所以应属鲜卑族人。他在玄奘门下是后起之秀，而头角峥嵘。他有鉴于"五天群圣"情见各异，义理并不完备，力劝玄奘改变译而不作的学风，用"楷定真谬"的批判眼光，另编一部能与其伟大事业相适应的论著。玄奘接受了这个意见，成果就是著名的《成唯识论》。这也说明，玄奘之学虽然来源于印度，但内容却是属于他本人的。

窥基阐扬玄奘的思想有多方面的成绩，对中国佛教影响大的，是关于"三类境"说和佛性论。所谓"三类境"，是依据认识客体同认识主体的不同关系而将对象划分作三类，即"性境"、"情境"和"带质境"，这种观点丰富了认识论。佛性论中的"五种姓"说，窥基提倡最力，受到的攻击也最多。事实上他是从玄奘的双重佛性说出发，而用"智力"的高下解释众生的"根性"差别，与儒家关于上智下愚的思想相通，反映着贵族僧侣的优越感，同域外佛教之用于煽动宗教歧视有很大的区别。此外，他发挥玄奘译介的因明学亦勤，尤其是对于"真唯识量"的论证方法的阐释，使真谛即已开始输进的佛家逻辑引起重视，活跃了相当一段时间。

圆测是新罗国王孙，朝鲜族人，何时来华不详。他比玄奘小十三岁，基本上是在同一个社会文化背景上成长起来的，都受过旧译法相学的熏陶，所以在接受玄奘新译的同时，也很尊重真谛。在他的《解深密经疏》中，保存有许多真谛的旧说，尽管是客观介绍，也含有融会贯通的意思。他着重弘扬的也是《成唯识论》。后人传说他盗听师说，先于窥基开讲等等，当是无稽之谈。不过，圆测所住西明寺，以寺主道宣为首的大批学僧同窥基所住的慈恩寺多有不和，这是事实。后来圆测参加过多种译场，死于中国。北宋末年，有人为他重新建塔，与窥基分列在玄奘塔旁，这也反映了后人的评价。

窥基之学传入日本，圆测之学流传在朝鲜，影响都是国际性的。至于玄奘之学，在国内也未中绝。自宋初延寿提倡禅教合一，法相宗被当做重要的教门，列在佛徒必修范围。有元一代，南禅北教，相宗与天台，贤首并称为教门三派。明代以后，更有新的发展，不但为僧侣所重，更在士大夫中流传，尤其为儒家异端和激进的知识分子所看重。

贤首宗即华严宗，创宗者法藏也是"侨归"，祖籍康居，故亦名康藏。少年时辞亲，至终南山学佛。

终南山是周隋以来华严学的中心。华严学僧多数经历坎坷，因苦行自残自杀者时有所闻。终南山背靠长安，信息灵通，学僧中很有一些独立思考、勇于创新的风气。法藏因其师智俨晚年际遇章怀太子（唐高宗第六子李贤）的契机，得出入帝都，接触上层。他提出的宗教哲学体系，很快得到皇室的赏识，由此知名于世——当然，这也是有原因的。

唐太宗死后，西域成为主要的边疆问题，稳定素与内地交往密切的于阗，具有特殊的战略意义。于阗历来奉佛，据说传进佛教的是一个叫毗卢折那的阿罗汉；因为这一传人而建立的赞摩寺名闻内地，历史文献多有记载。《华严经》不是印度产，而是在于阗编纂成书；此经崇拜的主佛不是释迦牟尼，而是毗卢舍那。因此，唐高宗和武则天在经略西域的同时，突出弘扬《华严经》，就不能看做是随意的举动。咸亨三年敕建龙门大卢舍那像，武后赠脂粉钱二万贯。又两年，孙思邈向高宗推荐《华严经》，以取代《大般若经》的地位。695 年，武则天诏法藏开讲《华严经》，同时遣使于阗，请实叉难陀携《华严经》原本到洛阳重译，译场规格之高，绝不逊于玄奘。这是对于阗国人的尊重，无疑也是一种政治行动。唐自武则天好弄神捣鬼于军事。早在 675 年，唐于阗设都督府，以"毗沙"命名。"毗沙"是天神毗沙门的略称，尤为于阗人所敬畏，佛教将他当做护法神，亦司随军祐护。698 年 4 月，武周击契丹，用"神兵道"命师；8 月击突厥，用"天兵道"命师。唐王朝这样利用宗教，是华严宗兴起的一个重要背景。

华严宗的哲学基础，含有般若和唯识的传统成分而大有超越。它将众生皆有的"一心"规定为理、智、佛的同一，既是世界的本原，也是万有的本质。它认为，本原本质与世界万有之间，既有差别，又有统一，而统一是绝对的，这种关系叫做"理事无碍"。任何个体（部分）都处于理事无碍的范畴，同时又都渗透到其他个体之中，并反映着其他个体的性状，个体间的这种关系叫"事事无碍"。据此，凡个体都是包摄无尽、多样性的统一；整体则蕴含一切个体，并成为联结它们的总和。华严宗用这种普遍联系的观点考察一切现象，称之为"法界缘起"或"无尽缘起"。

华严宗把事物看成是相互依存、相互反映、相互渗透的思想，尤其是承认个体的个性存在，并以此作为整体联结的出发点，这在整部中国哲学史上都是少见的；其理论归宿，又强调个体必然含摄共性，因而必然同整体圆融无间。这种思想对两宋理学的影响极深。

华严宗的基本理论，由酝酿到成熟，同北方各民族的大融合及全国的统一稳定，几乎是同步行进的。法藏构想的那个繁盛多彩、交互映现、光明透彻的华藏世界，使人很容易联想到盛唐期间民族错杂、平等和谐的现实情况。

唐代还有两个有势力的宗派，一是密宗，二是禅宗，个性尤为鲜明，这里不拟详述。需要略加说明的是，密宗输入的路线，主要是以南印度和锡兰岛为基地，经爪哇盘旋而后始进入长安，特别带有海上丝绸之路上的宗教风貌和民族习俗，包括部分印度教的成分。由于河西的军事需要，特别是经过安史之乱，密宗被当成了护军护国护身的法门，唐王朝给以厚望，因而上升成当时最显赫的教派。后来随着中唐的相对稳定而衰落，但由唐代宗和鱼朝恩授意编译的《仁王护国经》及与其相应的法会，在一些朝代中仍然流传不已。

禅宗的情况比较复杂。从禅众到禅宗以及在唐宋的发展，不论社会基础和思想倾向，变化甚多，不可能用一个笼统的结论概括它的全部。但有一点可以肯定，即说它全是汉人的独创，未必符合事实。且不说传说中的始祖是天竺（或波斯）来的达摩（大约有三个这样的达摩），即使被视作禅宗正统的南宗始祖慧能，弘忍即直斥之为"獦獠"，可见至少是位少数民族化很深的行者。在四川一方影响最大的禅宗是净众—保唐系，它的开创者之一，是出身于新罗王族的无相，尊称为金和尚。

在生产方式和生活方式基本不变的条件下，仅由封建国家支持的佛教就涌现出这么多各具特性、内容丰满的派别，只有在多方面吸取域外文化和充分调动各民族的创造活力的情况下才能实现，在被认为完全中国化了的时期，也不例外。

四

外来佛教在内地的发展，不但改变了古代中国的文化思想结构，也给社会政治结构带来新的变化。这种变化，集中表现在僧侣阶层的形成以及佛教作为社会对抗的缓冲力量的存在上。

中国僧侣出现的一开始，就采取了不问世事——主要是不过问政治的面貌，力图摆脱专制国家的严密控制，谋求个人的某种思想和行动的自由，即所谓"解脱"。与此相应，要求国家承认佛教是一种独立的实体，保障僧侣独立地位的呼声随着佛教势力的日益扩大也越来越高。这种趋势到东晋慧远，终于形成一场佛教抗礼王者的运动。

东晋曾有数次沙汰沙门之议，规定一切僧尼必须向王者致敬。以太尉桓玄、车骑将军庾冰为代表的执政者提出，皇权治国，需要集中统一，而名教礼制的统一，是皇权统一的保障。因此，在遵守国典礼法上，沙门不得除外。以慧远为首的僧侣，在另一批官僚的支持下，反对这种统一。慧远著《沙门不敬王者论》，将世界分为二重：世间和出世间；将佛教分为二科：处俗弘教和出家修道。处俗者，禀气于两仪，受形于父母，得惠于天地王侯，所以理应奉上尊亲，遵行王制；出家者反是，他们视身为苦本，生为苦因，因此，不重生，不顺化，无须乎对天地君亲感恩戴德，同守国典。慧远强调："凡在出家，皆隐居以求其志，变俗以达其道。变俗，服章不得与世典同礼；隐居，则宜高尚其迹。"论战的结果，僧侣取得胜利。中国佛教在分化封建社会的集中统一制方面迈进了最大的一步，标志着僧侣作为社会的一个特殊阶层已经形成，意义是重大的。

中国士大夫的出路本来是很狭窄的。在生产和科技受到鄙视的环境中，无非只有两条：或者从政，做官吏幕客，或者放弃仕途，归田隐遁。官场是竞争激烈的场所，容纳量有限，隐遁往往是政见分歧或官场失意的退路。秦代不许有隐遁者存在，因为隐遁被看做是不合作的表现。两汉士人则多沦为宾客，有了选择主人的自由；隐者间出，可以躬耕，但无条件地拥护当政者，依旧是前提。佛教的出现，改变了这种状况，它不但为非仕进的士大夫提供了像慧远那样的出世理论，而且制造了"方外之宾"的身份，在传统的士农工商四民之外，组成了合法的僧团组织，另辟了一条以乞食为基本特征的糊口之路，据此退避政治或抗命王者，那情况就大不相同。

据说最早出家的汉人僧侣是汉桓帝时的严浮调。从他作《十慧章句》看，无疑是文化人。汉魏之际有广陵、彭城二相出家——"相"是君主派到诸侯王那里去的宰辅，是标准的士大夫。东汉一亡，失落感和无常感并生，佛教为他们指出的新出路，不论从物质生活和精神生活上，比历史上任何败落的士大夫下场都好。这些个别的出家者以讲习佛经、修持佛教为纽带，逐渐组成大小不同的群体，这就是僧团组织。三国时，佛教戒律开始在中国流传，表明这类僧团日渐增多，有了建立共同生活准则、维护内部纪律的需要。由于天灾人祸，政局动荡，这些僧团经常漂游四方，居无定所。虽然国家招致一些僧侣，甚至建立庙宇给以安置，但僧侣生活最初仍不稳定。道安曾在佛图澄门下，后来流亡在北部山区，门徒多达四五百之众。及至群体南下，被东晋迎入襄阳。东晋名士习凿齿致书谢安，称道安师徒数百，斋讲不倦；既无方术惑人，亦无重威大势，而门下肃肃，洋洋济济，不胜赞赏。道安在这里 15 年，遍受晋室王公的供奉，苻秦也不时遣使馈赠。士大夫一旦进入这样的僧团，立即可以摆脱人格必须政治化的制约，不但能够避免迫害之苦，而且成了各种政治势力争取的对象。

到了慧远，定居庐山，30 年足不出虎溪，表明相当一批僧侣结束了游方生活，僧团的独立地位得到进一步的巩固。历届江州刺史，从桓伊、王凝之、王瑜到桓玄、何无忌等，无不扶植慧远僧团的活动。殷仲堪、王谧、刘裕、卢循等各种政治力量也对慧远共表敬意。在中国漫长的封建社会中，统治阶级的内部斗争频繁而残酷，失意和失败是经常发生的事情。佛教既给落魄者创造了一个足以自慰的精神境界，也创造了一个可以实际避难的场所。陶渊明的桃花源只是主观的向往，而佛教开辟的山林，却是举足可至的现实。士大夫有了这样的退路，在相当程度上钝化了统治阶级的内部矛盾，也有利于文化知识的保存和积累。中国佛教文化的发展，他们起了骨干作用。

佛教给被统治阶级也开辟了另一条生路。西晋以后，北方流民急剧增加，北朝的历代王国都无法根本解决。他们或者铤而走险，或者逃亡隐匿，但二者都得不到生命安全的保障。佛教的传播，为他们披上了保护性袈裟，许多逃租避役者也纷纷加入僧侣队伍，僧侣人数急剧膨胀。不过，这些僧侣不能像知识僧侣那样依靠寄食朱门或由王公供养，国家寺院也容纳不下，所以必须靠游动乞食或定居垦荒维持生计。北朝发动两次灭佛运动，就是僧众中吸收的流失人口太多，威胁到国家利益的反映。但灭佛并没有阻止住流民继续进入僧侣阶层。北方的活动范围和可垦土地有限，就大规模向南移动。他们成群结队，躲进深山，少则百余，多则上千，茅屋岩洞，生产自给，往往十数年、数十年不为国家所知。隋唐禅僧大盛，主要是来自这个渠道。

中国佛教是一切宗教中最安分守己的一种。早期在北方曾发生过多次以佛教名义暴动的事件。但不久，佛徒就竭力与"莠民"划清界限，排除非法活动。尽管有上百成千的僧众聚集生活在一起，但不闹事，不谋反，几乎成了所有成员的天然信条。对于社会的阶级对抗，佛教起到了某种缓解作用。南宋僧人志磐说，今之为僧者，或因兄弟众多，或因无地可耕，原是剩余劳动力；而深山边海，则是不毛非耕之地。以天下之闲民垦天下之闲田，使免于为盗为劫，也是为政者应取之道。佛教在保护社会生产力和开发南方荒野上也起过一定的积极作用。

据此而言，佛教僧侣阶层的形成，实际上是给封建社会平添了一种似乎是超越阶级对立和民族对抗的"第三种力量",即是一种以非世间、超政治的面貌游离于任何政治集团,但也可以为任何政治集团利用的社会力量。这种力量在缓解社会矛盾方面发挥着相当重要的作用。聚众结社历来是封建专制主义的最大禁忌,唯独对佛教僧团(还有部分道士组织)网开一面,就是因为统治者看到了这种作用的缘故。而中国的佛教独立化运动,始终是有限的,没有形成足以与世俗政权相抗衡的势力,没有组织过政教合一的政权,甚至没有造就成一个可以参政的僧侣等级,原因也在这里。

佛经解读与当代随想

一，我们是一个历史悠久、文化传统丰富的民族。但自近代以来，国耻日多，民族自尊一再受挫，促使国人不得不一再反思：是否我们传统的社会和文化，甚或国民性上出现了什么问题？假若以鸦片战争和太平天国运动算起，这一反思经历了多么艰难曲折的道路，对于熟悉中国近代思想史的人来说，大约会深有同感的。此中影响最大的是五四运动，它的正面口号，即科学与民主，针对的是愚昧迷信和封建专制；同时还有两个负面口号，那就是"打倒孔家店"和"非宗教运动"。

二，然而在此之前，当西方从漫漫的黑暗年代觉醒过来，有不少启蒙者却把远在东方的中国视为科学昌明、民主发达的理想国。此中既有中国古代的自然观和四大发明，也有儒家民本、民贵等政治伦理观念。而在争取从宗教禁锢中解放出来的运动中，中国又被视为信仰自由和无神论的国度。

三，在西方文艺复兴时期，对中国古代文化的认识竟是如此；对照我们那些向往文艺复兴的"五四"人物，对中国古代文化的认识却是那样，反差之大，实在令人敬畏。当然，现在中外学者已经很少有人持这类趋向两端的观点，比较一致的意见，是既要继承又要发展。拒绝继承，就丢了创新的起点；不求发展，就等于丧失了生命。这里的问题是，对中国传统文化的认识，为什么会发生上述那种巨大的差距？这使我想起了佛教。

四，佛教在中国近代史上的地位有些特别。按西方正统基督教的观点看，佛教与道教、儒教一样，算不上什么值得尊重的宗教，它不过是一种由偶像崇拜构成的迷信。有些学者，至今认为中国传统上没有宗教，可能与受到此类评论的影响有关。但从 19 世纪末的维新派看来，却并非如此。他们有感于西方宗教改革在创建近代工业强国中的作用，曾设想在中国实现宗教改革——这当然是以宗教在中国的现实存在为前提的。不过他们寄予厚望的宗教，不是外来的基督教，也不是土生土长的道教，而是将儒教组织化，或直接改革中国传统的佛教。

五，维新运动几乎与佛教的复兴同步发生；维新派的鲜血，也果真把佛教推上了改革之路。在清末民初的那些年代，几乎没有一个具有改革或革命思想的知名学者，不接触佛教、不研究佛学的，其中可以作为两代人的代表的梁启超和章太炎，都是佛教的倡导者。金陵刻经处和支那内学院成为近代佛学的发祥地，闽南佛学院和武汉佛学院等推动佛教的全面重建，都不能单纯看成是一些个别人物的活动，而是一种历史的必然。假若我们仔细考察一下近现代的思想界，还会发现，在诸多传统文化批判中，唯是对佛学置言最少，几近罕见。

六，然而另一方面，自从佛教传入内地，近两千年的历史，反佛、排佛之声始终不断，有时还相当激烈，所谓"三武一宗"只是其中的突出事件，明清以降，对佛教普遍采取限制政策，清末发起的改寺庙为学校的方案，加上民国以来，屡屡发动的破除迷信运动，更使佛教界倍感危机，而在城乡知识界却受到相当的欢迎。

七，这样，在我们面前呈现出一种令人困惑的矛盾现象：对同一种传统文化，有人视为应该追求的理想境界，有人当做必须唾弃的枷锁；对同一个佛教，有人斥为祸国殃民的蠹虫，有人赞为提高国民素质的良剂。此等对立的观念是怎样形成的？原因何在？在学界可以找到不少解释。其中有两种解释影响较大：一是说，任何现代民族，都存在两种不同的文化传统，我们只能继承其优秀者；另一是说，传统文化有精华、糟粕之分，所谓继承，就是去其糟粕，取其精华。因此，在很大程度上，是用黑格尔哲学的"扬弃"概念说明"继承"。从特定的意义上说，这些解释是有道理的。然而也有许多困难。困难之一，就是用什么尺度来确定优秀还是非优秀，根据什么原则，区分谁是精华，谁是糟粕。事实上，你认为宝贝的，他人或认为垃圾；相反，你主张遗弃的，恰是他人主张发扬的，何况有人能化腐朽为神奇，另有人却在变神奇成腐朽。因此，我以为对传统文化的态度和评价，接受什么，拒绝什么，以及在现实生活中的运用，更重要的是取决于当代人自身的视觉和眼光，从宏观上说，这视觉和眼光毕竟要受制于那个时代和社会条件。

八，严格说，继承和发展的问题直接涉及的是社会实践；传统文化的历史面貌如何，是学术研究问题。二者既有关系，又有区别。对前者的思考，重在现实的效用，对后者的考察，重在历史的真实，而二者都必须从既有的文化积累和原始资料出发，并对它们实施取舍剪裁，作出相应的释义。当然释义也各有侧重：实践上的继承应该高于史实，学术研究应该忠于史实。

九，佛教经典文献给我们保留的文化遗产，即使不能说是世界上同时期中内容最丰富的，也是最丰富之一，而在数量上，说它首屈一指，毫不夸大。仅就汉文佛典看，它所保存的文化范围，时间还在纪元以前，地域自地中海以东，关涉的古代文明，不但有印度和中国，也有希腊和罗马，而波斯和中亚古国，朝鲜与日本，以及中南半岛国家，也都能从中读到斑斑点点。

正由于佛籍的数量巨大，涉及的内容广泛，向研究者、继承者提供了各取所需的条件；为评述者创造了作多种诠释的空间。历史上对佛教褒贬不一，抑扬有别，在很大程度上，与着眼点不同、选择材料有异和如何理解有关。我把读者的主体观念（着眼点）同对经典的筛选，对文本的理解，视为佛经解读的三个要素。维新志士企求从佛教中吸取变法力量，由此着眼，灵魂不死、三世轮回的教义，就转变成不怕牺牲、勇于奋斗的性格，以战胜畏缩、怯弱的劣根；而法界缘起、业力不失的教义，则被用来解释维新精神不朽，必定会在民众中相互影响，形成相互团结的强大力量，以克服国民状若一盘散沙的局面；宗教信仰上的狂热，能够激起民众关心国家兴亡、投身革新的热情，有助于消除政治上的冷漠和精神上的麻木。而另一些学者，如章太炎辈，特别看中佛教的"自力"说，甚至以为是整个中国文化的精髓，因而对法相唯识家给予特殊的关顾，促使这一宗派的发达。假若联系到当时的历史条件，这"自力"说对于极需自信、自立、自强的民族来说，有多么重要的意义，是不言自明的。

十，当前海内外关心佛教未来的学者，大都在讨论佛教与21世纪，佛教与现代化之类的问题，即佛教如何适应当代社会的发展，在未来的世界中发挥积极的、甚或更大的作用问题。此中如何解读佛经，作为继承和发展传统文化的一个方面，应该成为讨论的一个不可缺少的议题。

我以为清末民初佛教复兴和改革运动，是当代解读佛经的楷模。它把佛教导向直面人生，参与解决众生共同关心的重大问题；它以自身为榜样，召唤广大的信徒对自己的言行负起社会责任。如果没有这种解读，古老的佛教就展现不出它的历史生命和现代价值，也就难有此后的发展和文化品位。中国佛教关于建设人间佛教的重大转变，实始于斯。因此，不论就佛教界还是学术界，都可以从这种解读的经历中获得启示。即应该从传统佛典中吸取些什么，发扬些什么，怎样吸取，如何发扬，从而使它成为社会进步的因素，健康人生的参考，而不是相反。

十一，西方对于佛教，也有自己的解读。首先着重的是佛教的哲学。且不说众所周知的叔本华、尼采等接受佛教哲学的影响，即使黑格尔和恩格斯，那种从纯粹哲学角度考察历史的人，也给佛教以高度的历史评价。康德哲学与佛教的关系，是个仍待认识的课题，通过康德主义促使佛教哲学与现代物理学和科学发生关系，以及由此可能取得的科学进展，是一种十分触动人心的现象。至于存在主义、现象学等现代流行的哲学思潮，糅入的佛教成分，也引人注目。在心理学领域，尤其是精神分析学派，几乎可以很清楚地看到他们吸取的佛教哲学属于哪个宗派。

其次是宗教方面。佛教的宗教观念，从根本上说，是建立在业力决定论上；基督教的宗教观念，则以上帝创世说为基础。按照近代中国佛学家的分类，佛教主"自力"论，基督教属"他力"论，二者是完全不同的思想体系。因此，西方的上帝是万能的，他可以选择他在地上的代表，救赎他的子民，组成独立、严密而强大的教会。佛教则自作业自受报，即使像佛菩萨那样具有慈悲救世的宏大胸怀，也不可能改变业报法则；特别是在中国佛教那里，也从来组织不起独立而有力的僧伽集团，最好的情况，是个别僧伽间自由而松散的联合。然而西方自宗教改革以来，统一的教会不断分化，教会自身的权威受到挑战，社会功能日益缩减，而"上帝死了"的判断，在知识界中广有市场，于是"信仰危机"的感叹不胫而走，新宗教运动勃然而起，以致成为发达国家宗教领域里的一大突出现象——新宗教中的理论依据和修持方法，基本上是东方的，或受东方宗教影响的，其中又以佛教的成分最大。佛教之强调个人本位、主体意识、意志自由、生命无限，同西方社会之看重个人价值、个人自由和创造活动，构成一种无意识的巧合。佛教在西方未来的命运，在一定程度上取决于在这个方面所发挥的作用。

再次，关于身心健康方面。这是当代社会，不论国内国外，都普遍重视的问题。作为新宗教运动中坚的新时代运动，实际上也以健康为核心。在这一方面，佛教也有自己独特的优势。早在 20 世纪前 30 年，有学者在作中西文化比较时即已指出：西方文化主动，中国文化主静。从西方学者看，西方的思维方式是分析的，中国的思维方式是综合的。这种比较、区分正确到什么程度，这里不谈，但若用于身心健康方面，二者确实可以互补。禅佛教和密瑜伽在西方之特别流行，就是一个例证。禅与瑜伽本质上是主静的，而且是内向的，力求通过主体自身的功能，从整体上调整人的身心平衡，以获取健康长寿、心理安宁、精神愉悦的效果。这类健康身心的方法，是西方医学和心理学所缺乏的。从这个意义上说，它的前途无量，唯一需要的是科学的实验和科学的说明。与此有关，是佛教的价值观，包括它对众生价值的肯定、薰养高尚的人格和情操，以及去恶从善的道德观念和服务社会的责任感等，其实也都是身心健康的构成因素。历来的邪教不乏以佛教为旗帜的；当代的邪教，诈人钱财，散布罪恶，伤天害理，起初都是从戕害人的身心健康开始的，应引起高度的警觉。

十二，佛教在国外的种种解读，可能成为佛教发展的一种新趋向，在我们本国，也都有相应的表现。至于佛教内外是如何看待，如何评说的，那是另一回事，不在本文议论之内。然而，就国内佛教流布的主体而言，仍然是偶像崇拜，佛菩萨信仰。佛教寺塔依旧遍及全国名山，诸种佛像照样驻足于商店住户。它在无情的商业化竞争中，在贫富分化急剧、成败得失无常之间，是佑护吉祥的标志，躁动不安中的宁静，漂浮无着里的归依，起着作为宗教应起的慰藉作用。还有不少人将佛教作为安身立命之处。然而对整体中国人来说，佛教的设施和它的信仰活动，乃是可触摸、可视听的传统艺术创造，是与普通民众关系久远而深厚的民俗文化，它融入的是一种乡土心理、民族情结和民族共识。因此，它不但成为海内外华人的一大钟情点和凝聚点，而且也是与其他宗教文化形态，和其他国家民族相互沟通和理解的重要纽带。或许正是出于这样一些原因，人们对于某些寺院和僧团的过度商业化，或不太计较，或表示厌恶，虽不会影响佛教的大局，但对于这些寺院和僧团而言，却是一种危险的信号。

十三，佛典被当代的解读，要求佛教不仅是消极地去适应市场，而且还要求有自身的提高、发展和创造。它需要一代新人，一个新的层次，一种新的思维。

佛教哲学中的自由与必然问题

自由与必然是一对重要的哲学范畴，不论是在社会的实践还是人生的实践中，都不可避免地要碰到如何正确处理二者的关系问题。严格讲，佛教哲学并没有把自由与必然联系成一对范畴进行专门的考察，而是将二者对立起来，割裂开来，分散在许多相关议题里加以抒发的。它的全部教理，在于于驱逐必然中，获取绝对自由，所以特色鲜明，给人的启发良多。本文拟从四个方面略作介绍。

一 "业报"论

有学者认为，佛学区别于其他学派的主要思想，是主张"缘起"（亦作"缘生"）说，所谓"依此有彼有，此生故彼生"（《法蕴足论》卷十）。特指解释因果轮回、人生历程的"十二缘生"，广义的表达，则谓"如是诸分，各由自缘和合无阙，相续而起，如是名为缘起"（《分别缘起初胜法门经》）。意思是说，人生现象，是由因缘条件生成的连续过程，详论有十一个要点，可略之为二：一曰"因果决定无杂乱义"，这就是被称为"业报"论的因果律，是佛教宗教的理论基础；二曰"无作者义"、"无有情义"，即"无我"论，是佛教人生观的哲学基础。"业报"与"无我"，就形成佛教全部教义的两大支柱，都统一在"缘起"说里。

"业"指以"思"为主导的人的所有思想行为，而任何思想行为都必然带来相应的后果。此"业"即是"因"，此"果"亦名"报"，这种说法似乎并不新奇，同我们平常人的认识大体一致：思想决定你的言论和行动，而你的言论和行动，不可避免地会对你本身和你的周围环境产生影响，从中既可以是促使精神世界的变化，也可以是实现对物质世界的改造；既可能创造物质财富，也可能创造精神财富；道德情操的提升有赖于此，人格品行的堕落也有赖于此。就这个意义，"业报"说反映了人的主观能动的一面，表达的是人自己掌握自己的命运，也掌握着创造世界的主动权：人是人自身及其生活环境的主宰。换句话说，"思"就成了自由意志，人就是绝对自由的，人们必须对自己的行为及其造成的后果，负起全部责任。

但是，佛教同时宣称，人们的贫富寿夭、高矮胖瘦以及遭遇的逆顺祸福，幸与不幸，只是由特定的业因造成的特定果报。这一业报法则，是极端公正，丝毫不能变更的因果铁律。我们今生（现世）的生活状况，包括家庭出身、社会关系以及财富、地位、体魄、品格、婚姻等等，都是我们前生（过去世）自己作业所感得的报应，是早已经被决定了的，所以我们只能无条件地接受当前的现状，不可怨天尤人，不要不安或不满，不要企求有所改变。也就是说，人对于自己的命运和面对的世界，是完全无能为力的，在因果必然性面前，人没有任何自由，因而也可以不负任何责任。东晋慧远作《三报论》，谓"三业（指善、不善、无记）殊体，自同有定报。定，则时来必受，非祈祷之所移，智力之所免也"。

显然，这也是一种二律背反：

人是绝对自由的。如果没有这种自由，没有自由意志，人就失去了自主性和选择权，所谓"诸恶莫做，诸善奉行"的佛教，就成了多余的教诲，一切修道，全是白费工夫，佛教也因此而失去了存在的必要。

人是绝对不自由的。如果人当真是自由的，人就不应该去选择贫困和不幸，不应该承受剥削和压迫，不应该有不平等的现象存在，也就是说，人们就无须遵循因果律，所谓"业报不失"的教理，就没有了立足的根据；而一旦放逐了因果报应说，也就动摇了佛教的根本信仰。

因果报应是佛教中普及率最高，影响面最广的教义，在中国，可以说是家喻户晓，深入人心，由因果报应体现的这种逻辑矛盾，并没有贬损它的权威。相反，由于它既可作自由又可作必然的两面解释，往往更能增强一些人的信仰。

二 "无我"论

佛教中的"我"与"无我"，是一对完全相反的哲学概念。据僧肇《维摩经注》，"妙主常存，我也"，又说，"纵任有自由谓之我"。此中"妙主"，亦称"真宰"，指善恶生灭的主宰者。唐窥基在《弥勒上生经赞》中也说，"我者，主宰自在之义"，此"自在"系指不受任何条件制约之存在，亦即绝对自由的意思。据此，佛教称谓的"我"，有两重密不可分的含义：一是永恒不灭的主体（真实不变的实体）；二是能够主宰一切的绝对自由。佛教认为，像这样的"我"，在我们生存的世间，是完全不存在，也不可能存在的，此即谓之"无我"。但世间人总是有意无意地把这样的"我"当做自己生活的前提，或当做孜孜追求的终极目标，于是，这便产生了不可调和的矛盾，并成了世间诸苦原因中最深层的一个原因（通常称作生死问题，也是一般宗教都要触及的领域）。

佛教提倡"无我"，总与"无常"相应并提，道出了人生无常、不如意事甚多这个极平凡的真理，有助于从认识论上解除人们对于死的无谓的恐惧和对生的无谓的苦恼，从而加倍地珍惜生活，提高生命质量，与佛教另一类说法，所谓"人身难得"，孔子所说"不知生，焉知死"，精神是一致的，具有积极意义的一面。但是，把"无我"极端化，以致否定人有任何自由的可能性，否定人本身的真实性，那就是另一个问题了。佛教的"五阴"说告诉我们，"人"只不过是"色受想行识"等五种因素的"假和合"，只有强加上的"假名"，没有独立的自性，不能自主，没有自由，正像《金刚经》所言，"佛说一切法，无我，无人，无众生，无寿者"，而佛之对于一切众生，"我皆令入无余涅槃而灭度之，如是灭度无量无数无边众生，实无众生得灭度者"。所以"我"只是一种梦幻，所谓"人生若梦"。最多不过是一种概念的存在，正像给孩子起名阿狗阿猫一样，是丝毫不能反映出什么本质来的。

从这方面说，"无我"说对人及其自由的否定，也是全部佛教的出发点。被认为是佛教标志的"三法印"，就有"无我"一印，"四谛"中"苦谛"有"四行相"，其中也有"无我"在内。佛教，特别是早期佛教，之所以厌恶人生，唾弃世间，呼唤解脱，最重要的一个原因，就在于对自由抱有此等误解：自由必须摆脱任何条件的制约；自由如果不是绝对的，那就等于没有自由，而我们现实生活的这个世间，恰巧是一个由物质的、精神的和文化的无数条件，相互联系，相互作用，相互制约，按一定规律或规则交织而成的网络。因此，消极悲观，始终成为那些呼唤从世间解脱出来的诸派无法挥去的阴影。

其实，"无我"与"我"也是佛教在教理上关系重大的矛盾。就其哲学理论而言，不论是物质的我，或精神的我，抑或色心合一的我，佛教必须坚持"我"是"空"是"无"，而在宗教实践上，按业力不失、果报不爽的法则，绝不许视"业报"为"空"为"无"，或心存怀疑。佛教指斥的"邪见"，以及纳为根本烦恼的"疑"，都主要是指那些否认或怀疑因果报应的观念。这样，一方面作为思想行为的"业"是存在的，由此业力导致的必然结果也是存在的；另一方面，不论是行为还是行为的结果，都没有可用来承担的主体。有"用"而无"体"，这是不可思议的。西方的哲人说，"我思故我在"，经验和理性都能接受；佛教哲理谓，有思无我在，要得到经验和理性的认可，则非常困难。这一矛盾，对佛教本身构成相当严重的威胁。因为无论如何不能说只有"杀"的行为，而不承认有"杀者"和"被杀者"的真实存在。佛教的好多派别曾提出种种解说，企求解决这个困难，或找其他什么字眼去代替"我"，但没有一个可以说得通的。中国佛教，特别是东晋慧远提出"神不灭论"，为特别发扬"业报"的教义而淡化"无我"的哲理，才勉强在中国佛徒中得到大体的公认。当然，这并没有解决根本矛盾：为什么一个自由的主体（"神"、"一心"之类），要受严格的因果律的束缚？

三　空观与唯识

给因果报应和"无我"说提供完备理论的，有在汉文译籍中保存十分完整的有部学说，且主要与"三世实有"和"法体恒有"这两大命题有关。《般若》中观派兴起，即着重批判这些命题。后者认为，有部等"小乘"所说的"无我"，属于"人无我"，其所谓的"空"，属于"分析空"；而他们自命的"大乘"，则同时还主张"法无我"，提倡的是"当体空"。譬如说，"人"是"五阴"和合，而作为和合物的"人"来说，却没有自身固有的本性，此即称之为"无我"、"空"，或曰"无定性"、"无自性"，用此等方法观察其他任何复合物，诸如树木、军队、瓶柱等，也都是多种元素的和合，所以也是同样的"无我"、"空"。这种"空"的观念为佛教一切派别所普遍承认。但小乘仅限于此，而把构成"人"的"五阴"，组成其他复合物的"四法"（色香味触）或"四大"，视为决定不变的"自性"或"法体"，所以是"真"是"实"是"不空"；"大乘"则谓，此中非但复合物空，即所谓"人我空"，构成"人"的"五阴"，组成其他物的"四大"或"四法"，也"无自性"，也是"空"，是谓"法空"，亦名"法我空"。传说僧肇有偈谓"四大原无主，五阴本来空"，指的就是此种"法空"。

按照大乘两种"无我"之说，小乘所持的"因果"实有、"法体"不空的观念，乃是一种执著，并非真谛。像《中论》一书，就对之作了激烈的批评。其《观因果品》分析了小乘有关因果铁律的各种论点，揭示了它们包含的内在矛盾。结论是，原因和结果，以及因果之间的必然联系，都不可能成立："是众缘和合法不能生自体。自体无故，云何能生果？是故果不从缘合生，亦不从不和合生。"当然，由此想从因果律中解释众生有自我造作和追求解脱的自由，或解释众生必须受因果必然性的支配而不得自由，都是不可能的。

针对中观派对因果报应真实性的否定，难者认为，这种空观势必否定佛对世间的教化，也就是否定佛教自身，所以说"若受空法者，则破罪福及罪福果报，亦破世俗法"，是故诸法不应空。对此，《中论·观四谛品》回答道，恰好相反，"以有空义故，一切世间出世间法皆悉成就；若无空义，则皆不成就"。此话的含义相当深刻。因为按传统的因果观，一切都是必然的，决定不变的，等于剥夺了人主动活动的任何空间，从而不给人以任何创作的可能，由此要求人们去从事世俗传教或修习出世间法，就很难自圆其说。中观阐述的"空义"，着重于所谓"自性空"、"无定性"，否认有凝固不变永恒常存的自性，属于非决定论一类的观点，给人的自由造作开创了广阔的天地，行善作恶，得福遭罪，均能操之于自由意志。在这个意义上，当然可以保证造因受果的可能性，使佛教的教化作用显得更加必要。

然而，另外的矛盾又出来了："无定性"的非决定论，给个人精神活动以无限的可能性，因而"造作"也可以是随意而成的。这则是唯意志论的一种，可以称为"意念"决定论，其本质恰巧与因果必然性相对立。因为如果确定"意念"当真能够自由地"造作"，则绝不应该出现造作者所不愿接受的结果。唯意志论不承认客观规律性，与因果律是天敌。因此，在《般若》中观派那里，"无定性"的理论，更多的是用来对权威的批判，对传统的轻蔑，而因果律，即佛教中最传统的权威，也就免不了被批判、被蔑视的命运。即使般若中观派中比较温和的一些支派，至多把因果报应归于"世俗谛"范围，决不会让它在"真谛"中占有位置。他们所向往的是身在世间，但却能够超越世间因果的放任自由。

　　《大般涅槃经》是佛经中排他性最强、也最极端的一种，我一直疑惑，为什么在一个极主中庸的国度会使它得以如此广泛的流行？它敢于面对传统佛教在性空自由和因果必然间的矛盾，提出一种颇新的解释，加以解决，我认为也是很大胆的。它说，"业有二种，定与不定"，智者"能令重业为轻"，愚痴之人"能令轻业而作重报"，是故，"非一切业悉得定果，非一切众生定受（报）"。例如，"众生虽有过去寿业"，但还"要赖现在饮食"，而国王杀人是出于教人学好，所以不得恶报。这也是一种非决定论，不过直接用到了因果律上，给自由加以因果的限制，又令因果松动，为自由让出空间，二者互相妥协，似乎矛盾就此消失了。其实，这不过是为某些特殊行为作辩，只能说是一种权变，而矛盾依旧，尽管如此，它对传统因果律造成的威胁，比之《般若》中观更甚。这当然不是《涅槃经》的初衷。

　　与此同时，《涅槃经》又提出了一个令佛教界相当震惊的观点：关于"无常、苦、无我、不净"的判断，只适用"世间"这个范围，超越世间，达到涅槃，这一切就都颠倒过来，变成了"常、乐、我、净"，通称"涅槃四德"。佛教设想过许多理想境界，哪一个也没有"常乐我净"更完美，更动人的了。它由此宣布，绝对自由（我）在世间是绝不可能的，但在涅槃界则是现实的，因为绝对自由就是涅槃的一种属性。此中它又把永生（常），幸福（乐）和道德高尚（净）作为绝对自由（我）的同位概念，也大大地丰富了自由的内涵。涅槃，作为佛教全部践行的最高目标，原本十分抽象，各派给予的规定，差别很大，唯有此"涅槃四德"之说，由于规定得乐观积极，具体可行，所以对中国佛教的影响也最为深远。近代一些佛学家，甚至企图把"常乐我净"当做在"世间"建造理想国的范本，从我们讨论的题目来说，也就是以实际行动，用实际地参与改善人的生活条件和生存空间，以求得自由的实现。

　　相对而言，法相唯识家追求"大菩提"远比实证"大涅槃"看得重要。他们认为，人要得到全面解脱，包括获得真正自由，唯一的途径是"转识成智"，即世界观的根本转变。此中关键是思想根源（种子）的转变，由是而令诸识分别转为"成所作智"、"妙观察智"、"平等性智"和"大圆镜智"。这"转识成智"乍看起来，颇像洗脑，不过是转变两个观点（人我，法我）罢了。但这有两点不同：第一，上述转变的实现，并不全是认识的内部活动。它认为，决定思想根源得以转变的，不是思想内部的斗争，也不限于染净的自我消长，决定的因素，是对客观真理的把握，即所谓觉悟。我这里指的客观真理，是法相唯识家提倡的"唯识理"。此理不是"种子"，不为任何识体所拥有；此理又名"离言自性"，不依任何人的意识为转移，但它存在于一切现象之中，成为它们普遍共有的本质，法相唯识家自己即称之为"真理"。此处我们不是研究这一"真理"有多大道理，而在强调它之承认有一种客观性，需要主体去觉察，去悟解，去认识，从而使其在实践上不再限于内省的一途，更多的是突出向外的学习，我认为这是重要的，据此，真正的自由，就可能通过学习逐步获得。其二，"转识成智"是全部修习的结果，但获得这样一些不可思议的智慧，取得了莫大的自由，要用来干什么？法相唯识家有明确的回答，那就是普度众生、教化众生、利乐众生，一句话，回到众生中去，服务众生。就是说，超越世间的自由是十足地得到了，但必须返回世间的因果必然中，去艰难地，甚至需要自我牺牲地加以实现。法相大师窥基提出，"一阐提"中有一类菩萨，就是只想不断学习，服务众生，而不愿涅槃，他自己就是不愿涅槃的一个。遗憾的是，转"识"所成之"智"，其实是"神通"的延伸，属于幻想，所以在骨子里，依然是把自由与必然分离的。

　　不过从总体上说，法相唯识家的观点是入世的、积极的，也更加接近真理：自由与必然只有通过对真理的认识，通过艰难的实践，才有希望统一起来；一旦必然被遗弃了，自由就只能是一句美丽的空话。近现代有不少法相唯识的学者，积极参与那个受必然规律支配的现实社会的改革活动，与此种认识当不无关系。

四　"随缘逍遥"论

这主要指部分禅者的观点。"随缘"出自华严宗据《起信》之说，《起信》被认为是中国造；"逍遥"直接来自《庄子》，一直被禅者奉为自家的典籍。在解决自由与必然关系问题上，"随缘逍遥"论最能体现一部分中国人，首先是士大夫的心态，所以也最具中国特色。

东晋名僧支遁作《逍遥游论》，谓"至人乘天正而高兴，游无穷于放浪，物物而不物于物，则遥然不我得；玄感不为，不疾而速，则逍然靡不适"。这种"逍遥"的自由，自以为是"恶乎待哉"的，其实仍然需要有"天地之正"可"乘"，六气之辨可"御"，不可能是无条件的。支遁把"不我得"和"靡不适"作为"逍遥"的目标，实际上已经承认了它的条件性。他在《菩萨赞》中说，"所谓大道者，遗心形名外"，"无可无不可；流浪入形名"。前一段是"不我得"的注解，相当于佛教的"无所得"，后一段是"靡不适"的注解，也就是佛教的"随缘"了。以对形名"无可无不可"的"无所得"之心，放浪形骸于种种形名场所，这就是支遁的逍遥观。在这里，"形名"是"缘"，是"逍遥"得以体现的地方，所以"随缘"与"逍遥"就成了一对互补的概念。其所表达的，实是于形名场的无可奈何，不得不求诸内心的自我超脱，也就是用内向的自由，屈从外在的必然。

将"随缘"与"逍遥"最完整地结合起来，作为行为准则的，是两宋之际的大慧宗杲。他说："种种胜妙境界现前，心不惊异；种种恶业境界现前，心不怕怖。日用四威仪中，随缘放旷，任性逍遥。"又说："现在事到面前，或逆或顺——一切临时随缘酬酢。"（见《大慧语录》卷二十七、二十九）这种随缘逍遥观，与庄子流之放浪形骸于"形名"者显然不同，更有些孟子那种不为利害所动，不为威武所屈的意味，而又多了份于顺逆境中从容应对，随缘处理的权变。此中，"我"是主体，"一切由我"是原则，我的意志，我的观念，包括关系重大的政治理念，均要以"我"为准，而随缘逍遥只是通向我的目的并用以自保的手段。

支遁与宗杲都是身处社会动乱，国家危难之秋，有心参与扶匡而无能为力的知识僧侣，其心情颇有点像屈原之徜徉于沅湘流域，是含有大悲苦大愤潆的。他们所向往的自由，不全是个人的，而是有关社会国家命运及其现实的政治诉求，也就是深入到了那种最系缚个人自由的形名范围：自由，就是要在不自由中实现。当对这种自由完全绝望之后，二人同归一途，即随缘逍遥。尽管前者更为内向一些，消沉一些，后者则更加孤愤，更加狂傲。大慧说，成种种法，破种种法，"一切由我"，"不借他力"，"不求伴侣"，可以说是中国古代个人自由主义的典型。但他始终关切国家安危，把民族前途放在头等地位，这与当今的同类思潮是大异其趣的；他把"无我"之说改为"由我"之说，将"不执著"的人生态度变作执著不舍，在佛教中也是独树一帜。

当然，不是所有禅师都赞成这种意见。山林隐居，不愿进入形名场者，就有另一种看法。《楞伽师资记》记弘忍的话："栖神幽谷，远离嚣尘，养性山中，长辞俗事。目前无物，心自安宁。从此道树开花，禅林果出。"这话的思想也是《庄子》的引申，它的意思是，自由（解脱）首先要排出烦恼，心地安宁，而这在尘世间是不可能的，所以提倡在深山幽谷中修行。五代惟俨禅系下的华亭德诚等，不只一般地反对"形名"，连"三乘十二分教"和"祖师玄旨"也加以排斥，认为同样是束缚，令人"不得自在"。但他们并不倡导隐身深山老林，而是主张逍遥江湖，游戏人生；不离尘世，超脱尘世，即于尘世间，宁做"弄潮人"，不做"撑船汉"，其实是不问政治，超越是非善恶，与当时已经盛行于丛林的农禅思想趋向大致相同。

把"自由"作为明确的口号提出来并大力标榜的，始自农禅，是农禅家的创举，也是佛教史上的一件大事。如上所述，此前的佛教普遍认为，人是不自由的，所以人生是苦，要出世涅槃；农禅家反其教而视之，以为人佛一体，世间人生充满乐趣，也有充分的自由；有了乐趣自由，也就是成了佛。农禅家的最大代表当然是百丈怀海了。他说，"佛只是人，人只是佛"，差别仅在于，"佛只是去住自由"，而众生则做不到。因此，他把成佛的目标就特定在做"自由人"上，"自由人"也就等于是佛。这类提法，说它对佛教具有革命意义，也不过分。其产生不但需要理论勇气，也应该具备产生这种勇气的条件。我在《中国禅宗通史》中作过一些考察，以为这与怀海之自觉地将劳动引进禅众，诱导僧侣自食其力，从而建立起比较稳定的自给经济有绝对的关系。他在高唱"自由"的同时，也是第一个把"独立分"、"无依人"、"无求人"作为"佛"的品格加以弘扬的先驱，而这只有在经济独立，达到了无须依赖他人、无求于他人的条件下，才有可能。

　　发现经济独立自足是一切解脱的前提，是任何自由的起点，可以说是百丈的重大理论贡献，不论是他自觉到还是没自觉到。这种认识，即使在整个中国思想史上也应该占有一席地位，他的直觉经验和朴实观感，比当前某些自由主义论者的抽象呼喊要深刻得多。但这不是说百丈的主张没有缺陷，第一，他对经济的要求仅限在维持最低的生存线上，是用"自力"保障"少欲知足"这一"头陀"原则的实现，而不懂得自由也是一个发展的概念。人不但要生存，还要发展，还要享乐，因而物质财富必须不断丰富，高度发达，由此形成的自由度，与洞住庐居、瓜菜稀粥的条件相比，当然是不可同日而语的。第二，关于自由的真正保证，他把精神的因素仍然归结为第一位。他强调的禅行是"先歇诸缘"，"心如木石"。其要歇的"诸缘"，是指善恶染净，是非好恶，以及对一切可能触发思想情感的外在事物的感受和知解。如果做到了这些，就会不为"五欲""八风"所动，而顺其自然，此即谓之"心如木石"。从此，"要生即生，要死即死，去住自由"，这就是佛的境界了。所以从根本上说，农禅弘扬的自由，是一种心理的自我满足，既包含对名利的轻薄，也有对生死的豁达，而缺乏对更美好生活的积极追求和持续改善生存环境的意愿。

　　综观有关材料，我认为追求绝对自由实是全部佛教的出发点和最终归宿。只因为它把这种绝对自由同世间的必然规律对立起来，特别是同有生必有死的自然规律对立起来（一位西方哲人说，"生就意味着死"，就是说，死亡是生命的重要因素），进一步，也同它所宣示的三世轮回、业报不爽的因果律对立起来，所以世间人生本身，就是不自由的根源，这也是人生是"苦"的终极原因。为了自由，唯一的出路，是必须从世间人生中解脱出来，彻底厌弃我们的这个世界，再也不生为人（佛教"出家"的原始目的，以及"十二缘生"对于"爱"的否定，就是要从根本上消灭"生"的延续），最终回归"涅槃"（涅槃的原始含义是"灰身灭智"）。

　　我想，对于人世间竟会如此深恶痛绝，以至于连"来世"都不抱任何希望了，那肯定是有过极度痛苦、极端绝望的非常经历，而不一定完全为了绝对自由之于人生的不可得（参考《四十二章经》，以及此经流传期的社会和文化背景）。大乘佛教在很大程度上纠正了这种悲观出世的倾向，竭力调和世间与出世间，生死与涅槃，以及缚（不自由）与解（自由）间的矛盾，以

"救苦"（悲）和"与乐"（慈）两种基本形式投入世间众生活动，将自觉自利安放到了觉他利他的社会实践之中，个人自由问题，一时变成了次要的事情。尽管如此，那追求绝对自由的理想，在任何一个佛教哲学派别中都没有消失，因而才有"涅槃四德"、"转识成智"等说法出现。

据此，佛教哲学始终坚持自由与必然的分裂和对立，而且即是此种分裂和对立成了割裂世间与出世间的认识论根源。中国禅宗，就其现实性品格言，与一般大乘哲学又有不同。它对自由并没有那么多的奢望，以为非达到绝对、以至永生的程度不可。这大体上反映了中国人的历史性格：实际，知足，随遇而安（禅宗所谓"忍为上首"、"立处即真"之类），对于生活环境，生活质量的要求不高，加上惯于自责的传统，所以在对自由的要求上，《庄子》式的"适性"说就很容易流行得开。因此，就其究竟，也还是偏重内心的自满自足，甚至是自我安慰。这在调节心理失衡、维持社会和谐方面，无疑是有益的，但它之缺乏进取，倾向保守，至少是对外在的必然世界的一种逃脱。比较而言，那种把绝对自由作为一个无限的社会实践过程，个人的解脱只能实现于这个过程之中，因而全身心地投入社会实践的思想主张，是更加积极，也更加接近真理的。

有关佛教哲学的本体论问题

中国佛教是外来佛教在中国大地上的再创造。它既保持了外来佛教的本色，又有所损益，增添了许多新的内容，形成多种思潮、学派和宗派。因此，在讨论它的本体论问题时，也不能不涉及中外佛教和诸多流派间的差别。本文拟从四个方面略加介绍。

一 早期佛教的原人论

据传，释迦牟尼是回避本体论问题的，对于"世界"及"我"是永恒还是非永恒，是无限还是有限；"身"与"神"是同一还是相异；死后"神"是否能转到后世等，均不置答。在他看来，人生是一大苦聚，最紧迫的问题是去认识这一苦聚的本质，并探求从苦聚中彻底解脱的道路，正如同一个中箭的人，应该首先是治病救人，而不是去研究箭的结构等理论问题。因此，一般认为原始佛教是一种悲观的人生哲学，没有独立的本体论。

事实上，释迦牟尼对于人生所作的判断，有一个严密的理论体系支持，不涉及本体论是不可能的。这可以从两个方面考察。

其一是关于人的本原问题。这与所谓"十二缘起"说的关系很密切。"十二缘起"由十二个概念（亦名"十二有支"）分别表达人生历程的十二个阶段，及其前后间的因果联系。其中最重要的是流转于这三界五道（六道）之内，轮回不已，生死不已。因此，佛教所说的超越生死，乃是超越这三界五道（六道），不再受制于轮回的意思；而要达到这一目的，据说要经历几番生死的艰苦修习才有可能。修习的方法很多，有所谓"三学"、"八正道"、"三十七菩提分"等，总称为"道"，或称"修道"。

以上教义，大体可以概括在"四谛"说中。传说释迦牟尼得道，三转法轮，即三次布教，就是反复论述"四谛"的道理。

其二是关于人的结构问题。这与所谓"五阴"说的关系密切。"五阴"唐译"五蕴"，指五类因素，即色、受、想、行、识。此中的"色"，与十二有支"名色"之"色"是一个概念；"受、想、行、识"相当"名色"中的"名"，是佛教对于人的全部心理活动的主要分类。任何一个活着的人体，都是由这五类因素构成。原始佛教没有讨论"五阴"是否具有实体的性质问题，但从其主张人类之间可以有差别，人体可以有生死，而五阴总是存在的这一观念看，这五类因素当然应该是永恒而实在的。

这里，特别需要注意的是，早期佛教对于"色"的解释。

"色"属于物质的范畴，所以带有物质的一切特性。它虽然以变碍性为本质属性，但可以分割。分割到近乎虚无——至少从理论上可以做到，叫做"邻虚"，唐译做"极微"，那就是色不可再分解的最小单位。"邻虚"或"极微"，不是各自分散、孤立的存在，而总是处于"聚集"状态，并以此聚集组成人们可见的种种客观物体。

"色"的基础分类有四种，总名"四大种"，略称"四大"，即地、水、火、风，它们分别以坚、湿、暖、动作为本质属性；世界上一切物体悉由四大种构成，称做"四大种所造"，可以概括说："诸所有色，皆是四大种及四大种所造。"它的范围，包括人的五种感觉器官（五根），眼耳鼻舌身，即人的肉体的代称；也包括五根直面的五种对象（五境）——色声香味触。还有一种所谓"无"的概念是"无明"，为"十二缘起"之首，人生的最初因。无明的直接结果是"行"，叫做"无明缘行"。"无明"亦译作"痴"，愚昧的意思；"行"指意志，是发动做什么事情的欲求。就是说，由愚昧而意有所动，乃是人生的真正开端。在早期的佛教文献中，也有不讲"十二缘起"而讲"十缘起"的，没有"无明缘行"之说，而是以"识"为始因，"名色"为结果。"识"指认识功能、认识活动；特殊地说，是指"淫识"，即关于引发和追求性的意念活动。"名色"之"名"，相当于"识"，此处泛指一切精神现象；"色"则是指一切有变碍性的现象，一般与物质的概念相当。所以"名色"就是"身心"，即心理与生理统一的人。据此，不论是把"无明"还是把"识"作为人生的原初动因，都是把某种精神现象实在化和本体化的表现。

在"十二缘起"中还有二支的地位也极为重要：其中的"爱"，指对生命自身及感官享受的爱恋，是全部现实生活的直接动因。它驱使人们热切地追求，成为家庭、私有财产和社会争斗的根源。另一支"生"，是"病死"的直接原因。"病死"是佛教"诸行无常"现象中最无可奈何的一种，要避免接受"病死"的苦果，就要从根本上消灭它的成因"生"。在大多数情况下，"爱"与"生"，尤其是"生"，也有本体的意义。

原始佛教把超越生死，从"十二缘起"的因果锁链中解脱出来，达到一种"不生"、"无生"的状态，作为至高无上的理想，即所谓"涅槃"，意译"寂灭"。这样的"涅槃"，除了表示不再经历生死，彻底结束人的生活之外，别无其他规定，中国僧人形容其为"灰身灭智"，是一种没有归宿的归宿。

原始佛教根据禅定的实践经验，设想世界有三种形态。所谓"欲界"、"色界"与"无色界"。在三界中，存在五类或六类有情的生物，所谓天、人（阿修罗）、畜生、地狱、饿鬼，被称为"五道"或"六道"。按照善有善报、恶有恶报的业报法则，"众生表色"，指有某种滞碍阻断功能的精神作用；另有一种"法界色"，指非五种感觉的对象，而是超越感觉的意识的对象。除上述之"邻虚"以外，多属心理现象。据此可知，早期佛教承认物质的实在性，并认为人的身体和感觉所对的现象，均由客观的物质构成。

这样，人的本原就是双重的：一是来自精神性的"无明"或"识"；一是在精神因素之外，尚需物质性的"四大"及其"所造色"。但是，由什么力量才能使精神性的东西转化为"人"，或者把那精神性和物质性的东西组合成"人"呢？原始佛教提出了"业力"决定说加以解释。

"业"原为婆罗门教用语。佛教给予的基本定义是作用、行动、造作，实是对人的全部思想行为的抽象，具体就是"身"之动作、"口"之语言、"意"之思想，所谓"身口意"。此中的"意"，特指一种叫做"思"的心理活动。"思"以"能令心造作为性"，也就是驱使人生从事种种活动的动机和意志，也可以引申为追求生命和创造事业的欲望。

"业"具有强大的"势力"，叫做"业力"。有什么样的"业"，必结什么样的果。在业未结果之前，永远不会消失，这叫做"业力不失"。这是一种因果铁律。从因到果的过程，就是通过业力的牵引完成的。此种"势力"之强大，"上至世尊，无能遮抑"，即使是佛，也不可逆转。于是"业力"就把由"业"所感得的种种精神的和物质的因素联结起来，组合成一个与其

"业"的内容和性质相应的有情物,并流转于三世五(六)道之中,这就是现实的"人"。人的面貌和人生遭遇,全部取决于他所作的"业"。据此,"业"和"业力"才是现实人的真正根源。

正是从探究人生本原的意义上,早期佛教提出了另外一个著名的论断:人无我。这个"我"有两层含义:一是主宰,二是自在。"主宰"指自己掌握自己的命运,"自在"指绝对的自由。两者都是不受任何外在制约,可以随意而为的意思,其潜台词也包含无限的快乐和永恒。然而"十二缘起"说明,三世流转,诸行无常;"五阴"说明,有情类均须依赖多因素的和合而成;"业力"表明,任何人生都是由先天决定的,在因果的必然性中没有自主选择的能力。这些,都同"人"有"我"的概念相反。简单说,正是由于人生无常,众缘和合,不能自由、自主,不得永恒常在,所以说,"人"不是"真实"的存在,只是虚假的、梦幻般的存在。这就是"人无我"的本意,略称"无我",也就是"空"。

佛教哲学关于量与质,部分与整体的区别,在理论上始终分辨不清。把人当做诸因素的机械拼凑,在《那先比丘经》等经典著作中表现得特别明显。该经以车喻人,车是依赖各种材料、人工等缘合而成,所以说车"无自性";"人"由头面耳鼻等聚合而成,所以说人也"无自性"。对于整体大于部分的总和,或者说,量的不同能够决定质的不同,此类认识,是佛教所从未达到过的。但由此确立了佛教关于"空"与"有"的最早观念:凡是复合的,可以被破解的现象,都是无常的,即此名之为"空";相反,凡是单一的,不可破解的事物,都是永恒的,即此名之为"有"。此"空"亦称"破析空","无常"称"空之初门"。此"有"以其不可破析、不可变易性,亦名"实有"。相对而言,彼"空"即名"假有"。

这一套原人教理,为整个佛教哲学奠定了最重要的理论基础。其后的许多派别,不论是同意还是修正,都要从这里开始。在中国佛教内,则给予了许多新的,而且非常重要的诠释。三国译出的《察微王经》中有言:"深睹人原,始自本无生。元气强者为地,软者为水,暖者为火,动者为风。四者和焉,识神生焉。"

这段话有三个要点:第一,"人原"始自"本无";第二,"四大种"统一于"元气";第三,由"四大"产生"识神"。此中"本无",类似道家名词,实是佛教"真如"一词的古译,是魏晋般若学的中心概念之一。"元气"

是中国传统哲学"气"的一元论的专用语，"四大"只是它的不同表现形式。"识神"则是四大和谐的产物。这样，现实人的实际本体，乃是"元气"。

但是此经还说："魂灵与元气相合，终而复始，轮转无际。"承认有一个不灭的"魂灵"，在"行"的支配下，与不灭的"元气"结为"身、识"。这样，又回到了身心平行的二元论。

到了唐代宗密撰《华严原人论》谓："万灵蠢蠢，皆有其本。""我今禀得人身，而不自知所从来"，怎么会进一步知道未来的命运及天下古今之事？所以宗密把原人问题看得非常重要，认为在中国没有哪一家学派是不涉及这个问题的。他列举的儒、道和佛教内部的答案有十几种之多，最后则归之为"灵性"、"一真灵性"。这些种种不同的主张，难以一一复述，但有一点是共同的，那就是肯定有一个永恒不变的精神主体，或者叫做"魂灵"、"魂神"，或名之为"灵性"、"真心"，或称之为"神"，而最常见于中国早期译籍的是"识神"。东晋道安在《人本欲生经注》中解释"十二缘起"时说：

群生识神，受在痴冥；
识神本痴，乐身苦……遂依受身。

意思是说，一切众生，皆有"识神"，由于接受了"无明"，所以才形成"身"。于是，"魂灵"、"识神"实有，而且是人身的真正本体和本原，就成为中国佛教最独特于外来佛教的地方。据此，中国早期佛教的译注，均把"无我"解做"非身"，即人身无常而识神不灭，所谓"魂神固不灭矣，但身自朽烂耳。"

尽管如此，中外佛教的整体精神还是一致的，那就是：人是自身思想行为的产物；人的命运，因而也包括人所处的环境，也是人自身活动的结果，任何外在力量，不论是物质的，还是精神的，不论是佛还是梵，或是天帝，都不是创世主，也不起决定作用。

二　说一切有部的本体多元论

部派佛教各有自己的哲学体系，但最有代表性，而且在汉文中保存译籍最多，流传时间最长的，乃是说一切有部。

有部的本体论从早期佛教的原人论出发，而扩大到所有领域，包括世间和出世间。它将一切现象重新划分，归为五大类，即色法、心法、心所有法、心不相应行法、无为法。前四类名"有为法"，即有生灭变化的事物，相当"五阴"的内容；后一种"无为法"，包括涅槃在内，是永恒不变的。此中"色法"分十一种；"心法"一种，亦称"心王"，是"六识"的通称；"心所有法"简称"心所"，指与"六识"同时并起的种种心理特征，共四十六种，"心不相应行法"实指不能单独列在物质现象或精神现象中的现象，例如，名言、文字（文句名身）、同类共性（众同分、法同分）、运动变化（生住异灭）等，共十四种；加上"无为法"三种，总称"五位七十五法"。

"五位七十五法"的分类，主要是从该宗的修持实践需要考虑制定的，同时使"业感缘起"对世俗世界和人生的解释，有了一个客体的来源。众生为什么会有三界五（六）道的差别？人生修短穷达，各自不同，社会不平等现象处处可见，那根源是什么？人生如何才能获得解脱？经过什么样的修习历程才能最终达到涅槃？最直接的回答是"业"，"业"的性质决定一切。但是，"业"为什么能够产生实际的效果，具有"感有"的能力？或去恶从善，离染得净？原因就在于有"有"的存在。上述五位七十五法就是"有"的最重要内容。它们根据所作"业"的不同性质和作用，形成不同的组合，从而成就众生个体及其多种多样的差别。

就是说，五位七十五法是构造世间、出世间一切现象的基本元素，"业"则是把这些元素感召出来并加以组合的中介和动力。现实众生的差别，全由于业力在感召和组合基本元素上的不同。因此，元素是永恒的、不变的；由业力成就的众生，不论是心，是身，还是境，则是无常的、变化的。

这一元素的感召和组合过程，就是从业到报的过程。但说一切有部把业报法则大加扩充，形成了以"四缘"、"六因"、"五果"为中心的新的因果论，从而使元素得到感召的渠道增多，组合的形式多样，整个思想体系和修习实践也更紧密地联结起来。此中，以"四缘"说最有代表性。佛教以"缘起"论为自身的理论特点，说一切有部即以此"四缘"概括"缘起"之"缘"，"缘"，意思相当条件。"四缘"中的"因缘"，谓"因"即是"缘"，此"因"指能生因果的必要条件，特别是指通常所说佛教因果律中的那个"因"；"所缘缘"，唯指能够引发认识的客观对象；"等无间缘"，专指心理活动中前者对后者所起的开导作用；"增上缘"，则泛指对生果不起妨碍作用的一切已知和未知的因素。

以上一切因性果性，同五位七十五法一样，也作为元素，是永恒的、不变的。这永恒的不变性，就是真实的实体，称为"法体"，也就是说一切有部的那个"有"。有部最著名的两个命题："法体实有"、"三世实有"，指的就是这个意思。当然，这不是说"三世"无有区别。以"色"为例，现在的"色"有"变碍"的作用，而过去未来虽无"变碍"的作用产生，但仍然是有。也就是说，现在与过去、未来的区别，只在其是否有现实的作用，而不影响其本身的真实存在。

有部曾举例说，农夫种田，不做工，就不会有收获。做工就是"业"，种瓜得瓜，种豆得豆，就是业报法则；而此中的种子，作为一种类的存在，就是永恒的法体；土地、水肥等，则是其他因缘条件。从"种子"引申出种、类、族、界等概念，由此也可以把任何表达共性的名言概念都视为法体。所以有部最后的哲学结论，也把名言概念归结为实体。

这样，种类族界及名言概念各有自身的本质规定性，即所谓"自性"，是高居在个别事物之上，脱离个别事物的独立存在，而且永恒不变。个别事物则是种类族界和名言概念在特殊因缘条件下的现实化，成为它们的复合品，总是处在生灭变化中，所以是虚假的、不实的，本质是"空"。

有部的思想在中国佛教中占有重要地位，所谓"禅数学"、"毗昙学"以及"俱舍学"的主要内容就是阐发有部的思想。有部有两部论著《阿毗昙心论》和《阿毗昙杂心论》，十分流行。关于"自性"、"种类"的概念，在这两部论著中发挥特多。其中有一个颂说："诸法离他性，各自住己性，故说一切法，自性之所摄。"譬如眼不具有"耳性"，就叫"离他性"、眼自住于"眼性"，就是"各自住己性"。一切现象，都包括在各自的"自性"之中，所以"自性不空"。又有解释说，所谓"种类"，是事物中的"相似"者，此从外延上划分；或者说，"所禀性同，是性种类"，此从内涵上确定。《俱舍论》称此为"种族"，亦名为"界"。"此中种族是生本义"，即"种族"是一切有生物的本原，也就是"自性"先于具体事物，并在特定的条件下，成为具体事物的直接生因。

这一思想，在东晋时代，是论证有神论和宗法关系的佛理根据。慧远就曾以说一切有部的主张与鸠摩罗什展开过激烈的争辩。据传，他做过《法性论》,谓:"至极以不变为性,得性以体极为宗。"此处的"至极"、"极",均是"涅槃"的异名。所谓"不变为性",也有用"不变"规定一切"法性"的意思,所以他把毗昙学的核心,归纳为"己性定于自然"。此"己性"就是不变的自性;"自然"则是物种自类相生的因果律。他把佛教理解为"独绝之教,不变之宗",本意即在于此。

慧远的这些观点,受到鸠摩罗什的多方批评,集中起来,是不满于慧远主张的法体实有,以至称其所说"似同戏论"(见《大乘大义章》)。

慧远在促进佛教中国化方面,是一个里程碑式的人物。在教理上影响最大的,是他提出并加以论证的"形尽神不灭"。他把历来译经和传教者模糊或夹杂提到的"识神"、"神"、"魂灵"等提到了一种非常清晰而自觉的程度,使有神论成为中国佛教合法而合理的组成部分,因而成了与域外佛教,特别是与印度佛教的"无我"论区分开来的最重要的标志。也由此解决了困扰域外佛教那种有因果报应,有修习实践,但无行为的真正负荷者的矛盾。他把"神"的存在,当做当然的前提,是任何众生流转三界和趋向涅槃的主体,称之为"精极而灵者"。此"灵"由"情"感"物",有"识"求"数",因而能禀形有化,身朽而不灭。众生的报应种种,都是由于自身神灵所感而然,"故谓之自然。自然者,即我之影响耳。"就是说,神我创造与神我活动相应的一切,这是一种不容置辩的自然现象。(详见《沙门不敬王者论》)

这种有神论,在鸠摩罗什等人看来,是佛教的异端,到了唐代禅宗的慧忠一系,再次提出批评,认为此说实同"外道"。但在国人的心目中,有神论正是佛教的特质。南朝梁范缜作《神灭论》,即以"神不灭"说作为佛教的理论核心而严加驳难。梁武帝则将范缜的议论视为"违经背亲",组织僧俗大举围攻。但在梁武帝看来,《神灭论》的罪状不是有违佛理,而是背离孝道,破坏了宗法制度的宗教依据。

这可以说是一语中的的分析。毗昙学之所以流传,神不灭论之所以形成,与维系当时的宗法血缘关系,有密切的联系。南朝宋的名士罗含撰《更生论》,表现得最明显。此论大意说,天地虽大,但浑而不乱;万物虽众,但区别清楚。他们"各有其本,祖宗有序,本支百世,不失其旧"。这"本",是本原,也是"本分",都指亘古不变的本性,即自性。由于自性不变,所以说:"人物有定数,彼我有成分,有不可灭而为无,彼不得化而为我。"万物众生的生灭不息，就是这有定数的人物，在三世中彼我不乱地流转。

三　大乘思潮的兴起和佛身净土、般若实相

以原始佛教和部派佛教为代表的释迦之学，在后出的佛典中受到多种多样的指责和修正。比较普遍的意见认为，释氏生于"五浊"之世，所说教理，只为爱好"小教"者设施，多用"呵责"而少诱导，局限性很大。此类典籍，自称"大乘"，贬释迦之学为"小乘"；高唱"菩萨行"，反对自证涅槃。他们的共同口号是："依义不依语，依法不依人，依了义经不依不了义经。"此中的"义""法"，亦被人格化为"佛身"，称作"法身"；而把所谓"真实"、"实相"作为全部佛教的唯一标准，不管是由什么人和什么经典说的。由此形成了许多内容复杂、践行多途的流派，创制了种种经论。对于中国佛教来说，最早输入内地的大乘思潮是般若学和佛身说。

在大乘佛教观念中，佛身是无限多的。佛所教化的佛土也是无限多的，总称"三世十方"，各有无限多的佛与佛土[①]。释迦牟尼佛仅是其中之一，处在所谓"贤劫"时的"忍世界"进行教化。在释迦之外的诸佛和国土，都比释迦教化的国土幸福而美好。其中最有名的有两个，一个是在西方，由"阿弥陀"（无量寿）佛主持的"极乐世界"，亦称"安养国"；另一个在上方空中，叫做"兜率天"（喜足天）、是未来佛"弥勒"（慈氏）的净土。阿弥陀和弥勒是中国流传最广的两大净土信仰系统。前者促成佛徒结社，称为"白莲教"，略名"莲社"，由此发展成了"净土亲"的远祖。其在下层传播，则作为民间秘密结社的重要形式，也可以看做是白莲教的前身。至于弥勒，实际身份是菩萨。他的净土在天上，是能够享受世间"五欲乐"最佳之处，所以一般不是平民信仰的领地。但是，终有一天弥勒要下生人世成佛，那时候，天下太平，衣食丰足，生活快乐，因此，"弥勒下生"多为贫困者信仰。在打着佛教旗号造反的诸多历史事件中，以假借"弥勒下生"的名义最多。

---

① 后出的佛典把这无限多的佛身统一于"法身"，称之为"化身"和"报身"等居住的世界名"化土"和"报土"。

从既有的汉译经典看，有关这类佛身、佛土的记载，最通常的情况是不讨论他们的真实性问题。但有一点非常明确：如果想皈依其心许的佛和希求往生的净土，信仰者必须念诵该佛的佛名，甚或构想这个佛的形象。只有在这个前提下，才能感应于佛，在死后达到预期的目的。佛，特别是为建立自己的净土而奋斗的菩萨，必须具有普度一切众生，令其全部改恶从善，拔除苦难，享受幸福的宏愿；这种宏愿是一种无坚不摧的意志力，能够用以"加被"众生，促使其信仰坚定。众生自身的努力，称为"自力"；佛菩萨"加被"之力，称为"他力"。佛国净土就是自力与他力共同合力的成就。

在这里，佛与净土似乎都是真实的存在。即使如此，佛菩萨也不承担创世纪和救世主的角色，起决定性作用的，始终是众生个人。

中国佛教曾围绕"他方净土"和"唯心净土"以及"他力"与"自力"的问题，有过长期的分歧，直到近代，杨仁山（1869—1936）尖锐批评日本真言宗的纯"他力"论；章太炎把中国的整个文化，也把佛教的精髓，归结到"自力"论上。这大体代表中国净土信仰中知识层面上的主流意见。但在一般民众的信仰中，却大都以"他力"崇拜为主。大乘佛教有一个极普遍的实践口号叫"大慈大悲"，是菩萨必须具备的品格。因此，菩萨往往被视为奇迹的创造者和众生的救助者。其中观音菩萨以救苦救难的形象，普及率最高，而由兜率天降世的弥勒菩萨，则被种种叛逆者塑造成为标准的救世主。

早期大乘佛教兴起的哲学思潮，是由《般若》经类为代表的般若学，印度佛教中的中观学派，就是在这个基础上形成的。从般若中观派看来，所谓佛身净土全是"因缘"所造，均无真实的实体。大乘禅法中有一种叫做"般舟三昧"（"佛现前定"）的，通过禅定观想预定的诸佛形象，能够使该佛形象浮现在禅者面前。对于这种由想象而产生的幻象，佛身净土实在论者认为，这是与佛的一种沟通，是死后必定会生于该净土的经验证明；般若中观派认为，这一经验恰恰证明，佛身与佛土，只是臆想虚幻的产物，因而本质都是非真实的。这一派系对于佛身净土的观点，其实只是它的整个理论体系的具体运用。据此派看来，大乘与小乘在理论上有许多区别，最基本的，在于小乘只承认"人无我"，即像众生那样的复合物是不真实的，而肯定构造复合物的单一性（元素）是真实的；大乘不但承认"人无我"，而且主张"法无我"，即单一性也是不真实的，所谓"自性空"。因此，一般称小乘所说空为"人空"，称大乘所说空为"人法二空"。

其实，般若中观派的空观所指，在于否定认识具有把握客观真实性的能力。不论是经验、概念、推理、判断，一切思维形式，都属于主观范畴，都具有片面、凝固和相互矛盾的性质，不可能反映联系无限、变化万端的客观真实性。众生缺乏自知之明，总以为自己的认识和认识所及的对象，就是世界的客观真实，其实只是认识上的虚妄颠倒或虚妄分别，也就是"不真"。不真即是"空"。从这种观点看，众生面对的世界，实本于众生的思维结构，尤其是名言概念的结构。什么四大、五阴等单一元素，瓶、衣、军、林等集合物体，以及联结诸种关系的因果必然性，都是名言的假施设，属于概念上的差别。而世界的本来面目，从认识的本性说，是不可能把握的。

世界的本来面目，叫做"真如"，略称"如"或"如如"，亦名"实相"、"法性"等。从字面上看，似乎是用来表达某种真实本体的，般若中观派也处处把真如实相作为自己的立论根据，认为它是普存于世与出世、众生与诸佛的永恒不变的共性。但是，在其具体诠释和实际运用中，却有不少差别。"真如"，一译作"本无"，"实相"亦同"无相"，"法性"即是"性空"。成立"因缘生法"的命题，等于成立"因缘不生"的命题。此派总是以否定的表达形式规定肯定的概念，而肯定的概念，又往往是否定的另一种表达方式。此处亦是如此。"真如"意谓如其真实的那样；"本无"意谓所认识的那样本来无有；"无相"指"真如"的不可以表示和分别；这不可以用语言认识作任何解说的相状，就是"实相"。从其不具有认识所赋予的性质说，叫做"性空"；此"性空"是认识及其面对的一切现象唯一可规定的本质属性，就叫"法性"。诸如此类的名称，虽有种种，但表达的内容是一样的，那就是客观真实之不可认识，既不能肯定其为"有"，也不能否定其为"无"。认识对象只能属于认识范围以内的事，即名言表象，所谓"名相"。众生设想讨论的世界，从山川大地、社会人生，到诸佛菩萨，都局限在名相之中，或可直呼之为"假名"。般若中观派总是采用"只破不立"的否定式论法，所谓"非有非无"、"非非有非非无"，就是表示语言的非决定论性质，要求行者不受名相的束缚。他们把契合真如实相的状态，说成是"言语道断，心行处灭"，所以教人"离四句、绝百非"，以至缄默不语，都是从认识的不可靠性上着眼的。

据此，般若中观派及中国的三论宗，是否认有任何实体存在的。它的全部论议，就是破除任何实体之可能。物有自体不可能，诸佛实在性不可能，

"神"、"我"的存在也不可能。由鸠摩罗什译介的《中》、《百》、《十二门》"三论",可以说是无神论的杰作。特别是对于"梵天"和"大自在天"的创世说和命运决定论,极尽其揭露和批判之能事,由此形成的三论学风,也对于中国流行已久的"识神"和"天帝"说,给予了相当的冲击。这整个思潮,从东汉以来,一直成为反对权威、蔑视名教的有力武器。

但与此同时,还有另外一种解释,那就是把真如、实相、法性、性空等实体化和本体化的倾向。

《中论·观四谛品》中有一颂文说:"以有空义故,一切法得成;若无空义者,一切则不成。"如果仅从认识论上讲,"性空"只是说明认识之不真实性,因而是对一切现象的共性概括,没有实体或本体的意义。但是,如果把"空"当成一切法得以形成的空间,是一切法之前的存在,那意义就不同了。《大智度论》说:"诸法实相,常住不动","慧眼知诸法实相","三世诸佛,皆以诸法实相为师。"这个"常住"的"实相",可以被当做特殊智慧和学习的对象,更有"实体"的意味。据此,在般若中观派否定世俗认识和语言世界的同时,似乎还承认另有一种非世俗认识所及的客观实在,以及可以脱离语言思维,能够把握这一实在的特殊认识,即所谓般若(智慧),尤其是般若中的"现观"实证。这样,世界就变成了双重的,即真与假;认识也变成了双重的,即凡(迷)与圣(悟)。由于中观学派特别发挥所谓"二谛"之说,加重了世界及其认识的双重化印象。

"二谛"指真谛与俗谛。"谛"是真实不虚的意思。凡世俗认同的道理叫做"俗谛",只有佛教论证的道理,叫做真谛。所以"二谛"也就是二重真理。南朝梁昭明太子(萧统)解"二谛"义,谓二谛乃是"就境明义","以体立名"。"真"是实义,"俗"是浮伪。前者为"出世人所知",后者为世人所知。这两种真理,二种认识,是绝对分离的,没有联系。但是,这一解说受到三论宗人的批评,认为"二谛"均属言教,只有相对的意义,而不能视为两种实在的"理"或"境",所以称之为:"于二谛"、"教二谛"。"于"指相对,"教"即言教。如吉藏就不承认在名教之外,有什么众生可以把握的真理、真实存在。

在《维摩诘经》中有一个对天台宗影响特别大的命题:"从无住本立一切法。"就是说,"无住"是一切法得以建立的本原。那么,"无住"是什么?鸠摩罗什注释说,"无住"乃是诸法尚未被"缘感而起"的"莫知所寄"状态。此状态是"源",亦称"无本","无本而为物之本"。这里,不言而喻的前提,是事物未被"缘感而起"之前,就有一种可以被"缘感而起"的存在,其所以称之为"无",仅仅在于认识不知其何所在而已。僧肇对这一命题则补充说,"无住"就是"心动","若以心动为本,则有有相生。理极初动,更无本也。"这个心的"初动",是"缘感而起"的最初表现,但其所以能够感得种种事物,也应有某种存在作为原型才能自圆其说。后来天台智颚提出"一念三千",以构成其"性具"学说的主要内容,即本于此:"一念"即"业感而起"的"心动","三千"即是"业感而起"之"一切法"的原型。

总之,从般若中观派那里,既可以得出世俗语言世界之外,别有"实相"或元素(原型)存在的结论,也可以得出实体是存在还是非存在不可决定的结论。

四　瑜伽唯识派的心的本体一元论

早在《华严经》尚未形成之前,就有它的"十地品"单行经流行,汉译初译于西晋。其中有一个至关重要的命题,叫做:"三界虚妄,唯是一心作。"略称"三界唯心"。这一"唯心"说,将早期佛教的"十二因缘"说统一起来,在般若经类以世俗世界为虚妄的基础上,开始向一元论的本体论转变。完成这一理论转变的,就是瑜伽行派。弘扬此派论著《十地经论》和《摄大乘论》的论师,在南北朝时分别形成地论学和摄论学;弘扬此派所尊经典《楞伽经》的论师形成楞伽学。它们都以"心"为最高本体,发展到隋唐,就成了法相宗、华严宗、禅宗以及密宗等的哲学出发点。

瑜伽唯识派的最大特点,是把"心"实在化,并将心体一分为八。它从般若经类的空观出发,认为世间诚然是虚妄分别的产物,所以人无我、法无我;但是,虚妄分别者是谁?知其为虚妄分别者又是谁?答案就是"心"。心有三名:心、意、识,三者可以互用;特殊地说,"心"指第八识阿赖耶识(藏识),"意"指第七识末那(意),"识"指眼耳鼻舌身意等所谓前六识。此中前六识之说,与人们的常识相近,容易理解,关键是第七、第八二识,它们是否真实存在?有什么区别于前六识的特点?

根据《摄大乘论》等解释,"六识"的性质是"易动坏"与"互不相通"。"易动坏"指六识必须依赖各自的"根"（生理器官）、"境"（特定对象）而生，假若缺"根"或缺"境"，识即不生；第六识相对自由一些，但也存在"熟眠不梦、醉闷、绝心、暂死"等无意识的状态。"互不相通"指六识各有自己的功能，不能相互沟通，如"眼"不能视声，"意"不能直接见色等。"易动坏"与"互不相通"，说明"六识"不能使人的精神活动构成相应的连续性和统一性；同样道理，其作为心理活动的载体，例如受、想、行、思及善恶烦恼等，也就不能够连续下来，统一为一个精神整体。

这种心识的连续性和统一性最重要的表现，是对经验、记忆和名言概念的积累和储存。这也是支配今后一切思想行为的出发点。按照佛教关于业报轮回和修道成佛的教义，也需要有一个承担因果于一身的整体。这一切都证明在六识之外，必定还有另一个实体存在，这就是阿赖耶识。《摄大乘论》引证一个经偈说："此界无始时，一切法依止；若有诸道有，及有得涅槃。""此界"的"界"是"因"的意思，实指阿赖耶识，它的本性在给"一切法"作"依止"（主体）。因为它具有派生诸法的性能（因性），又有储藏诸法的性能（果性）；它既是支配人们思想行为的原因，又是承受与其思想行为相应的结果，因果的合一，就构成它的"自性"。

人的经验习惯、名言概念，被当做可能派生同类思想行为的因素，由记忆储存在阿赖耶识中。这些因素，叫做"种子"。经验习惯、名言概念对于阿赖耶识不断的刺激作用，叫做"熏习"，熏习的结果，保留在阿赖耶识中，称为"习气"，也是"种子"的别称。就其形成"习气"、储存"种子"的功能言，阿赖耶识也称"种子识"。"能遍任持世、出世间诸种子"。也就是说，世间和出世间的一切现象，都作为种子形态储藏在第八识中。在特定条件下，内变为"有根身"（身体），外变为"器"（物质世界）。而这些"有根身"和"器世界"，也都是"识"的性质，所以称作身识、身者识、受者识、应受识、正受识、世识、处识、数识等。总之，一切或在阿赖耶识中，或是阿赖耶识所变，能变与所变统一为"识"，所以此派的根本命题就叫"唯识无境"。此"境"泛指离识之外的任何客观存在。

至于"末那"，其性能是"恒审思量"。但这思量与一般思维不同，而是持续不断地以阿赖耶识为对象并视阿赖耶识为"我"的观念系列。也就是说，它是自我意识，是分别我、他，视我、他各有实体的那种观念，所谓"我执"、"人我执"。第六意识与第七末那同时有令人产生诸法各有"自性"

观念的功能，即"法执"、"法我执"。因此，众生与万物之所以被视为真实的各有自性的存在，原因就在于末那以及第六识具有强加给现象以"自性"的特性。

据此，世界万有无非是识的变现。变现的根据是阿赖耶识中"种子"。"种子"有两个来源。一是"本有"，一是"始有"。"本有"为无始以来先天所具有，是先验的；"始有"，由后天熏习而成，来自经验。这两种本原说，在瑜伽行派内部是有分歧的，中国的法相宗则给予同等的承认：先天与后天共存。种子可以作多种分类，其中"共相种子"，是成就山川大地等共识的原因；"自相种子"是形成个体特殊表象的原因。杂染种子是世俗的原因，清净种子是出世间的原因。众生间的差别与联系，众生的演化与转变，都是通过"种子"的性能及其变化来实现的。佛教修持的最后目的，在于"转依"，就是由迷而悟，转染污种子为清净种子，转"八识"为"四智"，转杂染阿赖耶为清净阿赖耶。

阿赖耶识作为众生身心的负荷者和流转与涅槃的主体，其实就是灵魂、识神的富有内容的代称，尽管瑜伽行派在字面上坚决否认它是"我"。这样，有多少众生就应该有多少阿赖耶识，并各有自己的"种子"（精神世界）和变现的世界（主要是与主体有联系的物质世界）。他们遵循的同一原理是"唯识无境"，但现实的主体众生却不是一个。因此，说瑜伽唯识系的本体论是一元论的，仅限于其将世界的本原归之于"唯识"，将万物的本质归之为"唯识性"；而世界的具体造物者，依然是多元的。

瑜伽唯识系把"真如"分为很多种，其中以"唯识真如"即"唯识性"最高，亦称"唯识理"。此派强调"二无我"。"二无我"即是空性，但唯识性真实不空。唯识性是一切现象最普遍的共性，因而也为众生普遍所有，中国的唯识家称之为众生皆有的"理佛性"。唯识真如不是"种子"，对唯识真如的认识，是迷，是悟，才直接作用于"种子"，决定种子是染是净。因此，在多主体创世的同时，还存在一种不依赖任何个体的意志为转移的客体，即唯识性。唯识性说明世间与出世间的一体化；阿赖耶识则说明创世主的多元化。

以上大体是唐玄奘译介的瑜伽行派的观点，一般称为"新译"，为法相宗所宗。以北魏菩提流支（约5—6世纪间）译经集团为中心的地论师，把第八阿赖耶识视为本性清净的识体，亦名"如来藏"。"如来藏"是一个纯清的心体，蕴涵一切佛如来的品格和功德，所以视之为储存"如来"的藏库。世间万有的产生，其因不在阿赖耶，而是第七识；第七识亦名阿陀那（执持），是它及第六意识妄自给阿赖耶以"我"的观念和给"法"以"自性"的观念的结果。以南朝梁真谛为主的摄论师，判第八阿赖耶识为杂染性质，把"如来藏"定为第九识，亦名"无垢识"。旧译的这两大派别虽有差别，但都把人及其世界的最高本体"心"规定为本性清净。这两股思潮的合流，就产生了《大乘起信论》一书。

　　《起信论》的哲学体系，是隋唐以来中国佛教的主流。它的纲要是"一心二门"。"一心"的唯一规定是"不生不灭"，即绝对的静止。"二门"是用来解释这"一心"的，均有涵盖万有，作染、净所依的主体的意思。其中的"心真如门"，即"如来藏"，亦名"一法界"，指万有得以产生的共因；亦名"一大总相"，指遍及万有的共性。其中的"心生灭门"，指不生不灭之真如同生灭的和合，也就是阿赖耶识。按照这类解释，"一心"不动是原始本体；心动为二，是万物产生之源。此中"无明"，是令心由不动到动的第一推动力。心动是"迷"的标志，心静是"悟"的标志。"迷"是虚妄，"悟"是真如。因此，迷悟真妄均依一心而转。真如与觉悟为一；虚妄与执迷为一，主观与客观为一，最终是色（物质）心（精神）不二，皆统一于"一心"之中。此说后来就成为中国佛教泛神论的基本根据。

略论康僧会佛学思想的特色

从研究中国早期佛教思想史说，康僧会（三国吴僧人）是一个颇值得注意的人物。他在改造外来教义、实现佛教中国化方面，独树一帜，另有特色。

从西汉末年即已陆续传入我国内地的佛教思想，在东汉末年的特殊社会条件下，开始了异常迅速的传播。通过桓、灵时期的译经，佛教中的小乘和大乘教义，都已初具规模。至于三国，佛教义学发达，大乘中又出现两种思潮，其一是与贵无派玄学相呼应的般若学，由此一直成为两晋南北朝佛教义学的主流；另外一派乃是同中国古代传统的儒家思想结合紧密，而往往为人们所忽略的菩萨行①。康僧会就是后一派的开创者和卓越的代表。

据僧传记载②康僧会"明练三藏，博览六典"，对佛教经典和儒家典籍都很精通。于孙吴赤乌十年（247）到达建业，曾说服孙权为舍利建塔，说服孙皓信奉佛教，死于晋武帝太康元年（280），是有文献记载以来最早进入宫廷的僧侣之一。僧传的这类记载，照例会有不少虚构的成分，但记述康僧会所传佛教的特点，则相当确切，那就是公开提倡"儒典之格言，即佛教之明训也"。在这一方面，他固然也用"《易》称'积恶余殃'、《诗》咏'求福不回'"解释佛教的因果报应，也就是人们一般采取的儒释调和的办法，但对他来说，则特别表现在综合佛教教义同孟子的思想巧妙地结合上，并以此当做拔救人民苦难和治理国家的妙法。

康僧会综合的佛教思想，大小乘都有。他很敬重传授小乘佛教的安世

---

① 菩萨行泛指为修习成佛而从事的一切思想修养和社会实践，中心是救苦救难普度众生，具体包括布施、持戒、忍辱、精进、禅定、般若（意译智慧、明）即所谓"六度"。

② 康僧会传，见《出三藏记集》卷十三，《高僧传》卷一。

高，曾受业于安的弟子陈慧等人，并为早期流行的汉译小乘禅经《安般守意经》作注作序，重点接受所谓"禅数"之学，所以以后的僧传还有"传禅经者比丘僧会"之说①。"禅数"，后亦通称"定慧"、"止观"，是用专心守一、控制自己意识活动的办法，使内心摆脱外界环境的影响，在保持极度宁静的状态下，凭借预定的构思，达到相应的宗教道德或宗教认识的目的。康僧会弘扬这种禅法所要达到的目的，在于"止、观、还、净"，并获得"存亡自由"。"止观还净"指净化人的世俗情欲思念，也就是他概括为"正心"的内容；"存亡自由"指"制天地、住寿命"之类的"神德"，即佛教通常讲的"神通"。显然，"神通"纯属虚无缥缈的幻想，但求得个人"正心"的修养却非常现实。因此，对康僧会有实际意义的，是通过对"神通"的追求，促进个人持续不断的"正心"修养。

"正心"，是康僧会全部佛教思想的基石，也是他沟通孟子思想的中介。孟子主张性善说，谓"仁义礼智""我固有之"，所以把"存心养性"视为道德修养的第一要义，而这种道德修养的推广，就变成了可以救民于水火的"仁政"。思孟学派的《大学》集中论述了这个程序，以为"心正而后身修"；"正心"、"修身"成了"治国平天下"的唯一途径。康僧会对佛教的理解，大体也是这样。他沿袭佛教小乘"心性本净"的说法，认为人心本如明镜，"由其垢浊，众垢污心"；修习"禅数"的任务，在于"划刮莹磨"，使受污染之心，"垢退明存"②，也就是孟子所谓"存心"的意思。但对康僧会说来，这种"禅数"已经不像小乘那样，只以"自利"为目的，当做个人解脱的手段，而且是属于大乘的，成了"普度众生"的一种手段。所以他又说："专心涤垢，神与道俱；志寂齐乎无名，明化周乎群生"③，即通过"禅教"以"正心"，使自己的主观精神达到符合佛道的最高要求，并不能止步，还需要进一步运用已获得的佛道去觉悟一切众生，救世利民。因此，他的全面口号叫做"以佛明法，正心治国"④。

对佛教的这种看法，贯穿在康僧会的全部译著中。比方说，他对他所推崇的安世高作的评价是："怀二仪之弘仁，愍黎庶之顽阂，先挑其耳，欲启

---

① 《高僧传·安世高传》。
② 《安般守意经序》见《出三藏记集》卷六。
③ 《法镜经序》见《出三藏记集》卷六。
④ 《六度集经·明度无极章》。

其目，欲之视听明也。徐乃陈演正真之六度，译《安般》之秘奥，学者尘兴，靡不去秽浊之操，就清白之德也。"①

在他眼中，安世高不仅传小乘禅数之学，而且是悲愍黎庶，宣扬大乘"六度"的。当然，事实并非如此。康僧会做出这样的理解，就是因为他在以孟子为中心的儒家思想影响下，把小乘的"正心"和大乘的"救世"结合起来，力图用拯救人类灵魂的办法去拯救人类社会。

最充分地体现康僧会这种思想特点的，乃是他所编译的《六度集经》。《六度集经》辑录各种佛经和佛经段落九十一种，按照"六度"的次序编排，共八卷。"六度"属于大乘菩萨行。《六度集经》就是采取菩萨本行的故事，寓以佛教的大乘教义。所谓"菩萨本行"，指的是释迦牟尼未成佛之前在无数"劫"中的神话经历，是用寓言的生动形象提供人们仿效的各种典范。因此取材非常广泛，自虫兽鸟龙，至于天王帝释，从穷家富户到帝王将相，各种故事都有。其中有些寓言流传得很久很广，像著名的"瞎子摸象"的故事，就出在其中的《镜面王经》。在"六度"各章中，除"明度无极章"外，每"章"的经文之前都有一个提要性的说明，大体可以看出康僧会的宣传重心。

菩萨行着重于"度世"，而不限于自我解脱；菩萨的解脱，应该实现于世人的普遍解脱之中。特别能够体现《六度集经》精髓的，乃是《摩调王经》中的一个故事："南王"是一个有志于济世的贤王，因为他的功德累累，帝释劝他居留于极乐的天国，说"慎无恋慕世间故居，天上众欢，圣王之所有也。"但"南王志在教化愚冥，灭众邪心"，拒绝升天，认为"今斯天座，非吾常居。蹔还世间，教吾子孙"，② 这种志于拯救"愚冥"众生的彻底为人精神，正是具体实现着支谶所传的菩萨"大誓"："我当为十方人作桥，令悉蹈我上度去"。③

这种精神，几乎被康僧会全部贯彻到了大乘"六度"之中。他概括"布施度无极"为"慈育人物，悲愍群邪"，"润弘四海，布施群生"。这种"布施"要达到"饥者食之，渴者饮之，寒衣热凉，疾济以药；车马舟舆，众宝

---

① 《安般守意经序》。

② 《明度无极章》。

③ 《道行般若经·贡高品》。

名珍，妻子国宝，索即惠之。"他解释"忍辱度无极"："吾宁就汤火之酷，菹醢之患，终不恚毒加于众生也"。他解释"精进度无极"："忧愍众生，长夜沸海，泗流轮转，毒饥无救，菩萨忧之，犹至孝之丧亲矣。若夫济众生之路，前有汤火之难，刀毒之害，投躬危命，喜济众难。"诸如此类，他的对于处在"长夜沸海"的众生，充满着真挚热诚的怜悯和同情，他的为了救济众生，鼓吹不惜"投躬危命"的自我牺牲精神，使他在同辈僧侣中显得异常突出。

在孟子那里，我们同样地能够看到对人民的悲悯和同情。作为他性善说的最原始表现，也可看成是他的主观唯心主义哲学出发点的，乃是所谓"忧惕恻隐之心"，"不忍人之心"，这同所谓"悲愍众生"的"菩萨心肠"，在本质上是一样的①。他们都把人民群众看成是一些深受苦难但却愚昧无知，而且没有自我解放力量的群氓，因此，也把拯救人类的全部希望寄托在权势者的"恻隐之心"或"慈悲之心"上去。孟子叫做"行仁政"，康僧会所谓"以佛明法，正心治国"，就是这种思想的产物。

在这里，康僧会受孟子的影响最为明显，也是他的佛教思想之所以成为独特之处，他竭力用佛教去说服国主，实际上让国主接受和施行的却是孟子的仁政。更确切一些说，他努力要使当时的政治成为佛教的政治，目的在便于国主更容易地去采取儒家仁政。因此，在孟子把"仁义"当做道德上和政治上最高原则的地方，康僧会也把它当做佛教的最高原则："为天牧民，当以仁道"。②他的誓言是"诸佛以仁为三界上宝，吾宁殒躯命，不去仁道也"③。因此，康僧会所谓"佛道"的社会内容，就成了中国儒家的"仁道"，照中国儒家原则实行"仁义"④的就可以为"君"。否则，借用孟子的语言说，那就成了"残贼之人"。他通过一个大臣对国王的议论，清楚地表达了这个观点："王者为德仁法……若违仁以残，即豺狼之类矣，去明就暗，瞽者之畴矣……夫狼残、瞽暗……不可为宰人之监，岂可为天下王哉！若崇上即昌，好残贼即亡。"⑤

---

① 《忍辱度无极章》有："非法不轨者，内无恻隐心。"

② 《明度无极章》。

③ 《戒度无极章》。

④ 《忍辱度无极章》有："贪欲为狂夫，靡有仁义心。"

⑤ 《戒度无极章》。

在君主专制主义制度里，儒家有一个很宝贵的思想，即君无常位，有德者居之。孟子发挥了这个思想，把是否为"仁"当做"国之所以废兴存亡"的根据，也是是否有做君主资格的准则。康僧会对这一点特别感兴趣，反复陈述这个道理。他假"天鬼神龙"之口，认为"天帝"的地位也不是永恒的："天帝尊位，初无常人"①，能否成为"天帝"，关键在于能否"行仁"。同样，臣民们也即以君主之能否"行仁"决定自己应持的态度。他为君主制定的箴言是："利己残民，贪而不仁，吾不为也。"② 这对现实的君主显然有劝勉的意思。但做臣的箴言却是"宁为天仁贱，不为豺狼贵"③，为民的箴言是"宁为有道之畜，不为无道民矣"④，这差不多等于对君主的直接恐吓了：如果君主"不仁"，做臣民的有权起来造反。因此，在《普明王经》中，他记述王者"贪贼"、"不改旧习"，公然让群臣发表声明："豺狼不可育，无道不可君！""臣民齐心同声逐焉。"

孟子的仁政，反战反杀，是一种具有封建主义色彩的人道主义政治。所谓"不嗜杀人者……民归之，由水之就下。"佛教也以"不杀生"为诸戒之首，但规定的内容却异常褊狭乖僻。康僧会有所不同，他主要是从政治上考虑，用更接近于孟子的思想来作解释："佛戒以杀为凶虐之大；活生，仁道之首也。"⑤ 甚至直接用孟子的类似语言来表达："绝杀尚仁，天即祐之，民归若流。"⑥ 在这方面，他似乎更富有空想色彩，希望在"仁道"实施的地方，能进一步息灭战争，取消牢狱，把所谓"贼寇尚仁，偷贼竞施，干戈戢藏，图圄毁矣"⑦ 当做理想的政治局面。

我们知道，孟子的"仁政"是有经济内容的。他希望通过"仁政"的实施，最低限度不再出现"父母冻饿，兄弟妻子离散"的惨状。康僧会宣传的"仁道"，也特别着重于这个方面。他提出的解决办法，主要是说服君主"无贪"和"施惠"。在他看来，对君主的最大威胁是贪得无厌："夫贪，残命之

---

① 《布施度无极章》。
② 同上。
③ 《忍辱度无极章》。
④ 同上。
⑤ 《精进度无极章》
⑥ 同上。
⑦ 《布施度无极章》。

刃，亡国之基也"，贪婪的君主，必然为人民的公敌："夫厚于味者仁道薄，仁道薄者豺狼心兴；夫为狼苟贪而贼物命，故天下雠焉。"① 所以有德之君，要施惠于民，"慰孝悌，养孤独，开帑藏，大布施"②，保障人民的最低生活水平。在他的译籍中的理想国王，是要经常自责的："君贫德民穷矣，君富德民家足；今民贫，则吾德贫矣。"③ 这样，人民群众生活上的贫富，就成了衡量君主品德好坏的客观标准。康僧会认为，人固然不应该为"盗"，但有人为"盗"，实因"贫困无以自活"，所以做国王的也应该检查："民之饥者，即吾饿之；民之寒者，即吾裸之"④，逻辑的结论就是民之为盗，与君的"无道"有直接关系了。

这样，在康僧会的佛教仁道王国里，一方面是国家的镇压机器不再需要了，另一方面是贫困的群众有了丰衣足食的生活，在当时，特别是在江东的暴征狂敛的条件下，这在一定程度上反映了无助无力的劳动者的一种软弱微渺的希望。康僧会把这一希望的实现，让信行佛教的仁慈国王担当起来，并给他一个推行仁道的重要法宝，这就是大乘的"菩萨行"。

"仁政"本来是中国儒家的传统思想，它不同于印度佛教的慈悲，但康僧会以"格义"的方法通过佛经的翻译，尽量使已经流传于印度的佛教故事涂上中国固有的儒家色彩，这个工作既可以说是翻译，也可以认为是借佛教的经典，讲儒家的道理。使读者通过佛书，会通儒佛，为佛教在中国的传播，开辟了广阔的道路。

康僧会宣传的仁道，要求用佛教的某些信条来保证仁道的施行，因此，我们称它为佛教的仁道政治。这种佛教仁道政治的纲领，大致可以归纳为下列几条："则天行仁，无残民命；无苟贪；因黎庶；尊老若亲，爱民若子；慎修佛戒，守道以死。"⑤ 显然，这个政纲是为一个好皇帝设计的。其得以实现的根本措施，是以佛教的戒律和教化代替国家的镇压。因此，康僧会要求君主把佛教的五戒十善在全民中推行信守，此即谓"以五教治政"、"十善治国"。

---

① 《戒度无极章》。

② 《布施度无极章》。

③ 同上。

④ 同上。

⑤ 《戒度无极章》。

佛教制定戒律本来在于约束僧众的言行，康僧会却把它进一步扩大成为人类社会的道德原则，比方说，"不盗"还称"清让"，要包括"捐己济众"、"富者济贫"；"不杀"还称"慈仁"，要包括"慈恻"、"尽仁"、"恩及群生"，这都是戒律本身所没有的规定。因此，为了推行仁道，添进儒家内容，使之更便于在社会上发生实际的政治作用，康僧会是不惜改变佛教的原意的。比方说，为了把"尽孝"塞入戒律中，竟能硬与"不酒"相配，称作"奉孝不醉"，就是非常突出的一例。

"无生"是佛教的理论基石，"孝道"则是由儒家观念体现出来的封建宗法社会的基本道德，要把这两种很难相容的东西拼凑在一起，佛教的传播者从《四十二章经》就做了努力。结果是佛教向儒家妥协，把"孝道"也列进了佛的教训之内。在《法镜经序》中，康僧会攻击"家欲难足"，把家庭的累赘看成是个人修身正心的一大祸害；然而要在社会上推行仁道，那就非大力提倡"尽孝"不可。因此，在《六度集经》中，康僧会让孝道在佛教治国中尽可能大地发挥作用，当做一条政纲确定下来。《布施度无极章》有言："布施一切圣贤，又不如孝于其亲"，把"孝于其亲"放到了"布施圣贤"之上。《忍辱度无极章》中专有行孝感天的故事，歌颂"至孝之行，德香熏乾"，"至孝之子，实为上贤"。对于妇女，他还特别提倡"尽礼修孝"，以"获孝妇之德"。可以说，从汉末至三国，在儒家正统思想受到严重冲击而处于危机的时代，康僧会也是在佛教的旗帜下，力图重振三纲五常的代表。在他编译的著作中，"君仁臣忠，父义子孝，夫信妇贞，比门皆贤"，既是一种理想的社会伦理关系，也是一种理想的政治关系，这一套儒家梦寐以求的蓝图，是连佛教的影子也不多的。

上文已经说过，康僧会把推行仁道，维护礼治的希望，主要地放在权势者身上。为此就必须首先说服国王去信仰佛教，以便把佛教普及于全国。僧祐在《出三藏记集·康僧会传》中说，僧会"在吴朝亟说正法，以皓性凶粗，不及妙义，唯叙报应近验，以开讽其心焉"。此说大概可靠。《六度集经》中记载的说服国王信佛的办法，就大体不出善恶报应的范围，间或杂以"诸行无常"的教义。他通过一个富户对国王说教道："心念佛业，口宣佛教，身行佛事。捐'五家分'兴佛宗庙，敬事贤众，供其衣食，慈养蜎飞，蠕动蚑行之类。心所不安，不以加之。斯之福德，随我所之，犹影随形。'五家分'者，一水二火三贼四官五为命尽。身逮家室捐之于世，已当独逝。

殃福之门，未知所之，睹世如幻，不敢有之也。"①意思是说，财产和人命均属无常，不如相信佛教，做点好事，为自己积点福德的好。国王听了这番话，得到觉悟，认识到"身尚不保，岂况国土妻子众诸可得长久乎？"即敕国界之内，"散出财宝，赈给贫困，恣民所欲；立佛寺庙，悬缯烧香，饭诸沙门。身自六斋。如斯三年，四境宁静，盗贼都息。五谷熟成，民无饥寒。王后寿终，即上升第二天"。②类似的故事，在《六度集经》中不少，生动地说明了康僧会用以说服国君的佛教教义，及其说服国君推行佛教的社会目的：国丰民康，四境宁静，民无饥寒。在佛教中以布施著名的太子须大挐，为王以后，"邻国困民归化，首尾犹众川之归海，宿怨都然，拜表称臣，贡献相衔"。③此即谓之儒家的"归仁"④不也不过分吗？

佛教所谓的"诸行无常"，本属"苦"义，是佛教极端消极悲观的一种理论；所谓因果报应的迷信，也带有极端利己主义的成分。但是这一些在僧会那里却被转变成了一种积极的，救济贫困、治理国家的鼓动手段。这与儒家所主张的"神道设教"，也是相吻合的。

把佛教思想如此鲜明地同儒家思想调和起来，尤其是把佛教中的出世的消极颓废因素改造成为可以容纳儒家治世安民的精神，康僧会是中国佛教史上一个很特殊的人物。联系到他当时所处的社会条件，在战争频繁，民不聊生，尤其是孙吴的残暴贪婪给人民带来巨大灾难的情况下，作为一个在上层统治集团中活动的知识僧侣，能够劝告最高权势者行点"仁道"，对人民的贫困表示一些同情，也是难能可贵的了。

讲到康僧会的哲学思想，是集中用来论证"仁道"的社会政治学说的。他之所以把"正心"当做推行"仁道"的道德基础，就是建立在对"心"的作用做了过分的夸大上："夫心，众法之源，臧否之根，同出异名，祸福分流。"⑤这种主观唯心主义同佛教的基本教义是一致的，与孟子所谓"万物皆备于我矣"，也没有原则的区别。除此之外，他还采用了中国传统的一些其他哲学思想，同佛教的宗教迷信结合起来，也很有特色。

---

① 《布施度无极章》。

② 同上。

③ 同上。

④ 《戒度无极章》："将娉避难，今来归仁。"

⑤ 《法镜经序》。

在佛教本来的体系中，所谓"缘起"、"无我"同"因果轮回"是矛盾的，为印度佛教各派长期争论而未得到最后解决的问题之一。康僧会继承安世高一系的说法，把"无我"译为"非身"，表示肉体虽有生死，精神却能常在，没有费事就把这一矛盾解决了："夫有必空，犹如两木相钻生火，火还烧木，火木俱尽，二事皆空。往古先王、宫殿、臣民，今者磨灭，不睹所至，斯亦空也。"① 这是从现象的相互作用和诸行无常的方面来说明世界"性空"的。人身也是如此："夫身，地、水、火、风矣……命尽神去，四大各离，无能保全，故云非身。"② 这是从人命无常来论证"非身"的。现象世界和人生自身既然属于性空非身，那么怎样来解释因果不失呢？康僧会毫不迟疑地认为，"命尽神去"的那个"神"是不会死的："众生识灵，微妙难知，视之无形，听之无声，弘也天下，高也无益，汪洋无表，轮转无际。"③

这样坦率地承认"神"或"识"或"识神"作为轮回主体的永存，是中国佛教异于印度佛教的特点之一。康僧会把它当做当然的前提，固然与中国传统的祖先崇拜、灵魂不灭的迷信有直接关系，但他用来论证的理论，又把"地水火风"所谓"四大"的印度说法同中国传统的唯物主义"元气"说结合起来。在《察微王经》中，他借题发挥道："深睹人原，始自'本无'生。元气强为地，软者为水，暖者为火，动者为风。四者和焉，识神生焉。上明能觉，止欲空心，还神'本无'。"所谓"四大"成了"元气"表现的四种不同性质，"识神"由此而生。所以又说："神依四立，大仁为天，小仁为人，众秽杂行为蜎飞蚑行软动之类。由行受身，厥形万端。识与元气，微妙难睹，形无系发，孰能获把？然其释故禀新，终始无穷耳。"这样，又把是否"行仁"和行"仁"的大小当做决定祸福报应的根本内容，放到了"五道轮回"的教义中。为了把这个意思说清楚，最后又总结一句："魂灵与元气相合，终而复始，轮转无际，信有生死殃福所趣。"

这些说法，从佛教正统派看来，是非常"不纯"的。但是，我们应当看到，这种"不纯"正是中国佛教之所以成为中国佛教的本质特征所在。

普列汉诺夫讲过这样的话："同一个宗教（例如佛教），有时为站在完全

---

① 《布施度无极章》。

② 同上。

③ 同上。

不同的经济发展阶段上的各民族所信奉"。可是，"观察指明，在这种情况下，'同一的'宗教适应着信奉它的各民族的经济发展的阶段而本质地改变了它自己的内容"①，康僧会所做的工作，就是为适应当时的中国土壤，"本质地改变"佛教原有的内容。作为一个佛教徒来说，他的信仰是虔诚的，历来被传为江南第一个传法建寺者；但他也并非为信仰而信仰，满脑子只装有可憎的宗教偏见。就他当时的社会地位而言，也还是清客一流，但他似乎并不满足于这种身份；相对于已经兴起的，被用来补充士族贵族骄纵贫乏的精神生活的般若学，在他身上看不到那副玄学化了的僧侣模样。他对人民苦难的关切，他对社会现实问题的留心，以及在他所能设想的限度内提出积极的解救方案，都使他高于他的同辈。当然，对他的佛教治国和寄希望于君主的仁慈，我们现在可以提出许多责难，他的努力也绝不会产生什么重大的社会效果。不过，他的精神仍然是可贵的，在发展中国佛教方面，占有重要地位。直到南梁，仍有他的画像流传，说明在一个相当时候，人们还在纪念他。

---

① 《论一元论历史观之发展》第 2 页。

简说《华严经》中的卢舍那佛

　　佛教延绵至今，不下两千五百年，从其本土流经南亚、西亚、中亚诸国，以至扎根于我国，再传到我国周边近邻，由此产生了难以准确计数的经籍，出现过数不清的宗派，因此，不论是它的宗教形态、哲学思想和文化影响，都称得上丰富多彩，无与伦比。相对而言，我们今天对于佛教的整体研究，远远不足。且不说原始佛教，即使对较近的大乘一系，我们的了解也还有限。

　　唐义净在其《南海寄归内法传》卷一中记其于当时印度及南海所见："所云大乘，无过二种：一则中观，二乃瑜伽。中观则俗有真空，体虚如幻；瑜伽则外无内有，事皆唯识。"后作佛教史者，多依此说。但我认为，若说大乘佛教主要有这两大派别是可以的，若即以中观、瑜伽概括一切大乘思潮，就非常不全面。

　　仅从汉译保存的经籍看，关系大乘理论体系的，就不是这两个派的思想所能完全容纳。在中国极有影响的一些大乘经典，与这两个派别也没有什么关系。譬如，《维摩经》，从魏晋至隋唐，在士大夫中曾经何等风光，甚至可以说，不研究《维摩经》的思想，就难以全面认识当时某些文人的心理和性格。《大般涅槃经》的译出，在中国佛学思想史上，是终结"般若学"转向"佛性论"的革命性事件，类似的还有高唱"如来藏"说的《胜鬘经》，是"如来藏缘起"说的原始根据。它们在中国佛教中占有如此重要的地位，可在二大派中都没有反应（传世亲撰《涅槃论》，误）。《华严经》的遭遇类似。在我国，它是贤首宗创宗的经典依据，故通称华严宗，就不为这二大派所重——据法相宗传，瑜伽行派也把《华严》作为自己的立宗经典，事实上，只是这部经的《十地品》《十地品》原是独立单行的，古印度佛教哲学家世亲曾经作过疏解，即汉译《十地经论》；龙树撰《十住毗婆沙论》，诠释的也是这一品经文）。但此品只是《华严经》的主要思想之一，不足以反映《华严经》的整体理论结构，也不能代表《华严经》的整体风格。

我的意思是说，把大乘佛教仅限定在中观和瑜伽两大学派范围，是一个很大的缺失。我们拥有数量众多的大乘译典，相比于国外学者而言，这是一个非常有利的条件，我们有责任、有义务对它们进行调查研究，扩大一下视野，将佛教研究的学术水平，提到一个新的高度。

现在即以《华严经》塑造的卢舍那佛，看看此经表达的另一种哲学观念，以见与中观、瑜伽二派的某些差别。

一　大乘经典与佛身光明

古代中国关于佛身形状的传说，大致有三：最早当是东汉末年《牟子理惑论》所记："昔孝明皇帝梦见神人，身有日光，飞在殿前，欣然悦之。明日，博问群臣：此为何神？有通人傅毅曰：'臣闻天竺有得道者，号之曰佛，飞行虚空，身有日光，殆将其神也。'"其后的《四十二章经序》记这同一传说，谓佛"身体有金色，项有日光"。至梁慧皎作《高僧传·摄摩腾传》，记汉明帝梦见的佛，唯"金人飞空"四个字。这三处记载跨时约 250 年，佛的身形有了三种变化：一说，身有日光；二说，体有金色，项有日光；三唯说"金人"，即身为金色。

按照这些传说，首先传入我国内地的佛教应当是大乘，因为只有在某些大乘经典中才将佛与光明联系起来，在小乘经律中是没有的；齐梁时期，中国佛教似乎在有意地将佛身发光淡化，所以只记其为"金人"——佛身是黄皮肤，所以用金色形容，而不再突出佛身发光，这倒更接近小乘教义了。

不过至今我们还弄不清前两传说的依据是什么。

最早而且影响最大的汉译大乘经是《道行般若》；此经第二品记诸天子是"光明巍巍"，而解释其所以能发此光明的原因，是持佛威神力的结果，故曰："持佛威神、持佛力，诸天子光明彻照。"按部派佛教传说，色界诸天普遍是自身发光，用于照明的；此处经文则进一步说明，诸天发光，不但是由于他们自身的业报，而且是信奉佛教、执持佛力所致。

鸠摩罗什译《小品般若》，是《道行般若》的异译本，其第二品的译文则是这样的："娑婆世界主梵天王与万梵天俱在会中，乃至净居天众无数千种俱在会中，是诸天众业报光明，以佛身神力光明故皆不复现。"这里最重要的变动是，在佛的道场范围，色界诸天自身的光明，已被佛身光明所映蔽，不得显现。但对于"佛身神力光明"自身，无更多的说明。

就是说，以《道行经》为代表的般若学，仍没有明确讲到佛身发光。到了罗什译《摩诃般若波罗蜜经》（《大品般若》）的初品，已有这样的描述："是时世尊，从三昧安详而起，以天眼观视世界，举身微笑；从足下千辐相轮中放六百万亿光明，足十指、两踝、两髀、两膝、两髀、腰脊、腹胁、背心、胸德字、肩臂、手十指、项、口、四十齿、鼻两孔、两眼、两耳、白毫相、肉髻，各各放六百万亿光明。从是诸光出大光明，遍照三千大千国土；从三千大千国土，遍照东方如恒河沙等诸佛国土，南西北方、四维上下，亦复如是。若有众生遇斯光者，必得阿耨多罗三藐三菩提……尔时世尊举身毛孔，皆亦微笑而放诸光，遍照三千大千国土，复至十方如恒河沙等诸佛国土……尔时世尊以常光明，遍照三千大千国土，亦至东方如恒河沙等诸佛国土，乃至十方亦复如是。若有众生遇斯光者，必得阿耨多罗三藐三菩提。"

此《大品》之前还有两个异译本，即西晋竺法护译《光赞般若》和无罗叉等译《放光般若》——用"光"作为佛经名称，更有意突出佛为世界光明之源的意趣。竺法护和鸠摩罗什先后译出的《正法华经》和《妙法莲华经》，也有"佛放眉间白毫相光，照东方万八千世界，靡不周遍"等神变的记载，但没有《大品经》那样细致的描述。直到唐玄奘译《解深密经》，称薄伽梵"放大光明，普照一切无边世界"，其间历代所出的大乘译籍，很少有关于佛身光明的记载（像《维摩经》、《金刚经》就是例外）。

这一现象很值得注意。某些大乘佛经为什么要把光明引进佛身，或者说，让佛具有光明的性能？

《大智度论》（简称《智论》）卷八对于佛身之所以发光有个长篇解释，大略谓："有人见佛无量身放大光明，心信净恭敬，故知非常人；复次佛欲现智慧光明神相，故先出身光，众生知佛身光既现，智慧光明亦应当出；复次一切众生常着欲乐，五欲中第一者色，见此妙光必爱着，舍本所乐令其心渐离欲，然后为说智慧。"就是说，佛放光明，一是表示佛乃超人，便于众生产生恭敬信仰之心；二是表示佛之智慧，对众生有启蒙的作用；三是令众生爱着光明，驱除贪欲。

至于传说有些天人亦能放光，其与佛放光明有根本性差异，因为"诸天人虽能放光，有限有量；日月所照唯四天下。佛放光明满三千大千世界……余人光明唯能令人欢喜而已，佛放光明能令一切闻法得度"。因此，佛光不只普被一切世界，而且能由此令众生度脱苦难。

佛光是否也有熄灭的时候？回答说："佛用神力欲住便住，舍神力便灭；佛光如灯神力如脂，若佛不舍神力光不灭也。"又问："是光远照，云何不灭？曰：光明以佛神力为本；本在故不灭……是诸光明以佛心故，遍照十方，中间不灭。"

上述问答明确了两点：第一，佛是具有神力的，所以佛即是超越"常人"而与众不同的"神"；第二，佛发光明，能令众生得益；凡值此光明者，还会得道——成无上菩提。于是问题又来了："若值光明便得道者，佛有大慈，何以不常放光明令一切得道，何须持戒、禅定、智慧然后得道？答曰：众生种种因缘，得度不同，有禅定得度者，有持戒说法得度者，有光明触身而得度者，譬如，城有多门，人处各各至处不异，有人光明触身而得度者。"

如此一来，佛便由人成了真正的神，由"觉者"成了神力具备者；"得道"也不再单凭个人的精进修习，而且可以依靠外在于"常人"的佛及其神力和光明去实现。正是在这个意义上，佛教走上了它的非理性的宗教一面，奠定了偶像崇拜的思想基础。

《智论》的这一解释，把佛光的功能还仅限制在佛教诸多法门的一种法门之内，与佛教传统共奉的戒、定、慧三学是并列的关系。就是说，获得佛光照耀不过是传统得道方法中新增的一种，并不享有优越于其他得道方法的特权。然而在《华严》系统中，情况则完全变了：佛教的所有其他法门，都只能作为佛光普照的一种结果而发挥作用，任何个别法门，都是佛光普照的特殊表现；佛光普照包容了一切法门，一切法门则是佛光普照的具体反映。

《华严》的这一思想，最早见于东汉支娄迦谶译的《兜沙经》，此经谓"我佛光明"，"佛悉现光明威神"，"佛放光明，先从足下出，照一佛界中，极明现十亿阎浮利天……如是等，各各照见诸天人所止处"，以至悉皆照明十方世界。它不像《智论》所说，众生须有值此光明的机遇，才能获得菩提无上，而是强调光明普照一切，万物与众生都在它的照耀之下，问题是众生是否会觉知它。

《兜沙经》只是《华严》的萌芽，至《华严》成经，将佛光明发挥到了极致：不但说佛能发光，而且确定光明即是佛，因而有卢舍那佛（毗卢舍那佛）的出现；同时蒙受佛光照耀，具有反映佛法性质的人和物，也都能发光。

从小乘佛教到大乘佛教的转变，以及大乘佛教自身的演化，有佛教内部原因，也有外部影响；它吸取和改造过不少属于"外道"的哲学与民间的信仰，这已是佛教学术界的共识。"光明"之进入大乘佛教，最终树立起《华严》体系的大日佛，则是其中之一。

在宗教史上，向往光明、歌颂光明以至崇拜光明的，可以上溯至公元前7～6世纪的琐罗亚斯德教（祆教），下至3世纪出现的摩尼教（明教）。二者都被认为是善恶二元论者，善恶虽有斗争，而善为世界的本原，是世界的主流。前者认为善是光明与生命之本，恶是黑暗和死亡之源；后者则称善神为光明之神，恶神是黑暗之神。这两种宗教都产生于古代波斯，尽管受到种种压迫，但影响范围很大，时间很久，尤其是在地中海以东到我国新疆的广袤地区，都曾经流行过。到了唐代，摩尼教还在内地建立寺院，后转向民间，并产生过多样变种，也制造过许多事变，遂成为我国历史上一个瞩目的现象。

在中国民间，祆教、摩尼教和佛教，往往被混同为一而流行。南宋僧人志磐撰《佛祖统纪》卷五四记："末尼火祆者，初波斯国有苏鲁支，行火祆教。弟子来化中国。唐贞观五年（631），其徒穆护何禄诣阙进祆教，敕京师建大秦寺。武后延载元年（694），波斯国拂多诞持《二宗经》伪教来朝。玄宗开元二十年（732）敕：末尼本是邪见，妄称佛教；既为西胡师法，其徒自行，不须科罚。天宝四年（745）敕两京诸郡有波斯寺者，并改名大秦。大历三年（768），敕回纥及荆扬等州，奉末尼各建大云光明寺；贞元六年（790），回纥请荆扬洪越等州置摩邪寺。其徒白衣白冠。会昌三年（843），敕天下末尼寺并废，京城女末尼七十二人皆死，在回纥者流之诸道；五年（845）敕，大秦穆护火祆等二千人，并勒还俗。梁贞明六年（920），陈州末尼反，立母乙为天子，朝廷发兵禽斩之。"实际上摩尼教并没有因此消亡，倒因此而成为元明期间农民造反的主要组织形式。

祆教对西方基督教也有过不小的影响。尼采的名著，郭沫若译作《查拉图斯特拉如是说》的查氏，就是祆教的创始人琐罗亚斯德，亦即中国古称的苏鲁支，徐梵澄的全译本，依鲁迅意见，即名《苏鲁支语录》。

但是，在《华严经》中，思想与祆教和摩尼教有极大的区别。在经文开篇就大力描绘的"华藏世界"里，唯有光明，没有黑暗，而是一个纯净无染，至善又富足的理想国度。这样的理想国度，在祆教、摩尼教布满着明暗斗争中没有得到实现，但在卢舍那的佛光普照下，通过大乘菩萨行实现了，而且让那些达到此等菩萨水平的人亲身目睹，证实了它的存在，并可以讲说给世人听。

于是，此后佛教的全部任务，就是教化人们弃恶从善，把恶神腐蚀了的世界，重新变得一片光明，令人们都变得互相饶益，互相为善起来。

二 《华严经》论佛身的光明普照

《华严经》开首《世间净眼品》，对佛就有这样的形容："智慧日光，照除众冥，悉能显现诸佛国土；普放三世智海光明，照净境界；无量光明，充满十方……以力无畏，显现无最自在力光……一切光明普现三世诸佛所行佛世界。"

这里明确地说明，佛光即等同于日光，是佛"智慧"的物化、形象化。太阳有驱暗照明的功能，佛智就起着驱除众生愚昧，令众生变得聪明起来的功能。日光可以令人见到为黑暗隐蔽起来的所有事物，佛智则能令人见到世人所不能见的诸佛国土和清净境界。所以说，佛具备"一切智"和"一切种智"，能"悉知一切众生所行"，以及所有诸法的共相和别相。这样的日光，遍照的能量无限，不会漏却任何事物，而且平等，无所爱憎，所谓"普人一切世间之身……遍至一切世界，不可穷尽"。佛智也是如此，视诸法平等，泽被一切众生，而无所偏依。日光能够照耀一切事物，被其照耀的事物也就有了发光的能力；佛智能够体现在一切事物中，一切事物也就都蕴涵了佛的智慧。这样，光明的第一义是佛智的启蒙，同时将佛智普及到世界一切众生，并体现于对一切事物的认识中。

这被太阳化了的佛身，就成了一个整体。他不但是传统上具备三十二相八十种好，而且小到每一毛孔，都是这一整体的组成部分，所以佛身发光的部位，也是遍及佛的全身的，就像《大品般若》描述的那样，从脚趾到头顶，从眉毛到牙齿，以至全身所有毛孔，都可以大放光明。只要发光，就能启蒙，就是智慧；近照佛的道场及其徒众，远至十方微尘数世界，微尘数各类从生，无所不至，无所不被。

佛世界的诸大菩萨，当然是首被佛光的人，所以也都能发光，且多以光明命名："普德智光"、"普胜宝光"、"普慧光照"、"净慧光焰"、"超趣华光"、"智云日光"、"香焰光幢"、"光明尊德"，如此等等，隐喻佛光进入菩萨之身，佛法含藏着菩萨之智，因此，于诸菩萨亦悉能"普现诸佛功德光耀"。

世间的一切天王鬼神都可以成为菩萨，从而也都有发光能力。"菩萨所行，具足清净，各随本行，皆得出要，悉由如来光明照故；乘解脱力，入如来海，于佛法门悉得自在。"而诸天鬼神之所以能于诸种法门中获得自在，也是"如来光明"照耀的结果，共所发之光，也就各有特性，这也表现在各自不同的名字上。诸如诸"天"中，就有以"乐焰"、"须弥光"、"百光明"、"金刚善曜"、"净光"、"乐光明"、"智慧妙光"、"大力光"等命名的。还有名作"坚固光耀"、"日光耀"、"胜光明"、"淳厚光藏"、"珠髻华光"等的"金刚力士"。也有称作"摩尼光"、"喜宝光"、"净身光"、"目宝光"等的诸种"龙神"。这说明，凡佛教传闻的一切天龙鬼神，都能发光。

不止如此，其余从道场、法堂等佛所在之处，以至天地万物，一切非情品类，诸如山河树木、五谷花草、昼夜四时，皆悉有神，也都能够成就佛之"大喜普照"或"人悲普照"，因而得以发出光芒，发挥着各自的作用。像道场上的"菩提树"，其所发之光，"普兴十方世界，种种现化，施作佛事"；又"常出一切众妙之音"，赞扬如来无量功德。佛所坐"师子座"之光，能"周遍普照无数菩萨大海之藏，大音远震"，"于一念顷，一切现化，充满法界"。佛的其他"庄严具"，还能"一一各出一佛世界微尘数等大菩萨众"，这些"大菩萨众"，散众妙花，烧诸杂香，作众伎乐，"供养世尊，绕百千匝"。

这类描写都是为了烘托佛的智慧，威德神明，无边无际，由此则使得一切万物皆具有佛性，从而也成了"神"。

如果用一个基督教词汇表达，"佛光"的功能相当于"灵恩"：灵性充满，众生受恩；佛法普被，充满世界；众生信仰，即可蒙恩。不论有情世界和无情世界中的任何人或物，无不在自己的个体中体现着普遍的佛法、蕴涵着同一的佛性。

《华严经》这种将佛法遍在化和个性化的思想倾向，导致了佛教世界观上的又一重大变化；其直接的表现，一是将光明拟人化，塑造了"卢舍那"的新佛；一是让光明变成了佛教的象征，具有负荷全部佛法和一切善良的功能。光明所至，黑暗被逐；愚昧尽处，即是觉悟。于是世界从此变得只有善良美好，富贵自在；愚浊贫困、罪恶恐惧，就会完全彻底地消失。此经勾画的"华藏世界"，光明交织，无边无涯，莲花象征纯净，珠宝表现富贵，当就是"光明普照"下的理想国。

三　光明普照中的万物有神论和诸神性善论

《华严经》把自然界所有的非情物也都加以神化，使这些神化了的非情物，不但具有了人的性情品格，而且无例外地，一律都成了佛的信徒，既承担着佛的教化使命，也发挥着他们固有的俗功能；这使命与功能集中于一点，那就是利益众生。例如，药草诸神，以其固有的医疗性能，体现佛对于众生之"大悲"；谷物诸神，以其疗饥和享乐的性能，体现佛给予众生之"大喜"。如此类推，河神，"常能精勤利益众生"；火神，"悉为众生照除暗冥"；风神，"能和合众生，令不分散"；虚空神，表现"一切心皆无垢，坚固精妙"；主方神，"能善照一切众生"；主夜神，"于助道法，深重爱乐"；主昼神，"信乐正法庄严"，如此等等。令一切自然界物类各自固有的天然属性，都具有了体现佛法和利益众生的作用。或者说，凡与人类有益的自然物类，全都可以成神，也都是佛法的体现。

值得注意的是，《华严经》对于印度传说的种种鬼神，从品格上就作了根本性的改造：像"阿修罗"本是与"天"对立的一类神，属恶魔的一类，现在成了"降伏憍慢、放逸"的象征，变作有利于人们"勤于精进"的动力；其余诸神，如"伽留罗王"能"成就方便，广润众生"；"紧那罗王"能"普于一切众生精勤、勤发，能使乐法"；"摩睺罗伽王"能"普为众生除诸疑网"；"鸠槃荼王"能"悉修习无碍法门"；以至"无量鬼神王"，包括"毗沙门夜叉王"，"普能勤护一切众生"。这样一来，佛的光明使恶变成了善，害变成了利，以至本来无益于众生的鬼类都变成了利益众生的神祇。

至于世间所见的日月星辰，更是皈依于佛，为众生勤作佛事、善事不断。如"月天子"、"星宿天子"等，"勤以智慧普发众生无上宝心"；"无量日天子"，"皆悉成就一切善根，常欲饶益一切众生"。而"欲界"诸"天"也不例外："无量三十三天王"，"皆悉具足清净善业，能令众生生精妙处"；"无量夜摩天王"，"皆悉勤修，出生欢喜，信乐知足"；"无量兜率天王"，"皆悉成就念佛三昧"；"不可思议化乐天王"，"皆悉成就寂静法门，调伏众生"；"无量他化自在天王"，"普皆勤修自在正法"。直到"色界"，"不可思议大梵天王"，"悉具大慈，度脱众生"；"无量光音天子"，"安住喜光寂静法门"，等等。

这样，经过佛光普照的世界，一切变得美好起来；现实中所有动植物，神话中的所有精灵，都围绕着护卫众生、利益众生而存在着，而行动着。

这样的世界是怎样形成的呢？《世间净眼品》说："如来往昔，于无量劫行菩萨道时，以'四摄法'善摄众生，于诸如来集诸善根，方便教化，立如来道，深植无量如来善根，皆令安立一切智道，逮得无量功德势力，皆悉成就如来愿海——菩萨所行具足清净，各随本行，皆得出要，悉由如来光明照故。"原来世界万物变得如此与人为善，都是如来做菩萨时，行"菩萨道"，团结众生，"成就如来愿海"的结果，"悉由如来光明照"的结果。

就是说，上述生灵之所以能够成为菩萨，必须有一个基本前提，那就是接受佛的教诲，以成就作为菩萨内在根据的"善根"；同时履行佛的愿望，实践"菩萨道"；蒙受佛的光明，取得佛的智慧和神力。只要做到这一切，就会使他们"悉在如来大众海数"；"于一切众生悉行平等，无量妙色皆已成就；于'十力'中能善安住，处一切众而不倾动，随所至方无能坏者。如来所乘，常现在前，离烦恼障，其心清净，诸结使山，皆已摧毁。睹佛姿颜无量妙色，光明普照"——意谓，此等生灵都已经属于如来种姓，其心清净无障，所作皆属"如来乘"；故虽各有"妙色"，各行"本行"，但所体现的功德势力和饶益众生，却是平等一致的。

承受光明普照，表达的是如来遍在于一切个体的共相；各行本行，指谓的是在同一光照下诸生灵的别相。别相令佛的存在不会空洞失落，共相令众生悉具佛的慈悲，并使之成为现实。所以花果给人以喜，药草施人以悲；日神驱冥散暗，夜神宁静和净；天龙鬼神也各以其独特的身份、职责而各持一特种法门，能够自由地利益众生，如毗沙门王，"于平等观方便，离一切恶，饶益众生法门，而得自在"；持国乾达婆王，"于摄一切众生娱乐方便法门，而得自在"；金刚眼照力士，"于示现如来无量色像法门，而得自在"；毗楼波叉龙王，"于一切龙趣中，除灭炽燃、恐怖救济法门，而得自在"，等等。

《世间净眼品》是描述万物有神论的重点章节，唐译将此品改名作《世主妙严品》。这一改变，更加突出了全经的主题，肯定了这些神灵作为世间万物之主的地位，这对于大乘佛教向民间的普及是有利的。因为万物有神论就是来自民间流传的万物有灵论，将二者混同起来是很容易的。但在《华严经》这里，二者有根本的区别：它给万物的灵性以佛教的洗礼，赋予了大乘以与人为善的品德和功能，也等于把整个世界佛教化和善良化了。这一切的根源，就出在佛的光明上。

四　卢舍那佛及其与众生的关系

至少在太阳系，光明的本原是太阳。在佛教传统的神话中，太阳的人格化是"日天"或"日天子"；他们所居处，称作"日宫"。日月星辰都是"天"，同属于三界五道内的芸芸众生，地位并不高，佛教很少把这些场所作为布教的场所。但在《华严经》，作为处于生死轮回的日天子或月天子，虽与传统神话大致一样，但却把光明升华为智慧与幸福的象征，从而将太阳化作智者、觉者、利益众生者的表征，因而也就人格化为一个新的佛，以太阳命名的佛，即"大日佛"；日夜伴随着我们的太阳、月亮及其光明，则变成了蒙受这大日佛的光明的折射，但也因此而具有了它们原来所没有的慈善性情。

卢舍那佛的创造，应该是《华严经》系统的专利；他的面世，开辟了佛教的又一个信仰系列，在推动佛教哲学的发展上，也有重要意义。唐代就特别推崇毗卢佛，《大毗卢舍那成佛神变加持经》的译出，更把此佛引进了密教体系距离早期佛教愈来愈远了。

"卢舍那"是晋译本的音译，原意"光照"；唐译作"毗卢遮那"——其中的"毗"，是普遍的意思，意谓光照普遍，多译作"光明普照"；"大日佛"则是它的意译。佛以毗卢舍那命名，是在什么时候，最早出现在哪部经里，很难考证。至少在《兜沙经》中，尚只有光明而无此佛的名称；《阿含经》中偶尔提到毗卢遮那之名，但那不是佛。

在《华严经》中，卢舍那佛除了发光之外，别无其他作为；他作为光明的本体，是驱逐一切黑暗，令所有恶浊的人或物完全改观，使人或物的恶浊一面，消失殆尽，统统化作与人为善的因素；万物众生也由于蒙受他的光辉，得以自我净化，主动为善不已。三世十方，一切如来，都凝结在卢舍那佛身上，卢舍那佛也就成了一切佛的代称。于是万物众生对于如来无不感恩戴德，皈信佛教。经文到处都有对于佛的讴歌，表达众生对佛的"恭敬供养"，归根结底，都是来自对卢舍那佛的感恩。

关于此佛的形象，在《卢舍那佛品》中，是通过佛所居的"莲华藏庄严世界海"来阐述的。这个"世界海"是由十方无限世界海组成的无限空间，以其具有"莲花"的性质并以不可数的莲花装饰，故得名"莲花藏庄严"。莲花是高贵洁净的象征；它的生命不离污泥而又不为污泥沾染，所以佛教一直将莲花的品格，喻作佛徒之虽居世间而能守其洁净的情操；至大乘更用来昭示，菩萨唯有居于世间的卑污低下之处，始能展现其志趣的伟大高尚。这个由无限世界构成的无限空间，简称即是"华藏世界"。

华藏世界的规模和景象被全面显示出来，是在摩揭陀国的一次集会上。尔时世尊发大光明，令诸大菩萨得以亲见目睹；未曾与会，未被佛光照耀，非大菩萨者，当然就看不到那些既宏伟又神异的奇观了。在诸大菩萨的视野里，此"世界海"由上下四方八面共十世界海构成，而十世界海外又各有十世界海围绕；这些世界海中的每一世界均为佛刹，各有佛居，佛各有名，各坐师子座，各领有菩萨众，数总有"十亿佛刹尘数世界海"。这些数不尽的大菩萨，"各兴一佛世界微尘数等妙庄严云"，从十方佛土来至佛所，次第而坐。彼诸菩萨坐已，"一切毛孔各出十佛世界微尘数等一切妙宝净光明云；一一光中，各出十佛世界微尘数菩萨……一一尘中有十佛世界尘数佛刹，一一佛刹中三世诸佛皆悉显现"，由此交织成一副令人眼花缭乱、层层叠叠、无穷无尽的光明之网，以及往来簇拥于这网中的憧憧菩萨。

集会于这里的诸菩萨，仍在"念念中，于一一世界各化一佛刹尘数众生，以'梦自在示现'法门教化、一切'诸天化生'法门教化、一切'菩萨行处音声'法门教化、'震动一切佛刹建立'诸佛法门教化、'一切愿海'法门教化、'一切众生言辞入佛音声'法门教化、'一切佛法云雨'法门教化、'法界自在光明'法门教化、'建立一切大众海于普贤菩萨'法门教化。以如是等一切法门，随其所乐而教化之。于一念顷"，能灭一切世界尘数众生诸恶道苦，统归于佛道和功德智慧地。

由此形成了一条光明普照的通道：佛身发光；身被佛光的诸大菩萨向尘数众生进行教化；教化的法门很多，最后目的，使"各如须弥山尘数众生，令立卢舍那佛愿、性海中"——令一切众生都安身立命于卢舍那佛的愿望和法性中。于是绕了一个圆圈：从卢舍那光明开始，经菩萨行，最后导向众生回到卢舍那的光明之中。

《华严经》的光明普照说，富有哲学深意，中国华严宗就有许多精彩的总结；它以"十玄"、"六相"表达事物之间互相依存、互相渗透的关系，构造出一个以普遍联系和圆融和谐为核心的哲学体系，不但在中国佛教史上，即使在中国哲学史上，也是前无古人，后无来者的。

在西方，从太阳与万物的关系上，也有充满哲理的论述。尼采在《苏鲁支语录》中，宣布"上帝已死"，就是震动文坛、解放思想的名句。《语录》的《前言》第一节记，苏鲁支隐入山林十年，但一个早晨突然变了，他"在日光前，向日球作如是说，'伟大的星球，倘若不有为你所照耀之物你的幸福何有……但每日早晨我们等候你，挹取你的丰余而向你祝福。看啊，我厌足了智慧，如采取了过多蜜的蜜蜂，我需要向我求索之手'。"

假若用《华严》的观点诠释这段话，那么，隐入山林的苏鲁支就是那主张弃家出世的释迦佛；出山而"堕落"到众生之中的苏鲁支，则是那普照大地、需要众生去信仰他、证实他的卢舍那佛。太阳必须有其照耀之物，才能够现其光明的意义；而众生由于得到太阳的照耀，才能够获得生命和幸福，所以必然要向太阳礼赞。

马克思在《1884年经济学—哲学手稿》《对黑格尔的辩证法和整个哲学的批判》一文中说："太阳是植物的对象，是植物不可缺少的、确证它的生命的对象；正像植物是太阳的对象，是太阳的唤醒生命的力量的表现，是太阳的对象性的本质力量的表现一样。"

在这些论述中，太阳是不可以也不能够将自己从世界万有中孤立出来而独尊；太阳的伟大和性能，只有在它与万有的关系中才能充分地显示出来，只有在它与世有益有用中，才能成为一切生命不可或缺的对象，从而为万物所依靠，受到人们的膜拜。《华严》中的大日佛就与此类似。他是一个伟大的、仁慈的、具有无限神威神力的存在，但必须在众生中才能够体现出来，因而一刻也不能脱离世界众生。如果卢舍那只是一味地孤独寂寞，他就无以表现他的清净和导人向善的智慧和能力，众生也无法获得他的慈悲。换言之，如果他拒绝众生，脱离众生，排斥万有，遗弃万有，那不仅无以显示他的存在的无上价值，甚至连他自身是否存在也成了问题。太阳之于万物，佛教之于众生，互为主客关系，是绝对不同又必然紧密联结的事物。

　　从卢舍那佛说，他的存在及其清净善性全部表现在普及众生上，对于一切众生都是平等的，"普门"的，无分别的；就一切众生言，则各具个性，互有差别，不可能是普门的；然而正是众生的个性差别，决定着吸取大日佛遍照的多样性渠道，分别发挥着佛给予的生命之光；同时也在众生之间形成另一种互相依存、互为助力的联系。于是，佛与众生的关系，就可以抽象为"一与一切"或"一与多"的关系，众生之间的关系，同样可以用这样的抽象加以解释；不过前一组关系中的"一"，是卢舍那，后一组关系中的"一"则指个体。为了避免用词上可能发生的混乱，卢舍那多以"十"来表示，是完满、整体性的象征，"十与一"的关系，就成了大日佛与每一个体之间的关系。

　　可以说，《华严经》的核心教义，是要求密切佛教与众生的关系；它的最有特色的理论形式，是处理"一与一切"的关系。这些在中观和瑜伽二派中，没有得到应有的发挥，倒是中国华严宗哲学，将其丰富发展起来了。

　　顺便举个例子，弥勒是大乘普遍尊崇的一大菩萨；他在中观和瑜伽的经论中，都被安置在远离人间的兜率天上，唯独《华严经》将他安置到我们忍土的南方"海涧国"一个园林的"大观楼"处，且于其"父母、亲戚、眷属及同行者"在一起。他是世人的菩萨，不是静居天上享受极乐、天子天女围绕讲学答疑的候补佛。从这种神话的变化中，也可以看出《华严经》与主流大乘二派不同的一些特色来。

禅，禅宗，禅宗之禅

现时有各种热。文化中的热点也不少，宗教是其中之一，而又以禅最为特别，它不但热在国内，而且热到海外，传感到了西方。

禅热的原因很复杂，也不是始自国内。有信奉者，有研究者；有推崇者，有批判者；有人认为禅是不可思议的，有人认为完全可以考察。从中国胡适与日本铃木大拙①的争论算起，断断续续约有半个世纪，至今完成了两个普及率很高的观念：禅的认识曰"悟"，属于"非理性"范畴；禅的功能在于实现"神异"是"特异功能"的实证。

然而今人通称的"禅"，实是经过禅宗洗礼的"禅"。于是"禅"所具有的属性，也就被理解为禅宗所具有的属性。据此，禅师便成了"神异"的超人，禅宗则成了一种非理性组织，在我国的历史上和文化上，也就留下了一块永远不可解的神秘主义区域。我的看法是，非理性可以作理性的解释，神秘主义也能成为科学的研究对象，何况史实远非眼下理解的那个样子。这里，我想仅就禅与禅宗以及禅宗之禅的关系问题，略谈些个人的意见。

一 禅是一类宗教修持

在世界诸大宗教中，佛教有许多独特点。有学者认为，佛教是一种"无神论"的宗教，或者只是一个哲学派别而不是宗教；有学者认为，佛教不但是有神论者，甚至还是"多神论"者。从定性上，就出现这种完全相反的认识，这正是佛教独特点的一种反映。

① 铃木大拙（1870—1966），日本佛教学者。

佛教的基本教理是"缘起"，基本信仰是"业报"。我所谓基本，是相对于"四谛"、"十二因缘"等原始教义和"佛"、"涅槃"等最高观念，甚至于被规定为佛教特征的"三法印"而言的，它们都可以变化，可以产生歧义，唯有"缘起"和"业报"，贯彻于佛教历史的全过程，遍及于佛教的各个派别。克实而言，"缘起"只是"业报"的理论形式，"业报"才是佛教的主体信仰。"业报"既是世间的本原，也是出世间的本原。

"业报"的"业"，指"身、口、意"，即人的思想行为。一定的思想行为，必然产生一定的结果，名之曰"报"。世界的一切无不处在因果的链锁中，决定这因果链锁的，唯是众生的思想行为，而与上帝、诸神和任何外力无关。思想支配行为，所以在诸"业"中，"意"又起决定作用。"意"包括认识机能（识）、观念（想）、情感（受）、意志（行）等一切精神现象，亦名为"心"，是世界和人生的真正创造者，也是解脱的主体和动因。因此，佛教的宗教实践，集中在个人的思想修持和行为规范上。它的修持法门异常之多，包括诸如塔崇拜、经书崇拜、佛菩萨阿罗汉崇拜，以至净土崇拜等类似外力的信仰，但从其缘起的教理上说，这一切外力都是虚假的存在，不是真理；外力崇拜作为自我净化的手段有用，而不能执为目的。佛教普遍提倡"三学"，广而为"八正道"、"三十七菩提分"，大乘佛教特别提倡"六度"或"十度"，指的都是自力修持，而无外力崇拜的内容。

在全部修持中，所谓"禅"就是最重要，也是最具特色的一项。禅居"三学"之一，"六度"之一，可以说，无"禅"不成修，无"禅"即无佛教。

一般都知道，"禅"是外来语音译"禅那"之略，意译旧作"思维修"，新作"静虑"，指在消除了食、色等欲念基础上，继续专心修持所达到的一类特殊的身心状态。它由三种心理要素构成，即思维能力、感受能力和"心一境性"。思维能力的表现形式不同，有凭借语言概念（寻、伺）进行的，有摆脱语言概念（无寻、无伺）进行的，在语言概念的连用上，也有粗（寻）、细（伺）的区别。禅那的连行就是由思维之从粗到细，从凭借语言概念到摆脱语言概念的过程。与这一过程相应，身心感受都处在一种轻适愉悦的状态，并推动和维持禅的持续活动。但这种感受有自觉（喜乐）和不自觉（舍）的差别，自觉中也有粗（喜）、细（乐）的区别，与思维形式同步演变。正是基于禅过程中思维形式和主观感受的不同，呈现为过程的阶段性，因而被划分为四种，通称"四禅"。

四禅的共性是绝对不受食色等生理本能的驱使，身心安适，思维明晰；最高境界则是排除任何名言和感受的扰动，令身心安适、思维明晰，处于一种自然无为的状态。因此，就其抽象形式而言，禅的这种修持与中国的气功类似，如果用于调节身心平衡和保健医疗，可以成为一份很有开发价值的遗产。就佛教而言，在大多情况下是利用它的专心一致、思想明晰的功能，观想佛理、实证真谛。据说真谛是不可以用语言把握的，而禅的高级阶段则提供了这种可能。

所谓实证，亦名亲证、现观，具有一定的神秘性，但仍属于认识论探讨的范围。禅本身的神秘性主要表现在它之能够产生"神通"上。所谓"神通"，指一种超人、超自然的能力，一般分为五类，简称"五通"，实际上包括一切神智异能，也就是原始巫觋所信奉的那类不受任何客观限制的能力。佛教一般把神通作为吸引信徒、普度众生的"方便"，亦列入"智"的一类。在中国，像东晋时的支遁、道安、慧远等佛理大家，也都相信它的真实性，历代《高僧传》还专列《神异》一门，记载这方面的人物。但"神通"始终没有在中国佛教中占据主导地位，一是戒律严禁自我宣扬，二是国家严禁妖言惑众。

禅之激发"神异"现象，与禅过程的诱导和禅思维的内容有关，也与禅激发主观感受的特殊性有关，属于自控或失控下的一类心理、生理畸变。在自控条件下，由禅诱发的种种幻觉、幻象和特殊感受，大体是预期的，理智可以驾驭，所以入禅与出禅、幻境与现实，行者比较清楚，反之，禅若失控，理智丧失，以幻为真，把身心异常当做"神通"，即是"禅病"。佛教涉及禅病的经论不少，列举的种类很多，其范围相当于精神失常。因此，佛教也有许多专治禅病的经论记载流传。尽管如此，仍有人把"禅病"视为禅的常态，甚至将禅病行为当做真有"神通"的证明，这影响也是不小的。

禅与佛教教义关系最紧密的，是后者关于"世间"的构想。按佛教的宗教分类，"世间"有二，曰器世间、众生世间，二者的统一，构成为"三界"、"五（或六）道"。众生按善恶业报法则流转轮回于三界、五（六）道之中。所谓"三界"，即欲界、色界、无色界；"五（六）道"中，唯"天"为高，"天"组成色界和无色界以及欲界的一部分。此中"色界"，就是行禅者死后投生处；禅有"四禅"，故"天"有四禅天。禅的原意及其功能大致如此。

但在实际运用中，"禅"所指谓的范围要广泛得多。禅的三要素中称作"心一境性"的那一支，是音译"三摩地"、"三昧"，意译"定"、"止"等的本质规定性，相当于普通心理学上的"注意力集中"，是正常人任何认识活动都必须具备的心理条件，在佛教的心理分类中列在"大地法"类，谓其"恒於一切心有"，就是这个意思。注意力集中在什么对象，按什么思维路线运作，观想什么样的内容，是决定认识性质的一般进程，佛教用于自己的宗教修持，就形成各种各样的禅法。"禅"与"定"、"止"、"三昧"等，通常可以互用，或合称"禅定"。从这个意义上说，禅法就是运用注意力的艺术，它们千差万别的性质，决定于注意力集中的程度、对象及其控制的思维路线和内容。上述"四禅"中的禅，仅是运用注意力于佛教实践的一种。

中国佛教早期流行的禅法中，除四禅外，尚有"四无色定"，是构建"三界"中"无色界"的禅定基础。"四禅"、"四无色"合称"四禅八定"；如果加上"四无量"，即是汉魏两晋期间广为流行的"十二门禅"。然而影响最大的禅法乃是被称为"二甘露门"的"数息观"与"不净观"。此二门都属"观身"范围，进一步扩大则为"八背舍"、"十一切处"等，传说的达摩"壁观"，就属于这类禅法。与"观身"相应，尚有专以"观心"为务的禅法，在南北朝以后尤为盛行，传说达摩或神秀即撰有《观心论》，到了北宋，围绕"观心"问题，天台宗还曾发生过重大争论。观身、观心，又都属于"四念住"的范围。"念住"，即思想止于一处，也是注意力集中的意思。有不少佛典对此作专门的记述。在大乘佛教特别标榜的禅法中，以观佛与悟理并行为主要内容的"般舟三昧"、"首楞严三昧"最受欢迎。由于大乘教理繁多，所倡三昧也多；几乎每部经典都有自己独特的一套禅法，所以它的三昧亦不可胜数。

总结这些禅法的基本功能，不外乎三个方面：其一是"对治"。对治心绪波动或心地暗昧，对治世俗欲望和情感，对治种种令人不安的烦恼等。这类功能，后来被集中包括在"五停心"内。第二是用于觉悟佛理，生长佛智。所谓四谛、二无我、性空、妙有等，据说都得靠禅定证得。第三是获取神通，并成为由释迦崇拜转向多佛崇拜的桥梁；不但构建世间三界，而且观想出世间的种种佛国净土，成为净土信仰的心理基础。

二　禅宗是一种社会运动

禅，作为一种宗教修持，为中外一切佛教派别所奉行。禅宗则是中国特定历史的产物，是对佛教，包括禅在内的全面革新，具有社会运动的性质。就保存和发扬禅的本义而言，天台宗远比禅宗要多得多。现在国内外谈禅者，忽视天台宗，这是一个绝大的误会。

禅在中国佛教中的传播，大都与"智慧"结合在一起，汉魏之际有所谓"禅数学"，即"定慧"双运，南北朝以后多讲"止观"兼行，成为隋唐诸大宗派的共性。起自两晋，也出现定慧相互分离的倾向，梁、唐、宋三种《高僧传》均设"义学"和"习禅"二门加以区分。实际上，这种区分是相对的，即使以"禅师"命名的高僧，也没有离开慧学的指导。真正将禅独立出来，用以统摄佛教一切法门的，当始于以修禅的名义聚众流动的僧团——即禅僧团的出现。

据《十二头陀行经》记，佛"与八千比丘、菩萨万人，皆着衣持钵游行乞食，食已，至阿兰若处跏趺而坐"，这可以说是禅僧团的经典模型：聚众、游行、乞食、坐禅。这种模型的禅僧团，在中国最早出现于东晋晚期的北方。姚秦时罽宾僧人佛驮跋陀罗（意译觉贤），聚徒数百，在长安街头行禅，与鸠摩罗什门徒冲突，后来被抄南逃。觉贤在西域时有弟子玄高，曾隐居麦积山，从其学禅者百余人，不久被河间王驱至河北林阳堂山，再次聚徒三百，受到北凉沮渠蒙逊的崇敬。及至北凉覆灭，被北魏贵族迎入平城，"大流禅化"，最后为魏太武帝拓跋焘所杀。这类禅僧团居无定所，聚散很快，几乎全都受到过官方和官方僧团的迫害。表面原因是灵异炫世，所以妄显"灵异"，也就成了禅者的一大禁忌。

被禅宗推为东土始祖的达摩和二祖慧可、三祖僧璨，也以"游化行禅"为特点，当是这种流动的禅僧团领袖之一。关于他们的经历，可靠的记载极微，但有三点比较清楚：第一，不再以"神异"聚众，改以四卷《楞伽》授徒——持经诵经是当时僧侣合法化的重要标志；第二，他们的禅法，受到寺院，特别是上层僧侣的非难，所谓"闻其定法，多生讥谤"，"文学多不齿之"，更有直接指斥其禅为"魔语"者；第三，达摩与慧可，传说或被置毒身死，或被"非理屠害"，总之，也是受到官府和僧侣上层的双重迫害而不得善终的。所以到了僧璨，不得不转而南下，进入皖南活动。

这类流动的禅僧团，不为官府承认是普遍的。北魏曾屡次下诏，严禁僧侣"游止民间"、"游涉村落"，被称为"浮游比丘"，实即流动的禅僧团。他们的数目有多少，规模有多大，已不可考，但其成为社会安定的一种威胁，是所有统治集团都已感觉到的。自公元 473 到 517 年的四十多年中，北魏有史记载的沙门造反事件即有八起，矛头主要指向寺院，其中"浮游比丘"是造反的主力。

造成游僧的直接原因，是寺舍的数量容纳不下僧侣的数量。据《魏书·释老志》，北魏全境，477 年有寺 6478 所，到 534 年，增加到三万有余，不到六十年，达到原有寺院的四倍半，速度不可说不快，而僧尼的人数则由 77258 人，剧增到二百万，增加了二十多倍，速度更快。因此，有寺可居的僧人是绝对少数，经常有一二百万人总是处在流浪和逃亡中。这就是禅僧团的群众基础。

僧侣队伍如此迅猛扩大的本身，反映了一些重大的社会问题，其中主要是自北魏开始突出的、一直到初唐依然严重的流民问题。流民产生的原因很多，天灾人祸都有，主因是聚敛过度，战乱频仍。坠入流民行列的社会成分异常复杂，大部分是破产和逃避赋役的农业人口，也有不少在权力斗争中失败的上层贵族和官僚士大夫。他们中不愿冒险造反的那部分，大都流为僧人。因此，流民乃是游动禅僧聚散不断的源泉。

北周毁佛似乎是一个偶然事件。就其勒令还归编户的僧尼近三百万说明，仅仅人口流失一项，也使社会无法继续承担下去，因而毁佛又有其必然性。对佛教的直接影响，是僧尼的大规模逃匿。他们多进入山区，而北方的山地，缺乏养活大众的基本条件，南下谋生，则愈益成为最佳的选择。南方可垦的荒山既多，统治者力又难及，是禅僧聚众定居、生产自给的理想地区。隋代统一，人民喘息未定，即再遭劫难，直到唐初，战乱依然彼伏此起。产生流民的社会条件未变，流民转化为禅僧的运动不止；禅僧的生存条件日趋艰难，涌向南方山林聚居开垦，乃形成新的运动。唐初傅奕排佛，声称当时有僧尼二十万；律师道宣加以反驳，谓佛道二众加起来不满七万。由北朝一隅的三百万，骤降到全国统计的十万上下，那个绝对多数到哪里去了？去路之一，就是躲进山区，不但国家无法统计，也为官寺僧侣所罕知。

　　最早被发现的山居禅众，是隋唐之际，在黄梅双峰山聚众五百，隐居三十余年的道信僧团。稍晚一些，有在牛头山常居百余人的法融僧团。道信传弘忍，后来被禅宗奉为五祖，其禅称"东山法门"，得到武周国家的正式承认。禅宗首次成了合法僧团，立即风靡全国，禅群层出，山头林立，终于形成为中国佛教中拥有徒众最多、影响最大的一大派别。

　　山居禅众与流动禅僧的社会成因大体相同，在吸收流民、扩展私度方面，依旧为官方所忌惮；其仍以"禅"为旗号，和对"禅"的别解，也依旧为官寺的住持法师和律师所不齿。因此，这两类禅众在思想情绪上具有许多共同特点，最鲜明的是轻蔑经教义学和戒律仪轨，不提倡偶像崇拜，认为众生悉有佛性，自我一切具足，关键在于自悟，不必拘于言行和静坐等形式。由此形成一种强烈的批判风气，反教条、反传统、反权威、反对任何束缚，成为正统佛教的反对派和异端。但相对而言，游动禅僧的批判，多表现为消极的抗议和不满；定居禅众的批判，不但达到了彻底的程度，而且有了自己全新的正面建树。

　　第一，聚居于山区的禅众，以自给性农垦为经济基础，劳动成为禅众的第一要务，因而从根本上改变了僧侣靠国家供养和民众布施的寄生式生活方式，为自我具足、自我完满的理想人格，提供了可以实现的物质条件。这种由聚居自给组织起来的群体，逐步制度化，到了怀海的《禅门规式》而完善。概括起来，就是财产公有，消费均等，没有家庭，同吃、同住、同劳动。其中"上下均力"、人际"平等"是这种群体的生命线。

　　这种生活方式反映于禅，使禅的观念和修持发生了积极的变化。"东山法门"即以"作坐"并重，"静乱无二"为特色，也就是把"作"和"乱"——主要是劳动引入禅，改变了"禅"的基本性质。到了中唐，被禅僧大众欣然奉行的"三宝"，由"佛、法、僧"，更改为"禾、麦、豆"，所谓"佛性"，成了"人性"。生活有了基本保障，现实的人身"自由"和人格"独立"，就成了禅的最高境界。

　　第二，由逃亡性的流动，到安定的山居，是对社会苦难和烦恼的一种解脱；向自然人生的回归，也是对世间名利的淡化；对自然美的发现，开拓了对自然自身的感受和欣赏。这种精神生活中的重大转变，在东晋支遁的诗文中，已经有了相当的反映，但只有到了禅宗才达到普遍和完善的程度。近乎原始粗朴的劳作和仅能疗饥的饭食，就曾作为审美的禅境被记载过。而大自然直接提供的境界和灵感，给予的感受和灵性，悠然超然，不但与经典禅法中那种与烦恼、名相苦苦争斗的心地迥然不同，而且也与禅定获得的身心愉悦和神异体验大异其趣。禅的观念和境界，由此而延伸到了自然界，接受自然界的陶冶。天真自然，纵情任性，作为虚伪矫饰、名教礼法的对立面，也就成了禅的另一种追求。

第三，武则天肯定东山法门，是一个影响深远的政策性决定。它从根本上解决了游僧失控的问题，把社会的不安定因素变成了安定因素；把消极的寄生群，变成了积极的生产群，同时大大缓解了由于政治冲突给社会可能带来的对抗和破坏。于是，禅宗吸收社会各阶层的失意者或败落者，就得到了统治集团的默许，并即以其山居，形成对社会的疏远、冷化和静化种种炽热的骚动。由此引发的直接反响，是官僚士大夫的参禅，并逐渐成风。他们的参禅，在于政治的自保，精神的自慰，性情的修养，胸怀的抒发，情绪的宣泄，令禅愈益带上这类文人的风貌。同时反转过来又构成文人性格中的一个方面，渗透到哲学、文学和艺术等诸多领域。

三　禅宗的"禅"是一种人生体验和主观意境

"禅"经过禅宗的洗礼，实现了一种革命性变革，原始面貌全非。其显著的变化大致有二：（一）禅修的方式，由静坐扩大到坐卧住行一切方面，举手投足，瞬目转睛，无不是禅，从而将日常生活全部禅化。近自待人接物，一草一木，大到国家天下世界，都被赋予了禅的意义。这是一种禅的泛化现象，其结果之一，是贬斥以至取消了禅之作为特殊宗教修持的基本性能。

（二）禅的最高目的，从"证"改造为"悟"。"证"是一种非语言概念的认识活动，据说是契合佛教真谛，达到"觉悟"的决定性一步。它只有在禅思中才能实现，所以"证"也是典型的禅思维。近人把它诠释得深不可测，连一些西方学者也被搞得颠颠倒倒。其实它相当于因明中的"现量"，属目下有争议的那种直觉或直观的认识。"觉悟"，或单称"觉"，或单称"悟"，是佛教崇尚的最高智慧。佛教的理想人物是"佛"，"佛"即是觉者或悟者的音译。禅宗把禅对"证"的追求，改换为对"悟"的追求，或将"心性"直接归结为"觉"，都含有超越"证"，或无须"证"的意思。因为在禅宗看来，"悟"有多途，所在皆是，固不必用"证"以拘束于心。总括起来，禅宗开辟的"悟"经可分三类。

其一是语言文字。禅宗提倡"不立文字"，是因为它主张"不拘文字"，但不是取消文字。神会树南倒北，即以"言下便悟"对抗北宗的"摄心求证"。这一倾向反映到了《坛经》上，为唐后禅家所共许。其结果是传灯语录满天下，语录更胜于传灯之真，到了两宋，一发而不可收拾，"看话禅"和"文字禅"席卷丛林，诗文并盛，评唱兼作，波及大批大批士人，而"默照禅"被贬斥和挤对到几乎无地可容。

第二，"势"与"象"。"势"，指形体动作，从挤眉弄眼，到拳打脚踢；从提杖舞棒，到拉弓虚射，都属于这类性质。"象"，指图像，诸如画圆标点，运用卦象皆是。二者既可以用于启悟学人，也可以表达悟否的手段。"势"，往往表现为举止乖张，半是游戏，半是戏谑；至于河北赵州从谂和临济义玄，反映了极端困窘而不甘困窘的愤懑心情，遂形成棒喝之风，与呵佛骂祖一起，为禅悟之道平添了许多不可思议的成分。"象"则发端于南方，广行于沩仰，多取华严宗的理事融通说，往往流入经院烦琐，但其以"象"表"意"的方法，却影响巨大。

第三，"境"。禅宗素以"直指人心，见性成佛"为特色，所谓从"心"得悟。但其哲学基础，是唯识、华严家的"三界唯心"、"唯识无境"，所以"境"也是开悟的法门。如果说中唐禅宗关于"黄花翠竹"即是"法身般若"的命题尚有争论，到了晚唐之后，无情有性则成了诸家的共识。道一说"触境皆如"，文偃称"总在这里"，延寿谓"是境作佛"，都是强调从"境"上得悟。大珠慧海分"势"为四种，"指境势"即为其一。由眼前的"这个"见性悟道，故称"触类是道"。这样，禅被泛化到了一切对象，贯彻到了一切生活，从而升华为一种人生体验和主观意境，以及由此带来情感上的宣泄和抒发。

不论是流民还是失意文士，广义上说，都是社会失衡或社会动荡的产物。他们每个人各有不同寻常的经历，对社会自有一种独特的视角。在当时，对生的苦涩与对名教的厌恶，当是最普遍的感受，由此形成的人生体验，几乎会天然地接近佛教关于"无常"、"不真"和"幻灭"的观念。人生的理想，唯一的现实可能是寄托于精神，于是佛教禅定中想象的超脱、独立和自由，就成了创造主观境界的主要趋向。将这类人生体验和主观意境凝聚为禅，用以指导生活，那就完成一种人格的塑造，一种精神世界和情境的塑造。这从禅之对于唐宋以来文风的影响，可见一斑。

禅宗所倡以言启悟，或以言示悟，这"言"，就不全是逻辑思维用的那种内涵和外延都十分明确的概念，而是古代哲人所谓的"言不尽意"的言。"达摩西来意"可以用经律论三藏千百万言解说，因而不能脱离语言文字，但任何名句文字本身都不足以充分表达。禅语扩大了这种言与意的矛盾，赋予语言以形象性和模糊性，于平淡粗俗中显深邃，在严峻冷峭处见热切，所以往往难以从字面上琢磨，但却耐人咀嚼，回味颇多。禅宗用语之美，及其工于表达那种说不清的思想和带有浓厚情感色调的意念，将中国语言推向一种艺术化的境地，成为唐宋以来艺术语言的重要来源。如果说，作为一种文体的诗词，不是直接受禅语的影响，至少二者是相互推动的。

"象"可通指任何形象和表象，包括"势"在内，也可以特指卦象。但与《周易》对"象"的释文全然不同。以"象"表悟，不受定义的限制，不遵辩证规律的拘束。"象"只是"悟"的工具，而不是目的，这与语言一样。"得意忘象"，而不能误象为意；以指指月，不能执指为月。因此，"象"作为"意"之无限丰富性的一种表现形式，也同样具有直观的模糊性，不能就象论象。直观模糊，在文艺上是朦胧，我们在中国的绘画和书法中也可以发现。中国书画向写意的方向发展，工笔也没有达到西方写实的程度，这与禅可能是同类的趋向。

"境"也是如此。禅宗所指谓的"境"，都是心之所造。任何外境也都要给以观念的、或感情的烙印，当成自我意识的影像。于是天地万物都在禅的面前变色变味，成为禅的特种表象。中国文人讲究"境界"，来源于佛教，其实所指即是禅宗这种将客观融会于主观所达到的一种心理状态。将自然万物拟人化，创造"境界"，大约从南北朝开始就成了文学艺术遵循的一条道路了。

因此，禅宗的禅，核心是"心"。此"心"在佛教称为佛性、如来藏、真如、觉，其功能归结为智、为知、为悟，它的宗教化为不灭的"神"，文艺上称性灵、灵性、悟性。由此开拓的一切禅行，都是内向的，连自然界也作为自心的伸展，是自我意识和情感的综合表露。这种思维方式，是独特的，既不同于一般的形象思维，更不同于逻辑思维，而与中国古代的文艺思维属同一种类型，可以叫做禅——文艺思维，诚然带有明显的非理性色彩。它同科学思维可以并行不悖，但性质和功能却完全不同。它是在特定时代、特定阶层中产生和发展起来的，自有它的历史价值和现实价值，而不能代表中国古代思维的全部形式。理性、逻辑，始终是中国思维发展史上的主流。

事实上禅也有自身的理性传统。历代禅宗诸家与当权的统治者，大都保持一种不即不离的关系。他们已经取得的身份和精神境界，不可能不与现实政治保持一定的距离，但从总体上说，禅宗从来没有忘记政治。就禅众的切身遭遇看，或许比其他社会群体更加敏感，而禅往往也就成了反映社会变动的一种触角和特殊的表现方式。对政治的冷淡和炽热的奇妙结合，到两宋发展成为程度不同的爱国情结，禅更变为呼风叱雨，嬉笑怒骂，直抒胸臆的渠道。元、明、清的禅宗，主要活跃在战乱不宁、改朝换代之际，推动它发展的中坚力量是前朝遗民和爱国者，他们同眼前的执政集团冷然相对，取不合作态度，遂令唐宋禅风得到延续。这种禅风，在相当程度上反映和维系了中国文人的忧患意识和重情操的品格。在不言是非、不问善恶的无分别境界中，对是非、善恶反应的强烈，有时甚于常人。这又是我们对禅宗之禅必须另眼看待的一面。

《中国禅宗通史》导言

以清雍正强力干预禅宗内部事务为标志，在中国流传了千余年的禅宗，终于走完了自己最后的旅程。

然而，禅在当代却有复苏的趋势。"禅"之被独立而系统地介绍到欧美，乃是日人铃木大拙。中国的太虚，对法国的冥想修行也有一定影响。第二次世界大战后，禅在英、德、法、美等国得到特别的发展，近十余年来，这种趋向也走俏大陆，并与其他神异功能的泛起相激扬，致使有些人把中国以至整个人类的未来，寄托在铃木大拙所弘扬的那种禅精神上。

据我所知，西方接受禅的人，大约可分三类：其一是心理学家和精神病理学家，注重禅在调节心理平衡和治疗精神性疾病中的作用；其二是某些社会学学者和哲学家，把禅当做反科学、非理性和直觉主义的古典模式，希望由此引导人们回归人性和自然；其三，是新兴小型宗教团体的巫术者，力图在禅中发掘信仰治疗的功能，并当做开发超自然、超心理诸种"神通"的有效方法。毋庸赘言，禅之所以被如此理解和应用，反映了有关人士对于西方在物质文明高度发达后出现的社会失衡、伦理失衡、文化失衡，以及由此造成的"精神危机"的焦虑。铃木大拙弘扬的禅法，即以反科学和非理性为基本内容，正适应了这种心态的需要。

当代中国的社会情况，显然不同。我们的现代化进程刚刚起步，发展物质生产力是头等大事，科学、理性依然是民族自立的基本条件。因此，学着某些西方人诅咒物质文明，宣传反科学、非理性，至少是不合时宜，看错了对象。至于当真——不是出于虔诚的信仰或有意的骗人——想从"禅"中开

---

  * 《中国禅宗通史》，记述自禅的传入到禅宗形成及其演变至清雍正期的主要历史。杜继文、魏道儒著，江苏古籍出版社，1993年初版；江苏人民出版社新版，2007年。

发出什么超自然力，用静坐默想取代艰辛的科学研究和物质生产，这些人应该取得精神病学家和心理学家的帮助。倒是国内外有些人士在试探将禅引入心理治疗（部分属于信仰治疗），或作为消除烦恼、修心养性的一种方式，前景似乎更为看好。

本书的写作不是为了探讨当前禅的复苏问题，也无能预测它的未来，但却因此增添了写作的兴趣。禅宗与禅虽然不是一回事，却有密切的关系。研究禅宗产生和变迁的历史，有助于揭示"禅"的实际内涵，拨开围绕"禅"的许多迷雾。

作为一个宗教派别，禅宗不崇拜任何偶像，不信仰任何外在的神祇和天国，可以说，在世界范围几乎找不到一个与之相同的宗教；作为一个佛教派别，它自称"教外别传"，否认佛教经典、佛祖权威，也否认佛菩萨以至净土的实存。禅宗唯一信仰的是"自心"——迷在自心，悟在自心，苦乐在自心，解脱在自心；自心创造人生，自心创造宇宙，自心创造佛菩萨诸神。自心是自我的本质，是禅宗神化的唯一对象，是它全部信仰的基石。像这样一种世界上罕见的宗教派别，竟在中国滋长千余年，其史实本身就需要清理，并得到合理的说明。我们希望通过史的考察，有助于理清禅宗的发展线索，探究它的世俗动因和内在逻辑。从另一方面看，这对于全面认识我国的历史和文化，也会有一定意义。

一

在中国封建社会中，农民问题始终是封建国家的根本问题；农民问题解决得好坏，直接关系着王朝的命运。禅宗，首先就是这种社会形态的产物；它的性格，它的嬗变演化，无不受这种社会形态的制约。

农民赖以维系生计的是土地。失去土地，就意味着失去家庭，失去正常的生存条件。他因此迈出的第一步，是变成流民。历史上，由北魏开始的北朝，是佛教最发达的朝代，也是制造流民最突出的社会。流民大量涌入寺院，僧尼人数动辄二三百万，仍不足以容纳，于是无寺可居的流民，一变而成为游僧。游僧受到国家政权和僧侣贵族的双重压迫，以致最老实的沙门也连续暴动。暴动也没有出路，则大批南下。从北魏到五代，北方游僧和北方流民向南移动，其规模之大，持续之久，以及由此推动江淮、东南、岭南等地区的开发，在历史上曾蔚为壮观。

北方的游僧，就是禅宗先驱者的社会基础。他们最早以头陀行者和楞伽师的面貌出现，组成数量可观而无寺可居的禅僧群体，时聚时散。他们得不到官方的承认，混迹于底层民众间，所受的歧视和迫害，至今尚能在有关的文字中见到斑斑点点。

大约从传说的僧璨开始，禅僧到江淮地区寻找出路。及至道信在黄梅双峰山聚众五百定居，提倡作（务）坐（禅）并重，自给自足，为流民逃僧创造了一个真正的世外桃源，禅僧有了一种全新的生存方式。相应地，佛教教义也因之大变，禅宗之作为一个宗派，即成雏形。这个聚集在道信门下的禅僧团隐居于山林三十余年，后来在弘忍时代公开，效仿者纷起，遂至山头竞立，禅宗势力遍及全国，逼近京都。武则天采取羁縻、分化的政策，一部分禅师及其宗系受到官方扶植，变成御用官禅，遂以正宗自居；大多数禅众仍处在合法与非法之间，不被国家承认，从而出现宗派的分立和纠纷。安史之乱后，藩镇割据，大都视农禅为地方上的稳定因素，岭南、四川和西北等边远地区采取宽松政策，为禅宗内部的宗派发展提供了良好的外部条件。所谓南能北秀的对立，直接表现为非官禅与官禅之间的斗争，而隐藏在其背后的则有农禅与非农禅的分歧。南宗的胜利，标志着农禅的胜利。禅宗最终取得成功，主要在于它坚持了僧侣自我经理的经济形态。自觉总结农禅经验，并为之制定了理想模式的，乃是百丈怀海。所以，出自百丈的禅，成了以后禅宗五家繁盛的真正基干。

农禅的存在前提，是有稳定的自行开垦的土地。流民以僧侣的身份，获得了劳动的权利，生活得以安定。土地属于群体共有，平等劳动，平均消费。不纳租，不服役，不受国家管辖，不受政治影响。在生死线上挣扎的人群，在这里找到了自己的乌托邦。

就佛教而言，劳动进入禅门，使僧侣由寄生转入自给，无疑是一个伟大的变革，由此引起一系列宗教观念上的刷新，局外人是难以想象的。在禅僧尚过着被迫害的流浪生活时，即具有比较强烈的批判精神；此后，由于维护经济上的自立和抗拒正统佛教的各种挤压，这种批判精神持续发展，成为禅宗独具的性格和风貌。例如，它无视戒律，不循旧则；既无求于人，亦可洒脱放旷，甚至把"平等"、"独立"、"自由"、个性等只有自由人才能提出来的口号，当做理想的人格。

农禅群体的主观目的仅在于避世求生，但实际上，他们的存在对于社会的作用却远远超出了这个目标。他们的理论和行动，冲破了占统治地位的观念和秩序，在紧箍的社会道德和政治关系中，找到了一块宽松自在的空间。自然、田园、劳动、恬淡，丛林中弥漫着宁静而协调的诗情画意。

禅宗的这类精神和境界，对于某些官僚和士大夫有强烈的吸引力。封建国家给士大夫安排的出路，唯有仕途。推动士大夫走向仕途的是名教，名教是钳制士大夫的最为沉重的枷锁。政云多变，仕途沉浮，暴贵与失落是经常性现象。因此，一旦失意，士大夫往往向禅宗寻找退路。禅宗的批判精神及其否定权威的理论，完全适用于世俗。它可以破除对权势的迷信，也可以解除名教的束缚。士大夫用以发牢骚，舒愤懑，宣泄压抑的心绪，是既自由又安全；至于因此而重新审视名教体系，发现自我价值，探求另外的人生之路，从而淡泊名利，安心于山林田园者，亦不乏其人。

在佛教的所有派别中，禅宗是最为豁达、最具情趣的一个。这同它的怀疑论倾向相一致，它们都建立在佛教共有的"无常"观，即破灭感的基础之上。所以，即使表现最乐观的禅语，也浸透着一些莫名其状的哀愁；某些满含睿智的机锋，往往蕴涵着极深沉的悲痛；其极端者，诅咒世界，诅咒人生，在淡若烟云或棒喝交加中，令人感到阵阵寒意。反过来说，难言的不幸和极度的痛苦，一旦通过禅宗的洗礼，又会变得轻淡冷漠起来——当然，这并不妨碍内心依然热血沸腾。禅宗的这种近乎矛盾的情调，在失意的士人中尤能触发共鸣；在激烈的官场角逐中，也能成为平衡心理的良药。

如此种种，禅宗可以给官僚士大夫提供一个精神世界的乌托邦。所以，在它创立之初，就与这个阶层结下了不解之缘。在初唐，官僚士大夫还只扮演着偶尔参禅的角色，到中唐，则直接参与了禅理和禅行的创新。随着官僚士大夫与禅宗的结缘，他们对于禅宗的反作用也越来越大。慧能的南宗崛起，与不断流放到岭南的文人的鼓吹有关。荷泽、江西等禅系的兴旺尤为明显。晚唐、五代十国的禅宗，更受到文士和官僚多层次的支持。及至两宋，中央专制与民族危机同步加强，国民的忧患意识和意志消沉并行发展，禅宗的宗风大变。其主流全是迎合士大夫的需要，普遍重视文采、机锋，乃至将禅化为斑斓文字，抒发或激昂，或抑郁，或悱恻的情感。最后是看话禅把文字禅和默照禅统一起来，往来于山野与城邑之间，形成一种以逻辑分析和语言思考为特征的神秘主义禅法。

因此，可以说，没有流民，就没有唐、五代的禅宗；没有士大夫，就没有两宋的禅宗。禅宗发达于唐至南宋，要理解其中原因，就必须对这两个阶层有所认识；反之，要想深入认识中国农民和士大夫的性格，也需要把握禅宗这一侧面。在禅宗里，有农民和士大夫的投影。

元代以后，禅宗衰微，直接的原因是统治集团的宗教政策不容许禅宗的独立发展。更深刻的社会根源，是农民和士大夫在更大程度上失去人身自由，以致连禅宗这样一个可以缓和社会冲突的减压阀也难以继续存在下去；取而代之的是农民的秘密结社和文人会党的相继兴起。这时，封建制度的末日也临近了。

二

禅宗全部活动和历史演变的内在根据，主要是它的宗教哲学。这里，首先要弄清楚的是这种哲学的来源。需要指出的是，实际的情况往往与禅师们口头宣布的不同。

弘忍以前的禅宗诸师自称奉持四卷本《楞伽经》。此经译文艰涩诘屈，不但无文化的游僧不能诵读，即使文化很高的士人也难以弄通。其所以被达摩禅系看重，原因之一，它是一部"佛"经，一般游僧可以作为身份的证明；特殊地说，它唯有一品，以"一切佛语心"为品名，很容易被理解成诸佛所说一切唯是一"心"，从而把全部佛教统归于一种心学上去[1]。以"心"为最高本体，遵循向内心求解脱的实践路线，确实是禅宗最稳定的思想属性，所以，用《楞伽经》作标志，也有便于推广普及的一面。弘忍和神秀曾一度提倡《文殊般若》，把齐声念佛当做禅众"净心"的手段。及至神会打出"南宗"旗号，一改《楞伽》的传承为《金刚般若经》传宗，以致胡适说，神会的革命"是一个般若宗革了楞伽宗的命"。这从现象上看，大体不错。但若进一步考察，情况却不是这样。《金刚经》是一种小型般若经，它

---

① 四卷本《楞伽经》是早期唯识家的经典，它以"五法"、"三性"、"八识"、"二无我"组织唯心主义体系。品名"一切佛语心"原意谓：本经为一切佛说法的纲要。

除了肯定"一切有为法，如梦幻泡影，如露亦如电"以外，不肯定任何实体；不但"色"不可得，"心"亦不可得。神会不同，他承认"众生本自心净"，"佛性"其"体"为"真空"，即"清净涅槃"；其"用"为"妙有"，即是"摩诃般若"。"真空妙有"都是实在的。这种思想在《金刚经》中是找不到的，尽管《神会语录》处处引证《金刚经》文，使用《金刚经》的名词，但并不能改变他的本体论与《金刚经》般若空观的差别。《坛经》说："但持《金刚经》一卷，即得见性，直了成佛"，暴露的是同样的问题。

事实上，抬举《金刚经》只是用以对抗《楞伽经》的一种手段，《金刚经》成了南宗对北宗斗争的旗帜。整个禅宗，不论南北、顿渐，与这两部经都有一定关系，不过，禅宗的哲学基础并不限于此。它的哲学基础实质上是包括上述二经在内的许多类似经典在中国传统思想上的综合。其最集中、最简明的概括，反映在《大乘起信论》中。

《大乘起信论》把世间和出世间的本体，统归为一切众生平等具有的"一心"。此"一心"从"二门"考察，一名"真如门"，其性"不生不灭"，是绝对的"不动"（静），永恒的存在（常），无任何分别（一），大体相当于大乘佛经所谓的"如来藏"，而受到中国儒道主"静"说的明显改造；二名"生灭门"，其性为"动"，生灭无常，是"不觉"的基本特征。作为真如门的"心"，在这里成为对治"不觉"的内在因素，转名为"觉"。"一心"之由"静"到"动"，由"本觉"到"不觉"，是生死之路，为世俗世界的根本因；由"不觉"到"究竟觉"，由动到静，则是解脱之路，为出世间的根本因。此"心"大体相当于大乘经所说的阿赖耶识，而渗透了中国儒道以天地万物皆起于动的精神。这样，《起信论》就提出了双重的本体论，所谓"真如"心和"生灭"心，"皆各总摄一切法"。"真如"是"一心"之"体"，"生灭"为"一心"之"用"，二者是须臾"不相离"的。据此，《起信论》的结论说，一切众生心无例外地具足世间和出世间的一切；它拥有一切，也能派生一切。因此，众生无须别求于人，别求于神，别求于任何外力，完全有能力独立自在、自我解脱、自己决定自己的命运。所以，《起信论》的灵魂，在给人以充分到足以超凡入圣的信心。

这个绝对唯心主义的本体论结构，看起来极简单，但从这些简单的规定和关系中，往往能敷衍出许多新的思想体系，并直接影响着禅宗的宗教实践。

按《起信论》自己的解释，"心真如"具有"空"和"不空"两层含义。"空"，指心的本质清净，不受污染，没有动心妄念；"不空"，指真心体有，常恒不变，具足一切"净法"。若只从人的"空"性言，就会导向对一切名相分别的否定，必然表现为"般若宗"（空宗）的外观；反之，若从"不空"的方面看，则一切皆是"真如"的显现，成了一种排斥空宗的"如来藏缘起"说。所谓"般若宗革了楞伽宗的命"，是神会有意制造的假象，他弘扬的实是"空"与"不空"的统一，即标准的《起信论》哲学。

既然心性本净，即是本静，因此，要回归心体的本净状态，就需要铲污去垢，制止动心起念，北宗的"拂尘看净"就是必要的；神会，包括《坛经》在内，从同样的本体论出发，认为众生之所以糊涂，全在于不识本性，只要点破自心本来具足，言下便悟，用不着长期坐修。因此，禅宗南北的分歧，不在于二者的理论基础有什么不同，仅在悟的方法有"顿"、"渐"的区别。

自晋宋之交，两种《大般涅槃经》先后译出，佛性论滥觞，"一切众生皆有佛性"为谈佛者所共唱。《起信论》将"佛性"改作"众生心"，不仅"佛"在此心，"净土"在此心，且"智"亦在此心，"道"、"理"亦在此心，世界一切皆在此心，这就使佛性论冲破了原来只限于解释宗教的狭隘性，扩展成了足以解释一切现象的理论，同中国传统哲学更紧密地联系起来，拓宽了佛教的理论领域和实践范围。以后禅宗涌现出许多宗派，提出不少惊世骇俗或深蕴睿智的箴言警句，无不可以从《起信论》构造的体系中演绎出来。其中最明显、也最直接的是突出"佛"在"心"中的方面，形成禅宗中的"心学"一支，它的代表性口号是"即心是佛"；另一支是强调"心"生诸法的方面，形成禅宗中的"理学"系，它的代表性口号叫"即事而真"；此外，尚有强调心性本"空"一面的宗派，继承了三论宗的遗风，属于禅宗中的"般若学"系，它的代表性口号是"本来无事"。

上述三大学系，表现在各派的具体理行上，仍然是千差万别。以"心学"系言，若将"心"解作"真如"，则直心所行，皆合道理，所谓"平常心是道"、"触类是道"、"立处皆真"等，可以发展出许多类似的禅理来；若将"心"解作"觉"或"智"，则人的日常言谈举止、见闻觉知，无不是佛智觉性的显现，于是就有了"触目是道"、"一切见成"、"日用万机"等禅语。但若将"心"解作生灭心，即杂染阿赖耶，则人们的"平常心"及所有

"见闻觉知"全需否定，由是有了"心"即"无心"、"有情无性"，"无心是道"等提法，从而把"觉"、"智"置于无念、无住、无相、无忆、无妄、"心如木石"等心态之中。就"理学"支言，既然"万法唯心"，"唯识无境"，则宇宙万物皆是"心"、"识"的体现，心识即作为万物的本质，被视作"道"、"理"而存在于万物，于是就有了"触境皆如"、"随处任真"，"无情有性"等说。就"般若学"支看，"生灭心"及其派生世界，既属虚妄不实，则万法皆空，自可说"一切无性"；其体现于万物之"道"、"理"，则不是"真心"或"唯识"，而是性空，因而多把"无心可用"、"无所得"当做解脱。初唐以后，禅宗各派互相影响，同时吸取华严、唯识、三论等诸家义学理论，各立家门，各创宗风，使它们之间在哲学基础上的差别日益缩小，早先还各具特色的禅语，也变得可以交互应用。像中唐流行的率直任真，自由洒脱，两宋出现的呵风叱雨、嬉笑怒骂，都不能简单地归为哪个理论学系，但其不出《起信论》的范围，则无问题。

诚然，在《起信论》之后，禅宗还推崇过两部经，即《圆觉经》和《楞严经》。前者在中唐开始受到重视，后者自两宋之后地位日高。从哲学角度看，《圆觉》发挥的思想，实与《起信论》关于"本觉"的说法相应；《楞严》发挥的思想，则与《起信论》关于"真如"的说法相应。故推崇前者的禅家，多以主观的"灵知"为本体；推崇后者的禅家，还强调于各观虚妄中见其真性。在禅宗内部，真正具有哲学意义的理论体系，实际上就是上述三支，用佛教的语言表达，就是"真如缘起"说、"赖耶缘起"说和"假有性空"说，它们都包含在《起信论》中。

但这不是说禅宗内部没有理论上的分歧。南北分化后不久，在慧能系就发生了一次有哲学意义的争论，这就是以南阳慧忠为首，代表牛头一经山一派禅法，同荷泽和《坛经》为代表的"南方禅师"的争论。神会弟子禅琳、光宝等，以为"无念灵知，不从缘有"，"长夜蒙照而无间歇"，这"无念灵知"等于永恒的灵魂。宗密更有系统发挥，要求行者"以空寂（即灵知）为自体，勿认色身"，就是身灭灵知不灭的另一种说法。所以慧忠率直地说，"南方禅师"主张"知性"为"常"，"色身无常"，实属外道形灭神不灭的"邪说"。中国佛教史上围绕神灭还是不灭的问题，曾有过鸠摩罗什与庐山慧远之辩，有过范缜与梁武帝之辩，至此，可算第三次辩论。不过慧忠的理论与前两次的反有神论者的不同，他认为"色"亦是"心""心"即是"色"，不仅"即心是佛",而且应该是"即色是佛"。牛头宗浓重的万物有灵的色彩,就是建立在慧忠这一泛神论基础上的。慧忠之说,在佛教中源远流长,抑或启蒙于《庄》学,但最直接的来源是《起信论》关于"色心不二"之说。"南方禅师"对于泛神论也曾作过反击,在今天见到的《神会语录》中,尚保留有抨击"青青翠竹尽是法身,郁郁黄花无非般若"的言论。但关于这次为时不短的争论细节,我们已难得其详。

这一争论,表明禅宗内部三个学支中分歧最大的是心学和理学。理学强调"即境是佛"、"随缘自在";心学则突出凡情即是"灵知",故多提倡任性逍遥。至于般若空观,则成了一切禅宗共同的方法论。

然而迄于两宋,般若空观也受到了挑战。这种挑战最终导致对《起信论》体系最重要的突破。

般若空观的理论基石,是否定名言概念有把握客观真理的作用。佛教一般都承认有一种超脱名言概念局限的直观,它的世俗表现是与"意识"不共生的"前五识"。据此认为,由此获得的认识最为实在,但又不可名状。修禅的重要目的,是用这样的直观,去直接契合特定的教理(真如),被称作"现观"或"现证",时间虽在刹那之间,但其形成一种叫做"根本无分别智"的认识,却是改变世界观的修习过程中具决定意义的环节。自此以后的认识和言行,都完全符合真理。在标准的般若学那里,虽然不明确排除直观的作用,但它从不肯定有什么真实的实在存在,所以对直观也不提倡。觉者运用的语言概念,最多能成为对治病症的药方,绝不会反映什么真理。因此,语言概念与真理正智始终是无缘的。《起信论》没有展开论述这些问题,但含有这方面的思想。

从禅宗看,鼓吹直观把握真理和贬黜语言功能的倾向一直存在。禅宗特别看重的"悟"或"觉",有时就有"现观"、"现证"的意思。《坛经》契嵩本有"如人饮水,冷暖自知"之语,表示"悟"之不可言说,也就是承认禅的直观性。然而在契嵩前的《坛经》中,并无此语;相反,倒是表示"言下心开"、"言下便悟"的话很多。神会的"不破言说",甚至认为"正说之时"即是"戒定慧";"说无念法",即可令闻者"立见性"。所以禅宗中有些禅师所谓"悟"或"觉",并不是通过直观所得,而是经过言说所解。

这种主张,在《起信论》或其他佛经中都找不到明文根据。因此,除少数禅师敢于公开肯定语言在禅中的作用外,大都回避了这个问题。有人把它变成玄学中的"言"与"意"的关系，按《大智度论》的譬喻，就是"指"与"月"的关系，也有人用"说不可说"、"无说说"等遁词，为自己的"说禅"解释。于是禅由"不可说"向"言说"的方向转变，禅宗中独创的一种文体，所谓"语录"、"灯录"也就应运而生了。

《景德传灯录》是两宋禅宗的新经典，它把禅最终地推入士大夫阶层。从这部灯录中筛选出来的"古德"公案，成了各家禅师参究的基本内容，由此形成的"颂古"、"评唱"等，公然以"文字禅"相标榜，力图从字里行间体验禅境，表达禅韵，一时间，玄言妙语，绮文丽句都成了禅的体现，在禅宗中，对语言功能的肯定及其艺术地应用，也达到了极致。与此同时兴起的是"默照禅"。默照禅恢复枯坐守寂的古典禅法，显然是逆"文字禅"的潮流而动，双方因此曾发生过争辩。但对于语言本身却缺乏理论的讨论。

综观禅宗在中唐和两宋这些较大的理论分歧，都没有得到充分的展开，而是在一片模糊中不了了之。因此，在禅宗内部，佛在自心和佛在对象，有神我和无神我，泛神论与反泛神论，对语言的肯定和否定等，往往奇妙地混淆在一起，即使同一个禅师，把这些相互矛盾的观点交叉运用，也不足为奇。在同一个理论体系中，也常有这种情况。以《起信论》为例，它以众生皆有的"一心"为世间和出世间的本体，这本身就是矛盾的：众生"心"必定是各自独立自存的，因为一切众生平等皆有；在我心以外的众生心，必定不能独立自存，因为它们只能依赖我心存在，是我心的产物。这是两个对立的结论，它们从《起信论》的基本命题中都能推演出来。《起信论》又说，世界万有生于"一心"之由"不动"而"动"；推动其由"不动"而"动"的动力，乃是"无明"之风。据说此无明既非静心所有，也不应在动心之中，那么它来自何方？《起信论》没有说明。诸如此类的逻辑矛盾和理论破绽，禅宗中无人过问，却一味地作为自己实践的出发点。

这种置逻辑矛盾于不顾，或模糊矛盾的现象，说明禅宗在哲学的理性思考之外，还存在另一种思维方式。这使人想到法国人列维-布留尔在《原始思维》中所说的"原逻辑的思维"，即一种不合逻辑推理，而往往导向神秘主义的思维模式。

在禅宗的精神活动中，占有重要地位的是情感的宣泄，意境的追求和心理的调节。这类活动与艺术地表现自我有许多相通之处，它们大都不需要逻辑思维的直接参与，甚至可以与逻辑思维完全对立，而并不影响它们获得完美的实现。这样，在直观之外，禅宗又增添了另一种非理性色彩，而且比直观还要浓重和流行。

宋代的"看话禅"以及由此发展出来的"以疑起信"，也是导向非理性的一个重要途径。它的典型表现，是从揭示无穷尽的逻辑（语言）矛盾中，将精神世界推向一种近乎绝望的混沌和蒙昧状态，获得类似朦胧的醒悟和安适。

三

在谈到禅宗的哲学基础和思维模式的时候，有必要说明一下神异功能在禅宗中的地位和禅宗对待它们的态度。

外来佛教传入的神异功能很多，外来僧侣也大都有惊世的神迹流传。归纳这些神异和神迹，不出"神通"范围。在古印度多种宗教中流行的神通，与中国古代的方士和道教中某些怪诞离奇的幻想相似。最通行的神通，被分为五类，称"五神通"，即：无所不见（天眼通），无所不闻（天耳通），能知他人的一切心识（他心通），能知过去的一切行事（宿命通），能自由变化、飞行无碍（神足通）。佛教为了与所谓"外道"的五神通区别开来，又增加了一个"漏尽通"，以表示它的"神通"不是为了欺世盗名，不受生死限制。后来中国华严宗又提出"十通"之说，延寿（904—975）整理为五种"通"，特别强调了菩萨由证理悟道成就的无所不知、无所不能的法力，和为普度众生而顺乎世情的变现自在，以致把佛教的神通说推向了能够创天造地、生死随意的程度。

按佛徒的传说，古树老狸、药饵符咒、修成天神等，都能获得神通，而佛教所普遍倡导的，乃是从禅定中成就。中国早期禅的流行，就与某些僧侣追求神通有关。即使理性比较浓重的僧侣，对此似乎也深信不疑。三国康僧会认为，只要完成"安般禅"，就能做到无幽不睹，无遐不见，无声不闻，以至"制天地、住寿命、猛神德、坏天兵、移诸刹"。东晋道安以为，成"十二门禅"者，能使"神"精，"陵云轻举，净光烛照；移海飞岳，风出电入"。像这样相信会得到如此神能的高僧，在佛门中数不胜数，所以各种僧传，无不记有"神异"一项。不过，"神异"是一切宗教的共性，并不是佛教的专利，所以一般不算在佛教基本教义之内，正统的佛教多半对之加以贬斥。晋宋之际的禅师佛驮跋陀罗，因显弄神异，受到鸠摩罗什门下当权僧侣的沉重打击，不得不仓皇南逃，随其夜奔的僧侣四十余人。

就禅宗言，对神异大体持三种态度：相信而且宣扬；否定而且批判；相信但不宣扬，或不置可否。持前两种态度的人，属于极少数，第三种态度是禅宗的主流。造成这种情况的原因，有理论方面的，也有实践方面的。

从禅的实践看，它主要采取语言诱导和形象观想的方式，运用注意力集中这一心理特质，将行者的全部身心凝聚到预定的思维路线和精神境界中，从而产生一种超常的宁静，引发出许多生理和心理的变化，产生种种幻觉。有些禅定，例如十遍处、八背舍、八胜处、不净观、白骨观、厌食观等，就是凭借勾画幻觉，以印证佛教的某种教义的；流行很广的"念佛三昧"，最初也以诱发诸佛幻象为目的，由不同的宗派作不同的解释。一些佛教徒追逐的"神异"，主要就是来自这类幻觉。

本书没有介绍诱发神异幻觉的操作方法，对于行禅的具体途径，也未作详尽描述。因为这些方法和途径并不难模仿，如果模仿不当，很容易造成心理畸变，健康受损，害人匪浅。

对于行禅造成的身心畸变，迷之者谓之神能，而佛教的理性主义者，则称之为"禅病"。关于"禅病"，公元455年，沮渠京声曾译出《治禅病秘要法》二卷。值得注意的是，该书译者曾在于阗衢摩帝大寺随佛陀斯那学禅。佛陀斯那即佛大先，原罽宾人，是达摩多罗的弟子。他们的禅法，曾是禅宗所行禅的主要来源，有人认为禅宗的中华初祖达摩，就是这个达摩多罗。因此，沮渠京声译介的禅病，当是修禅致畸的经验总结，是对行者很负责任的表现。书中所列各种禅病，以精神错乱者居多，轻者妄想丛生，重者疯癫狂乱；有的乍寒乍热，有的喜怒无常。至于提出的治疗方案，基本上是以禅治禅，尤其是用构想佛菩萨形象的方法，令佛菩萨现前，使行者本人相信自己就是菩萨，以缓解更严重的病症。很明显，这正是一种标准的信仰治疗，并没有离开信仰主义的轨道，但在恢复病者的身心健康方面，确有实际效果。

《大乘起信论》也谈到坐禅入魔的种种病态，并归之于"为诸魔、外道、鬼神惑乱"。据《起信论》的唐译本列举，定中"或现恶形，以怖其心；或示美色，以迷其意。或现天形，或菩萨形，乃至佛形，相好庄严"，"或数嗔数喜，或多悲多爱，或恒乐昏寐，或久不睡眠，或身婴疹疾"，或情多疑惑，或溺情从好，或自觉得好饮食，不饥不渴，以及"五神通"中的"天眼通"（知未来）、"宿命通"（知过去）、"他心通"（知他人心事），以至《治禅病秘要法》中提倡的佛菩萨现前，都被列在"惑乱"一类。此论认为，产生此等惑乱的根源之一，在于"贪着名誉利养"，即过分"爱着世事"，利欲缠心。它提出的对治之道，主要不是信仰，而是哲学：只要懂得世界一切，"皆唯是心"，所谓"心生种种法生"，自然就会知道神异功能无非是自心幻化的假象——正像僧叡所说："神通变化，不思议心之力也"。由此即可灭除幻视幻听，及其对于自我的诳惑，所谓"心灭种种法灭"。《起信论》期望，除去禅的惑乱，能为悟入所谓"真三昧"，即"无念"、"无相"开辟道路。因此，若单从禅宗的理论看，不论是绝对的唯心主义，还是绝对的怀疑论，"神异"全属虚妄臆想的产物，并不是真实存在。

　　然而，神异在禅宗中始终悄然流行，有些禅师还隐秘地行密教诸法。这在禅理论上也能找到根据。无论是唯识家讲的唯识性空，还是般若学讲的因缘性空，其"空"掉的不只是臆想分别，而且包括实在的物质世界。在他们看来，物质同虚妄，至少在本体论上，是同等的；所以，说到"神通"是虚妄的时候，也可以演绎成为与物质一样的真实。在禅行中，物质（色）与意识（心）的界限并不那么泾渭分明。《起信论》更进了一步，它概括"如来藏"和"阿赖耶"两重缘起说，使世界的一切都包容在"一心"中，当然"神通"也在其内。它讲到"心真如"的"如实不空"方面时说："有自体具足无漏性功德"，或说真心"常恒不变，净法满足"，所谓"最胜业遍知，色无碍自在"，即主要指佛那样的神通言。它在讲到"心生灭"方面又说："此识有二种义，能摄一切法，生一切法"，也包括"能摄"、"能生"佛教所承认的一切神通。

　　据此看来，禅定不但应该肯定神通的实在性，而且肯定神通就在众生心中，人人具足圆满。禅的功能之一，就在于开发这种本然的神力，达到无所不知、无所不至、无所不能的境地。据认为，只要行者能做到"无念"，即心理的绝对宁静、清明，即可实现。但是，如前所述，禅宗中真正厉行这种妄想的人为数不多，"神通"始终没有占据主导地位。宗密（780—841）说："妄尽则心灵通"，"心净而神通万应"。其实，真正做到"妄尽"、"心净"，连"神通"也无须存在了。所以"神通"只是息妄、净心的一种诱饵，体道悟真的禅师，一般是不把它当真的。

　　禅宗之"禅"的基本趋向，在于摆脱世事的烦恼，求取精神上的静谧、安适。不论其表现为淡泊还是炽热，往往带有内省式的深邃和轻淡的消沉，充塞着悲凉的超脱，给人一种难于言说而颇耐寻味的意象。因此，它的本性是向内的，不容外向；只许以静态的心理驾驭生活，不允许外在环境制约自己的认识和情绪。从这个角度看，说禅宗是非理性主义的，是中国主静文化的代表，大体不错。在理性主义和功利主义垄断全部精神世界的社会条件下，它在调节心理、唤醒某些被窒息欲死的情感和情操方面，不无积极意义。但说到底，禅宗追求的解脱，仅限于精神领域；它的自由，只是自我的主观感受，对于羁绊人的实际枷锁和物质条件，毫无触动。因此，它只教人顺应环境，而不是改变环境；只教人安于生活，而不是创造生活。王维说，慧能"教人以忍"、"忍为教首"，可谓道出禅宗骨髓。它的长处和短处，都可以从"忍"中发掘出来。就此而言，禅宗不能代表中国的全部文化，主静也成不了文化的主流。这个道理只要翻看一下中国的历史，特别是中国的科技史，就会一目了然。

四

　　《坛经》有句名言："心迷《法华》转，心悟转《法华》"。由"迷"转"悟"，是禅宗要解决的根本任务。经典名教、语言文字，都是为这个根本任务服务的，统归之为"方便"、"假说"的范围。

　　这个原则在禅宗中十分流行，所以任何经典都不具神圣性，都可以变作为我所用的工具。把这一原则运用于历史，则一切历史也必须为我所用，史实不但可以任意剪裁，也可以根据需要随意捏造。这种情况为我们研究禅宗的思想和历史，造成许多困难。譬如说，达摩其人本来就传说纷纭，唐初道宣为其作传，既与北魏杨衒之的记载有异，又将其禅法归为"虚宗"，与所附"二入四行"相矛盾。后来的附会演绎越来越多。《楞伽师资记》谓昙林记达摩言行，集《达摩论》一卷，达摩本人又撰《释楞伽要义》一卷，加以肯定；另有《达摩论》三卷，属于"伪造"。现今从敦煌、朝鲜、日本等处发现题名达摩的著作计十余种，其实都属伪托。以后数代，也有这种情况。传说僧璨撰《信心铭》，道信有《菩萨戒本》和《入道心要方便法门》，牛头法融有《心铭》，弘忍有《最大乘论》，神秀有《大乘无生方便门》（《大乘五方便》）。此类著作的真实性，都经不住认真的推敲。像流传颇广的《观心论》，已知有五种写本现存，均题达摩名，而慧琳的《一切经音义》第一百卷，则题"大通神秀作"。其实，神秀以"禅灯默照"、"不出文记"著称，同弘忍的"萧然静坐，不出文记"一脉相承，两个人都不会有什么著作问世的。题为《菩提达摩禅师观门》的文章，亦有二种，其中有言"禅定者，西域梵音，唐言静虑"。让北魏人用"唐言"作文，只能是"关公战秦琼"式的笑谈。

像这样史无记载的禅师论著，不知什么时候突然出现，并被后人推崇甚高的事情，还可以列举很多。至于有痕迹可寻，可以确凿知道被后人增删的著作、史料，为数也不少。《坛经》就是一大疑案。现在已知的《坛经》版本数十种，直到元代，还有人在持续改编。《祖堂集》是现存最早的禅宗灯录，只要对勘一下《景德传灯录》就可了解，后者给予了多么大的变动！至《五灯会元》，继续在变。这类事例，在禅宗自叙的史籍中，几乎俯拾即是。

因此，若全信禅家自己的记载，将其当成无误的史实，非上当不可；但若完全离开它们，对禅宗的研究又无法进行。如何考订和梳理数量庞大的禅宗史料，辨别真伪，弄清它们的本来面目，是一项巨大的工程。

相对而言，僧史要可靠一些。梁慧皎（497—554），尤其是唐道宣（596—667）、宋赞宁（919—1001）等僧传的作者，也都是律学大家，他们将治律的精神贯彻于写史，态度一般是严谨的，不至于对已知的事实任意增删。僧史作者据以编写僧传的材料，大致有三个来源：一是当时已有的文字资料，包括碑铭塔记之类；二是实地考察和亲身经历；三是口头传说。这三个来源，各有长短，可信程度或有不同，应当说是客观或近乎客观的，至少是反映了当时的了解。然而写出来的僧传，往往详略不一，偏于芜杂，以至神话与事实混为一谈。一般来说，世人出家都有难言之隐，僧尼普遍不愿谈及自己的身世；僧人写僧史，也大都取为贤者讳的笔法，所以僧传的记载，也不尽全面。此外，寺志和地方志也保留有禅宗的许多传说，尽管多属晚出，但仍有参考价值。

剩下的还有三种材料，即塔碑记文、正史及笔记之类。它们各从不同角度，记述或评论佛教人物或事件，比僧史、寺志类的可靠性又胜一等。遗憾的是，至今尚未把有关禅宗的部分单独汇集起来，加以考订出版成册。我们在本书中使用的，仅限于直接有关的一小部分。

尽管禅宗文献资料存在种种问题，但仍可揭开禅宗为自己制造的纱幕，弄清一些真相。真相之一，是绝不可把考察的视线限定在禅宗为自己划定的宗谱框架中。

禅宗制造宗谱，始于弘忍的诸大门徒，大致有禅与楞伽二家传承同时流行。神秀、慧能死后，争夺六祖和七祖继承权的斗争，在南北两宗同时展开，直到中唐后期，派别繁多，攀附慧能门庭的禅师遍天下，慧能的六祖地位取得共识，算是完成了禅宗的第二个宗谱。迄于晚唐、五代，禅宗的兴盛近于顶峰，新生禅师各立门户，树碑立传成风，"传灯"之作应运而生，《祖堂集》加以综合整理，在慧能弟子辈中，突出了罕为人知的青原行思和南岳怀让二系，于是宗支繁衍，浩浩荡荡，续成了第三个宗谱。这个宗谱，在经过官方文人删补加工的《景德传灯录》中基本定型。此后的灯录，续出不断，《五灯会元》会通五家灯录之说，始于青原、南岳二系之下，厘之为五家七宗，并各定其家祖宗师。元明以来，"灯录"之作依然兴旺，但宗谱的框架，一般未超出《五灯会元》的设计，可以说，《五灯会元》是禅宗宗谱的定式，后出者只能在这个框架内作续。

这些宗谱与禅宗发生和变迁的史实间的距离究竟有多大，从他们为自己在天竺寻根而制造祖谱的过程，可以略见一斑。早期禅宗向天竺联宗，主要是依据东晋慧远的《禅经统序》；神会在此基础上，吸收僧叡《关中出禅经序》的说法，调整为两国八代祖师，以阿难承迦叶，菩提达摩承僧伽罗叉。约撰于唐贞元十七年（801）的《宝林传》，依据《付法藏因缘传》，始定西天二十八祖说，并为之一一作传。《宝林传》的特点之一，是将上述一切有部中的禅师列入旁系，本为有部大师的僧伽罗叉，被剔出正传行列，般若多罗成了达摩之师。敦煌本《坛经》亦记二十八祖，但与《宝林传》不同，在二十八祖前加上了包括释迦在内的七佛，同时保存了神会的有部传统，唯将僧伽罗改作须婆蜜①之师，达摩直承须婆蜜。到了《祖堂集》，又作调整，将达摩之师重改为般若多罗。这个宗系，全为《景德传灯录》所袭用，也就是最后的完成。

① 须婆蜜当为婆须蜜之误，僧伽罗当为僧伽罗叉之误。两人都属说一切有部之五部，两人的论著曾在东晋时译出。

西天七佛二十八祖说之荒诞，显而易见，无须详考。古人有"数典忘祖"的谚语，禅宗有"数典造祖"的陋习。此土六祖和五家七宗，与西天祖系相比，犹如五十步与百步之差，同史实出入之大，同样令人吃惊。北宋末年，临济禅师纠正《景德传灯录》关于云门、法眼出自青原法系的说法，认为它们应属南岳宗脉，由此在禅宗内部掀起不小风波，争论至清亦未决断。即使定型以后，也有人在改宗换祖。

宗谱之作，在禅宗或有许多不得已的苦衷。争取合法化，求得生存权，是禅宗自始至终都面临的一个特殊任务。禅宗这个来自民间的新派，首先要求得官方的承认，争取国家的支持，为此，它必须证明自己是来自正传，属于正宗（官方认可和扶植者）；与此同时，也要向社会和佛教其他宗派证明，它的教义和宗系，不是非佛的，而是佛的另一种法统。前者是炮制中土血脉的主因，后者是炮制西土血脉的主因。至于禅院财产的继承权问题，有时也可能成为一个因素，但不是根本的原因。中国传统文化中本有随意造神和毁神的精神，到了禅宗那里，把佛祖当做敲门砖，造一些令"后世取信"的"史传"，也不足为奇。

然而，作为史的研究，需要有全面的观点，变化的观点，不能轻信禅师的自报家门。宗谱本身不但含有不实之词，而且把禅宗刻画成一个与世隔绝的、绝对封闭的体系，把经历着长期演变，反映着不同时期和复杂关系的庞大的宗派，简化成了几个禅师代代承袭同一教旨的传承谱系，从而使丰富多彩的精神世界和生活世界变得干瘪、贫乏，且不可理解。本书试图冲破这些束缚，尽可能地还禅宗以历史的本来面目。对于某些禅师的重要论述，也不单纯看做是其个人的创造，而是作为一种思潮，或一个群体的观念看待。这样，或许会使单从宗谱系列上观察禅宗的习惯感到线条不清，法统上不那么分明，但我认为这可能更加切合实际，更加贴近禅宗的生存环境和文化背景。

洪州系的农禅学和农业乌托邦

在中国佛教诸宗派中，最具创新意识的，当数禅宗。创新是禅宗的生命，没有创新，禅宗就会萎缩下去。全部禅宗发展史，英才辈出，可以说代有大智大勇的人物命世。讨论禅宗问题，如果仅限于一隅一人一种思维形态，恐怕难窥全豹。其中有一定资料可供研究的，在唐代就有推动禅宗走近社会，走向全国的弘忍；有高举南宗大旗，反对和防止禅宗官化的神会；以及确立了农禅方式，为禅宗奠定稳定经济基础的怀海。

我个人很重视农禅在中国佛教中的地位以及它对当时社会的作用，《中国禅宗通史》对于农禅的形成和发展，曾给予相当的篇幅予以考察。农禅不是一人一时的创造，它的出现有一个时代的大背景，正是这个大背景，造就了一批农禅的开创者。这个大背景，特殊地说，是战乱和饥饿导致北中国农民的大逃亡，是因种种破产毁家，不得不另谋生路而形成的人口大流动。这些流动的人口史称"流民"；流民大量涌向僧侣行列，寺院无法收容，加上国家的限制和禁止，这就变而为游僧——这种游僧与游方问学的行脚僧，有本质的不同。游僧的数量庞大，成分复杂，受到官府和贵族僧侣的双重迫害，在合法的社会难有立足之地，最后不得不进入深山老林，避世隐居，劳动开荒，自谋生计，从而彻底改变了佛教传统教戒严格规定的、只能依靠乞食和布施为生的生活方式。这种生活方式的变化，促使禅门思维方式上的根本变化，而清理传统或正宗的佛教思想和信仰，也就顺理成章。

第一个把游动的禅众带进山林，并开辟了定居和自给生活的先驱是道信；而把道信事业坚持下来，并迫使国家承认，得以重返社会的是弘忍。

道信教授弟子，是"能作三五年，得一口食疗机疮，即闭门坐"①。此

---

① 见《传法宝记》。

"作"指作务，劳作，主要是农作；此"坐"即坐禅，而且要闭门坐，当是为了隐居自安。弘忍继承了这一"作坐并行"的传统，不但自己"昼则混迹驱给，夜便坐摄至晓"，而且加以发展，所谓"四仪皆是道场，三业咸为佛事。盖静乱之无二，乃语嘿之恒一"①。这是非常重要的禅理论："佛事"不限于特定的时间、地点和特定的仪轨，而应该贯彻和渗透到日常生活的一切方面，反映在所有的思想行为上；因此禅不但可以闭门缄默静坐，也应该体现在嘈杂扰乱的现实群体活动中。这样，"作坐并行"就变成了"作坐不二"，禅进入了劳动，劳动也就有了禅韵，禅与劳动紧密结为一体了。这一理论的继续推进，就是禅的全部日常生活化，禅也因此而失去了它原来作为佛教修持之一的本义。此后的禅宗大体是按照这一理论原则开展的。

弘忍有一段话，解释学道者为什么不向城邑聚落而要山居，谓"大厦之材本出幽谷，不向人间有也；以远离人故，不被刀斧损砍，——长成大物后，乃堪为栋梁之用"。这话是譬喻，意谓唯有保持天真自然，不受人为的"损砍"琢磨，才能道树开花，结出禅林果实来②。于是，崇尚自然，尊重自性（天性），特立独行，任性逍遥，不接受任何人为的束缚和名教的琢磨，就成了禅宗最重要的特色。将这一特色稳定下来，进一步系统化，并最终给以经济保障和制度规范的，则是洪州系农禅派的大师们，首先是百丈怀海。

一

有关怀海的文献，我见到的只有六种。最早是他的同代人陈诩（"诩"一作翊）撰于元和十三年（818）的《唐洪州百丈山故怀海禅师塔铭》，依次有五代的《祖堂集》，宋代的《景德传灯录》、《宋高僧传》、《五灯会元》以及明代重编的《古尊宿语录》。《塔铭》和《传》应该是纪实的，但所记年寿就不一致，虽同说他终于元和九年（814），前者称他寿66岁，后者说他享年90岁；至于《灯录》和《语录》所述或有或缺，详略差别颇大，很难细考何者为是。这也是禅宗一贯主张"不拘文字"的一种学风。不过据我看

---

① 见《楞伽师资记》。
② 同上。

来，这些文献陈述的思想和做派，与怀海的基本主张和创业行事，大体上是统一的。譬如赞宁称他"秉自天然，不由激励"；记他的话"吾行大乘法，岂宜以诸部阿笈摩（小乘佛经丛书《阿含》）教为随行耶"；然而也不以所传大乘戒律为是，主张在"大小乘中博约折中设规"，这都表现了怀海崇尚自然，不为传统经戒所制，而勇于创新的气概。

诸种《灯录》都记有这样一段对话：在讨论马祖禅的"大机大用"，大众无不为之惊异不已的时候，怀海问黄檗希运，是否要"承嗣马祖去"？希运回答说："若嗣马祖，已后丧我儿孙"。马祖是洪州禅的开山鼻祖，怀海是马祖的上首弟子，希运则是怀海的法嗣，现在希运竟公然反对承袭马祖血脉，岂不是叛师背法，大逆不道？但怀海却非常高兴，连连表示"如是如是"。接着就解释："见如师齐，减师半德，见过于师，方堪传授"。这个见解实在了不起。如果把这十六个字定为当时整个社会的教育方针，那么那种要求谨守师门的保守主义教育传统，至少不会贻害至今，我们也不必老担心学术上的近亲繁殖了。当时洪州禅系之所以特别生机盎然，与怀海辈鼓励学子竞创"超师之作"，大有关系。

在中国佛教史上，包括整部禅宗史，如此自觉，如此明确地把"独立"、"自由"纳入修行实践的目标，也应该首推怀海。我们知道，当《大般涅槃经》译出，僧肇、道生以及后来的窥基等大学问僧疏解涅槃四德的"我"，就有"主宰"和"自由"两义，那"主宰"也有独立的含义。但是，他们这里讲的独立和自由，还只是一种对彼岸世界的幻想，可以满足当时文人苦于不独立无自由的缺憾，而不可能实现。怀海不同，他号召就在此岸现实生活的基地上，实现人的独立和自由。他说，"今日所依之命，依一颗米，一茎菜，饷时不得食饥死，不得水渴死"，如此事事烦恼，这是"被四大把定"，当然无法独立，难得自由；但是，如果像先达者（指十地菩萨）那样，追求"不饱不饥，入水不溺，入火不烧"（指神通），其实是"被量数管定"，也是一种结缚。他认为"倘要烧便烧，要溺便溺，要生即生，要死即死"，一切遭遇无不顺其必然，任其自然，这样就会"去住自由，这个人有自由分"。在他眼里，"自古至今，佛只是人，人只是佛"；"佛只是去住自由，不同众生"。如果自由了，人就是佛，倘若不自由，佛就是人。自由与否，是佛与人区别的唯一准绳。传统佛教为佛设想的种种难以高攀的规定，描绘的种种奇特相好和神通异能，在怀海那里，全用自由一词湮没了。

听任自然，是怀海自由观的基石。对它的典型表述，是这样一段话："至如今于一一境法，都无爱染，亦莫依住知解，便是自由人"。这话讲两方面的问题，其一是关于"境法"的，即人所处的周围环境和认识面对的对象。他的看法是"一切诸法本不自空，不自言色，亦不言是非垢净，亦无心系缚人"。对这"一切诸法"的存在，怀海并不否定，但世人不可据此肯定它一定是"色"，也不像有些经文所说它一定是"空"；同样，既不能言"是"，也不可言"非"，更不宜评定是"垢"是"净"；它的存在，不依任何经教言教名教为转移，是所谓"离四句""超百非"，横竖都无法把握和言传的；它是自在之物，是"知解"达不到的领域，任何判断都是多余的，有害的，因而他也反对去苦苦探求。

另一方面是关于主体的，即"爱染"和"知解"。前者指"情"，后者指"识"，佛教往往用"情识"概括所有精神功能。怀海认为，客体之表现为或色或空，以及是非垢净，都是主体"爱染"和"知解"制造并强加上去的，由此导致种种苦痛和烦恼，皆是主体所为，与客体自身无关。因此，是缚是解，是不自由还是自由，都要从主体自身找原因。"对五欲八风，不为见闻觉知所缚，不被诸境所惑，自然具有神通妙用，是解脱人"。解脱人就是自由人。只要不被自己既有的认识所束缚，不为客观境界所迷惑，冲决一切"拘系"，自然就会得到自由。这里的"神通妙用"，就是对自由的一种譬喻。

有人问："如何得自由？答：如今对五欲八风，情无取舍，垢净俱亡，如日月在空，不缘而照，心如木石，亦如香象截流而过，更无疑滞，此人天堂地狱所不能摄也；又如读经看教，语言皆须宛转归就自己；但是一切言教，只明如今觉性自己。俱不被一切有无诸法境转，是导师；能照破一切有无境法，是金刚，即有自由独立分。"不被境转，相当于东晋支道林所谓"物物而不物于物"；不被经教转，就是《坛经》所谓"转《法华》而不被《法华》转"。一切境法言教，都要为我所有所用，而不受它们的拘束和支配，这就是自由独立，与佛无有差别；反之，若"被有无诸法转，不得自由"，那就决定成不了佛。

要想不被境转，不被言教转，实现个人的独立自由，需要许多主观条件，那就是，"一切不拘，去留无碍，往来生死如门开相似……不念名闻，衣食，不贪一切功德利益，不为世法之所滞。心虽亲受苦乐，不干于怀；粗食接命，补衣御寒暑，兀兀如愚如聋相似"，一句话，就是全无所求。如果人连衣食生死都无所求，以至"不畏地狱，不爱天堂"，那还有什么可以拘束他的？所以"无求"是自由的前提，要做自由人，必须是"无求人"："佛是无求人，求之即乖；理是无求理，求之即失。"所谓"如愚如聋"，所谓"心如木石"，是表示唯有顺乎自然，而不受境界支配，言教束缚，情识迷惑的意思，是大智若愚、大觉大悟的表现，并非麻木不仁，全无知觉。

二

到此为止，怀海关于自由的理论，我们都是根据《景德传灯录》的记载来介绍的；就这一理论的抽象性而言，它并没有离开佛教的哲学基础，而且主要是般若学的。到了《古尊宿语录》，记怀海的言论增加了四五倍，但指导思想已经归结到被改造了的法相唯识学上了。《语录》记怀海上堂宣示："灵光独耀，迥脱根尘，体露真常，不拘文字，心性无染，本自圆成，但离妄染，即如如佛"，这是直接脱胎于《起信论》；又记怀海说，人人都有"灵觉之性"，即所谓"自己鉴觉"，则是华严家的说法。如此等等，与怀海的本意，可能都有出入。怀海并不主张离染求净，也不讨论人心是否"本自圆成"；他倡导的是一无所求，连"菩提"、"佛"也是不许求的；他驱逐任何"知解"，哪里会要人们去成就什么"大圆镜智"、"平等性智"、"妙观察智"呢？

但是，《语录》记怀海的另一些说法，虽为《灯录》所无，就思想倾向看，二者却颇一致，与怀海的一贯思想接近。例如说："若执本清净，本解脱，自是佛，自是禅道解者，即属自然外道；若执因缘修成证得者，即属因缘外道；执有即属常见外道；执无即属断见外道；执亦有亦无，即属边见外道；执非有非无，即属空见外道，亦云愚痴外道。只如今但莫作佛见，涅槃等见……名正见。"

这类文字之所以更接近怀海的本意，是因为怀海关怀的是现实，是非常现实的禅，而不是探求教理经义；他不能让教理经义等文字束缚他对禅的创新和发展；当然，也不能让义理的论辩影响对他所创禅的切实贯彻。《传灯录》记载，有问："依经解义，三世佛怨；离经一字，如同魔说，如何？师云：固守动静，三世佛怨；此外别说，即同魔说。"他这里提出的"动静"，就是修禅的两种形式。在他看来，禅修的正确与否，与依经或离经没有关系，他提倡的禅，并不管言教如何，所看重的是，是否将禅贯彻到了日常生活之中，动静融为一体，而不是把动静对立起来，凝固化。

因此，《古尊宿语录》中有些说法对深入理解怀海的禅思想，也会很有帮助，其中之一，就是记他关于"透三句"的提法。天台主张"横竖"皆离，三论家提倡"离四句""超百非"，都是为了破除语言执著，避免文字拘束的意思。《语录》介绍怀海的"透三句"，则是针对禅宗当时讨论最热烈的"心""佛"关系问题说的。关于心与佛的关系，本是《观无量寿经》等提出来的，但直到禅宗那里，才讨论热烈起来，这只要翻翻《景德传灯录》，尤其是有关南泉普愿的言论就可以知道个大概。

《语录》记怀海在教人"但不著文字"时说："夫教语皆三句相连：初中后善。初，直须教渠发善心；中，破善心；后，始名好善。'菩萨，即非菩萨，是名菩萨'；'法，非法，非非法'，总与么也。若只说一句，令众生入地狱，若三句一时说，渠自入地狱，不干教主事。"这"三句相连"是一种论议的格式，特别为《般若经》类所惯用，而后在禅宗中也颇流行：立，破，再立，从拘束于言教到扬弃言教，最后是把握言教精神，并运用于教化，构成一种否定之否定的认识阶梯，如此就会从不觉而觉，由自觉而觉他。怀海所谓"透三句外"，就是要破除这样一种认识模式，重新审视一切经教的实质。审视的结果是，对一切经教，都需要有所分别，不可盲信。其中最重要的一条是，"须识了义教不了义教语，须识遮语不遮语，须识生死语，须识药病语，须识逆顺喻语，须识总别语"，如此等等。按这种认识，若说"修行得佛，有修有证；是心是佛，即心即佛"，均属于"不了义教语，是不遮语"之类，只是凡夫的水平；若说"不许修行得佛，无修无证，非心非佛，佛亦是佛"，虽属于"了义教语，是遮语"之类，但仅"是地位前语"，还够不上菩萨水平；当然，若否定一切经教，亦是"黏著诸法"，并非解脱。"透三句"的目的，是要"心"保持自己的自然态，"不住知解，亦不依住无知解"；"无知解"是愚痴，"住知解"是枷锁。

"自心是佛"是禅宗的流行语。怀海认为，如其真的认为"自心是佛"，那就"宁作心师，不师于心"。我们知道，"自有佛知"是《法华经》的思想主线，也是《坛经》的立论之本，也就是"自心是佛"的另一种表达。怀海在这里认为，这只是方便治病的说法："不认自知自觉是自己佛，向外驰求觅佛，假善知识说出自知自觉作药，治个向外驰求病；既不向外驰求，病差须除药。若执住自知自觉，是禅那病"，是无病找病。如此进一步，"佛"也只是一味药；因为众生"无始不是佛，（但）莫作佛解。佛是众生边药，无病不吃，药病俱消"。同样道理，"说众生有佛性，亦谤佛法僧；说众生无佛性，亦谤佛法僧。若言有佛性，名执著谤；若言无佛性，名虚妄谤"。总而言之，他反对"心"受任何拘束，哪怕庄严肃穆到"佛"、"佛性"、"佛智"这类至大无外的题目，也应该在独立自由的前提下去认知。

"佛"、"心"与"众生"，三位一体，原是《华严经》的主张；注释《华严经》的撰著，多如牛毛，怀海的这一解释，应该独成一家。

三

前已说过，农禅的主要特征是把禅贯彻到日常作务上去。怀海最著名的话就是"一日不作，一日不食"。这话看来平常，但对佛教而言，则具有非同小可的意义。原始佛教严格规定，比丘比丘尼，必须以乞食为生；乞食方法，主要是游街沿门乞讨，也许可施主请吃斋饭，但不许储存食物，更不许接受和持有金银之属，尤其是不允许僧尼自谋生路，以至严禁从事务农、做工、经商以及念咒算卜行医等，称僧尼从事生产经营维持生计的行为为"邪命"。在所谓"八正道"中，"正命"就是针对此类"邪命"而定的。就是说，佛教对于生产劳动，在教理上是轻蔑的，在戒律上是禁止的，可以说根深蒂固。大乘佛教兴起，将布施作为"六度"之首，积蓄和储存财物都已变得合理合法，但对从事谋生经营的态度则没有变化，所以传到中国，经常处在两难状况：如果从事劳动经营，那就失去佛教僧尼的本色，如果继续依靠布施为生，则被视为寄生者，而此二者都能成为排佛灭佛的口实。

姚秦时道恒作《释驳论》，是第一位为僧尼经营进行辩解和呐喊的人。他说，沙门"体无羽毛，不可袒而无衣；腹非瓠瓜，不可系而不食。自未造极，要有所资。丰年则取于百姓，时歉则自力以自供，诚非所宜，事不得已……但令济之有道，亦何嫌多方以为烦秽？"[①] 这话说得虽然有些无奈和

---

① 见《弘明集》卷四。

苦涩，但他提出"自力以自供"和"济之有道"的原则，实在是应该不朽的。到了怀海这里，则是理直气壮，堂堂皇皇地融入了禅中，吃饭穿衣，生产劳动，都成了禅的有机组成，从而令禅也充满了生机和生活情趣。我在35年前初次接触禅宗文献时，就受到了农禅那种山野质朴，生趣活泼的感染，一直难以忘怀。

某日，"因普请镢地次，忽有一僧闻饭鼓鸣，举起镢头大笑便归。师云：俊哉，此是观音入理之门。师归院，乃唤其僧，问适来见什么道理便恁么。对曰：适来只闻鼓声动归吃饭去来。师乃笑"[①]。笑是肯定满意的表示；因为这就是粗食接命，如愚如痴，饥来吃饭，渴来喝水，任性逍遥，独立自由的写照。怀海也就是在大家共同作务时，通过日常的劳动生活，点拨他的学徒，贯彻他的禅风和禅思想。

沩仰宗的创始人沩山灵祐，是怀海的著名弟子之一，传说他就是随怀海作务中觉悟的。一次，怀海命灵祐"拨炉中有火否"，灵祐拨了一下，说"无火"。于是"百丈躬起深拨，得少火，举以示之云：此不是火？师（指灵祐）发悟礼谢"。又有一次，师徒们共同作务，怀海问："有火也无？"沩山云"有"。师云："在什么处？"沩山把一枝木吹三两气过于师，师云"如虫蚀木"。按我的理解，前者炉中拨火，是批评灵祐做事不认真，不细致；后者"如虫蚀木"，是不赞成灵祐故弄玄虚。在他看来，不应该重复一些禅师的老做法，毫无意义的装腔作势，这有害自然；任性自由，也不是放纵马虎。

百丈这种随机而发，又绝不偏离其禅旨的作风，继承了禅宗先达们把禅从单一的"坐静"中解放出来的精神，他的新贡献就是态度坚定地把禅推向生产劳动领域，使农禅得到了理论和实践的双重肯定。一时间农禅势力大兴，丛林风行。《传灯录》记潭州三角山总印禅师的一段问答："僧问：'如何是三宝？'师曰：'禾、麦、豆。'曰：'学人不会。'师曰：'大众欣然奉持。'"《古尊宿语录》记怀海的话说："求佛求菩提及一切有无等法，是弃本逐末；只如今粗食助命，补破遮寒，渴则掬水吃，余外但是一切有无等法，都无纤毫系念"，均是把自谋衣食当做第一位的要务，其余都是枝末。这也正是形成农禅特点的内在原因。农禅与文人禅，是支持禅宗持久发展的两大柱石，而又以农禅为最基础、最稳定。

---

① 见《景德传灯录》。

这里要做个解释。怀海大力提倡自食其力，是创建他的禅思想和新禅风的脊骨，但这并不意味着他拒绝"布施"。依据大乘教理，拒绝布施就是拒绝施主，拒绝大众进入佛门。怀海要求的是，僧众接受布施必须是有条件的，不能无条件地收受。这个条件，就是心底纯正，没有种种肮脏的算计。有人问："沙门尽言，我依佛教……合受檀越四事供养，为消得否？"他回答说，如果"境上都无纤尘取染，亦不依住不取染"，在这样条件下，即使食万两黄金亦能消得；然而如今一旦，"见得有无等法"，"便于六根门头刮削，并当贪爱"，则"乞施主一粒米一缕线，个个披毛戴角，牵犁负重，一一须偿他始得"。这样接受布施，也变成了贯彻他的禅思想的一个方面，服务于他的农禅方向。

四

百丈怀海之能够以独立自由为号召，坚持禅行中崇尚自然之风，不单纯是一种无求于人的主观意向，也不仅仅是一种心理的自我慰藉。他之区别于此前某些禅师和文人的自然观和自由观的地方，恰恰在于他最少此类主观心理。他自信、自强、自力、自立，这是保障自由必需的精神因素。尤其重要的是，他还有实现这些精神因素的客观条件，那就是自给自足的经济实力。就是说，怀海之所以敢于提出"不求人"，能够用"独立"去塑造人的品格，将"自由"规定为"佛"的特质，从而把成佛当做非常现实的事情，全在于他有独立的经济，无须乞求于人，无须依赖他人存活。按章太炎先生的说法，禅宗的精要是"自力"，他肯定禅宗的地方，也是"自力"。我认为，把这种"自力"发挥到淋漓尽致的，首推怀海；而其所以能够如此，在于他创建了以自食其力为主干的独立经济。

农禅区别于其他禅法处，当然是"农"。中国农业，总体上是自然经济，就是自耕自给，无求于人。山居禅众经营农垦，更有得天独厚的优越性：远离市廛官府。这使商品交往本来不发达的自然经济，越加稀疏；扰民的官府也不会轻易前来干涉；在唐代，国家对于僧众和寺院免赋免役，不计于户籍，更容易促使其与整体社会的疏离，摆脱政治，成为名副其实的世外桃源。怀海建造的农禅，就是这样的世外桃源。

怀海为他的农禅制定过一些规则，叫做《禅门规式》（元代将其扩大为《百丈清规》，精神全失），从中可以看出这个世外桃源的大概，《传灯录》录其要点，证之《高僧传》，当是不虚。我认为，不但在禅宗史和佛教史上，即使在中国思想史和社会史上，这也是一份分量很重的历史文献，我在《中国禅宗史》中曾全文摘引并作过疏解，这里值得重抄一遍。其文撮要谓，百丈曰：

　　吾所宗非局大小乘，非异大小乘，当博约折中，设于制范，务其宜也。于是创意，别立禅居。凡具道眼有可尊之德者，号曰长者，如西域道高腊长呼须菩提等之谓也。既为化主，即处于方丈，同净名之室，非私寝之室也。不立佛殿，唯树法堂者，表佛祖亲嘱授，当代为尊也。所裒学众，无多少，无高下，尽入僧（堂）中，依夏次安排。设长连床，施（椸）架，挂搭道具。卧必斜枕床唇右胁吉祥睡者，以其坐禅既久，略偃息而已，具四威仪也。除入室请益，任学者勤怠，或山或下，不拘常准。其阖院大众，朝参夕聚。长老上堂升坐主事，徒众雁立侧聆，宾主问酬激扬宗要者，示依法而住也。

　　斋粥随宜，二时均遍者，务于节俭，表法食双运也。行普请法，上下均力也。置十务为之寮社，每用首领一人，管多人营事，令各司其局也。

　　或有假号窃行混于清众，并别致喧挠之事，即堂维那检举，抽下本位挂搭，摈令出院者，贵安清众也。或彼有所犯，即以柱杖杖之，集众烧衣钵道具，遣逐从偏门而出者，示耻辱也。

这大段话可解释的地方很多。"非局大小乘，非异大小乘"，唯"宜"为务，是建设禅众新生活的总原则。"不立佛殿"，也是一大创造；其所依据是"当代为尊"，充分反映拒绝偶像，自信自尊的精神。所聚学众，不分"高下"，一体视之为"僧"，显示了禅众之间的平等关系。特别值得注意的是他关于日常生活的规定。所谓"行普请法"，即集体劳动；"上下均力"，指不分职位高低，一律劳作。"普请"的范围，主要是镢地、除草、收割等农业生产，也包括拾野菜、捡蘑菇、打柴挑水、烧饭补衣之类，总之是自己生产，自己动手，解决自身的吃饭问题。在这里，谈不上拥有生产资料，禅室僧堂十分简陋，也不属私有；经商开店等事业，不见记载。山居禅众生活中的头等大事是吃饭。吃饭在中国历史上始终是头等大事，问题的严重性，国外很难理解，当代年轻人也不易理解。可以说，不理解吃饭问题在中国历史上的重要地位，就很难懂得传统的中国和中国文化的内涵。怀海在理论和实践上为禅宗解决了这个问题，他的成功就是必然的。

但是，这种解决，仅够糊口而已。所谓"斋粥随宜"的"宜"，指的是可食物品的品种和多寡。一天两顿饭，主要是稀食，外加野菜之类，所以要求"务于节俭"。然而尽管如此，却实行严格的平均分配，即"二时均遍"，人人有份，也别无特权。

"设长连床"，说明大众不但同住，而且还是同床，连睡觉的姿势都是划一的。这可能别有考虑，但也可见怀海将僧众的生活设计得何等周到细致，真称得上无处不均匀，无处不平等。

没有私有财产，没有剥削，没有压迫，共同劳动，平均消费，平等相待，除了维护共同利益所必需的公共秩序和维护群体尊严的纪律以外，没有严罚酷刑，也无其他道德约束，生活虽然清苦，却有一片和谐安详的气氛，创造出了一个自由活泼的天地，若与8—9世纪之交的唐后期社会作个比较，说这里是世外桃源，大约是不为过的；再同陶渊明的《桃花源记》作个比较，这里是真实实现了的乌托邦，那里只是文人逃避现实的幻想。

在古今中外，有各式各样的乌托邦。古代中国的乌托邦只能是农业的，生产力既低，生活水平也不高，丰衣足食而已；但即使生活再困难一些，"天下为公"、"天下太平"也是第一位重要的事；日出而作，日没而息，互爱互助，分配均等，则是最理想的社会关系。我以为这就是农业乌托邦或农业社会主义。从既有的史料看，这种农业社会主义乌托邦，在古代唯一实现了的，就是怀海山居创立的农禅社会，我们也可以视为佛教社会主义的一种形态。尽管它的规模很小，持续的时间可能不长，但它作为一种实验，一个缩影，有典型意义，对于我们理解古代农民的社会要求和社会心理，是一个绝好的读本。中国历代的农民运动，包括近现代，始终贯穿一条平均主义的线索，甚至将同吃同住同劳动，当做理想的人际关系，究其原因，也可以从怀海的农禅那里得到启示。

　　附记：此文是为"马祖及其洪州宗国际学术研讨会"写的。因为参加了这次会议，使我有机会参观了曹洞宗发祥地的云居山真如禅寺。我在国内参观的寺院不算太少，但给我印象最深的，恐怕就属这个禅寺。它地处深山密林，地理环境完全可以做到与世隔绝；而当地的气候和水土，又确实适合长年聚众开垦生活。这印证了我关于禅宗社会基础的设想，十分高兴。会上一诚法师宣读了他的论文，恰巧也是提倡农禅的。据他介绍，真如禅寺已收回水田 140 多亩，旱地近 80 亩，承包山林 3600 多亩；生产的稻谷、蔬菜、茶叶等，自给有余，还可以对外出售。1992 年产值即达十多万元。这可能是当年一斑。

　　禅寺的楹联颇多，别具一格，清淡洒脱，有些幽默，但不是深沉，全没有一般的陈词套话。可惜我未能记录下来，回来查找有关资料，竟无处寻觅。寺院正在扩建，供奉的诸佛菩萨，无甚特色。但虚云纪念堂例外，这里简洁明亮，所有陈设都能引人追念这位老和尚的生平，令人肃然。其实，禅宗的标准建筑是"不立佛殿，唯树法堂"的。在一片烟熏火燎中，似乎很难保持禅境；如果太多的膜拜，也失禅宗精神。

　　会议还邀请了南昌女子职业学校表演"禅茶"。将"禅"推向社会生活，以艺术形式表现禅精神，好像也是佛教的一种现代潮流。我在夏威夷看过"禅舞"，也看过其他国家的"禅茶"，但不能不说，还是这里的好。它将佛地、佛乐和茶道以及形体变化凝结成一种洁净安宁的气氛，弥漫周围，可以涤荡污秽浊水。这也是一种美的力量，一种佛教文化之美。我读过一点佛教美学的论著，但总感到缺少些什么。原因之一，与原始佛教对于人生的鄙薄和厌弃有关。大乘佛教提出"人身难值"，要善自保重的观念，对人生价值重新定位，遂有了"慈悲"化身的观世音和作为快乐象征的弥勒佛，但对于"美"依然缺乏自觉。与西方基督教用真善美塑造人生来比较，更加明显。

　　事实上，庄严肃穆，七宝辉煌，凝重宁静，清淡雅致，以至金刚怒目，菩萨低眉，诸如此类，佛教并不缺乏美，缺乏的是对美的自觉。我以为善与美，爱与美并不是对立的。我目睹了一群大约尚未成年的小沙弥尼，多半额上戒疤赫然，不禁黯然。这使我联想起唐僧义净为反对焚身毁形这一陋习说的话。他是一个戒律严谨，信仰诚笃的佛徒，但同时又是一位人的尊严、人体完美的捍卫者。与他同时代人和后继者相比，他都要高出一头。凡是佛教徒，都应该读读他写的《南海寄归内法传》。

佛教不但是传统的，也是发展的。发现美，建设美，应该是发展的方向之一。

评梁启超的佛教救世思想

这个题目是由最近看到的一本小册子引出来的。小册子选辑了梁启超的四篇论文，并以其中的一篇《论佛教与群治之关系》作为书名。从选材可以看出，印行者是把梁启超尊为佛教的护法者和提倡佛教救世说的楷模的。

梁启超受到有人这样的尊崇，由此提醒我们，对自清代以来的中国佛教史，确实应该做一番认真的研究了。从王夫之开始，中经魏源、龚自珍，相当一部分有见识的学者对佛学发生了兴趣。至于近代，不用说资产阶级改良派的康有为、梁启超、谭嗣同等人，即使革命派如章太炎辈，也吸取佛教教理来充实自己的理论。这一现象很突出，研究它出现的原因，不只在学术上有意义，就是对加深认识中国资产阶级的性格，理解民主革命的曲折道路，也会有所帮助。

然而，本文的目的却比较简单。梁启超接受佛教思想的影响既大，在发挥佛教救国说方面，又确称得上当之无愧的代表，所以想从这里开始，整理点感性材料，摸索点头绪，顺便也作为给至今仍幻想用佛教或其他宗教救世者的一个回答。

一

梁启超一生的思想变化很大，他自己也常以"我操我矛以伐我者"解嘲。但在许多芜杂而矛盾的言论背后，仍有他前后一贯的线索。其中最显著的一点，是他的社会历史观。这是他之所以接受佛学影响的思想基础。

作为一个积极热情的维新者和政论家，梁启超理所当然地要接触到当时政治腐败、国家衰弱和人民贫困的根源问题。他写了不少探讨文章。从《政治基础与言论家之指针》一文看，他持的是典型的二元论：政治状况决定社会状况，社会状况也决定政治状况，即所谓"政治与社会迭相助长，如环无端。"不过最后他还是偏重于"政治基础在社会之说"。戊戌变法以后，随着他在政治活动上的屡次失败，这种主张越发鲜明。由此走下去，似乎很可以转变他的政治改良立场，得出社会革命的结论，但如众人所知，他始终没有达到这样的高度。

　　这原因很多。从认识上讲，主要在于他对"社会"的本质缺乏正确的理解。他在同一篇文章中说，社会的状况，固然在政治的好坏，但说到底，政治的好坏还得由"生息于此国之人民"分担起来。所以人民品格的优劣，是政治良否的最后决定因素，而这就得"复返于社会矣"。由此可见，他不是从经济关系和阶级关系上来认识社会的，更不了解生产方式对社会的意义，却只把社会视为有一定认识水平和精神状况的个人的集合体，即所谓"国民"的总和。这样，他的公式就是：政治的基础在社会，社会的基础在国民，国民的基础在国民的精神；社会的性质，历史的变化，都是由国民精神决定的。所以他反复强调："凡一国之强弱兴废，全系乎国民之智识与能力；而智识能力之进退增减，全系乎国民之思想；思想之高下通塞，全系乎国民之所习惯与所信仰"①。国民的习惯与信仰，形成国民的性质，被称之为"国民性"，它是决定国家命运的终极原因："苟其国民无自存之性质，虽无一毫他力以亡之，犹将亡也；苟其国民有自存之性质，虽有万钧之他力以亡之，犹将存也"②。所以终其一生，他都非常注意研究中国"国民性"问题，力图从改造国民性上着手，造就一代"新民"，作为改良政治的根本途径。

　　梁启超对国民性的观察，有其尖锐的一面。他列举了许多他认为的国民劣弱性，并归结为"先哲名人之所垂训所传述，渐渍而深入于人之脑中"，是"数千年民贼之以奴隶视吾民者"③，而"利用国民弱点，则枭雄成功之不二法门也"④，对封建专制主义的思想统治和政治统治，进行了激烈的抨击，也表现了他对人民的悲悯和同情。但是，作为一种解释社会历史的哲学观点，却完全是唯心主义的。他作《国民十大元气论》，以为"精神既具，

---

① 梁启超：《论支那宗教改革》，见《饮冰室文集》。
② 梁启超：《论中国人种之将来》，见《饮冰室文集》。
③ 梁启超：《中国积弱溯源论》，见《饮冰室文集》。
④ 梁启超：《伤心之言》，见《饮冰室文集》。

则形质自生；精神不存，则形质无附，然则真文明者，只有精神而已"。这已经发展到了用"精神文明"对抗和取消"物质文明"的地步，用来指导实践，就是片面夸大思想教育的作用，在客观上，很容易为阻碍和破坏社会生产力发展的阶级和集团辩解。

梁启超的全部政治活动和学术活动，都是在这样的唯心史观指导下进行的。他说："吾以为不患中国不为独立之国，特患中国今无独立之民。故今日欲言独立，当先言个人之独立，乃能言全体之独立，先言道德上之独立，乃能言形势之独立"①。然而国民就是群氓，他们愚昧、涣散、怯懦，奴隶性十足，要言"个人"的、"道德上"的独立，不使他们受到如何做一个国民的教育，是不行的："天下无不教而治之民，故天下无无教而立之国"②，所以他俨然是国民的导师，提倡以教治民，以教立国。他号召"士大夫"在立教上带头，因为他们是"少数上流社会的中坚"，其"品性之高下"影响国民者至大，与一国荣悴直接有关，但要想对国民起到实际的振奋作用，还得依靠权势者。这一点，他在解释他之所以既主维新，又主保皇时讲得十分清楚：唯有"借无限之君权，以清积弊"，才能"养将振之民气以巩国基"③。1921年底，他很坦率地承认自己"从前始终脱不掉贤人政治的旧观念，始终想凭借一种固有的旧势力来改良这个国家"④。他曾经描绘过孔子的形象："为救民故，乃至日日屈身以干谒当时诸侯卿相，欲藉于以变弊政，进斯民于文明幸福也"⑤。这其实正是他们那一批改良派的自我写照。

梁启超始终没有抓住什么大的权势，在他"屈身以干谒当时诸侯卿相"如袁世凯、段祺瑞之流失败以后，就更加专心于"学术研究"和"社会教育"工作。他活了56岁，其中14年流亡日本，又去过北美，游过西欧，考察和研究了许多国家的历史经验和社会思潮，目的只有一个：找到一个能够拯救中国、改造国民性格、唤醒民众觉悟的精神武器，他把中外文化和国民性格作了多种对比，那种广泛地探索真理的精神令人敬佩，但他的结论，却完全没有超出"中学为体、西学为用"这一原则。他把这一原则看得很高，

① 梁启超：《十种德性相反相成义》，见《饮冰室文集》。
② 梁启超：《复友人论保教书》，见《饮冰室文集》。
③ 梁启超：《论支那独立之实力与日本东方政策》，见《饮冰室文集》。
④ 梁启超：《外交欤内政欤》，见《饮冰室文集》。
⑤ 梁启超：《论支那宗教改革》，见《饮冰室文集》。

早在湖南时务学堂时期，即以之作为"学约"的指导思想。而能够体现这一
原则的古典范例，即可说是由印度传进的佛教："吾中国不受外学则已，苟
既受之，则必能尽吸其所长以自营养，而且变其质，神其用，创造一种我国
之新文明……谓余不信，请征诸佛学。"① 所以他一直把中国佛教视为中国
文明的组成部分，与先秦的学术水平等量齐观，同孔教一起，并列为"中
学"的精华。所谓"中学"之体，自然也包括中国佛学在内。

　　贯穿在梁启超多变的思想情绪中，有一种极可贵的信念，就是中国不会
亡国。他认为我国国民性中具有先天不会灭亡的特质。这种爱国热忱和民族
自豪心，使人感动。然而他认为这种国民性的文化表现，主要就是孔、释二
教。他一生没有停止鼓吹孔教，"孔教者，悬日月，塞天地，万古不灭者
也"，尽管经过他的加工，这个孔教的色彩已经大变。他一生也没有停止鼓
吹佛教，经常以"佛教虽创自印度，而实盛于中国……正法一脉，全在中
国"为骄傲，并把这种观点作为他研究中国佛教史的出发点和归宿。所谓
"西学"，包括近代资产阶级所创造的一切文明和无产阶级的社会主义学说，
都要以孔、释为代表的"中学"作尺度加以衡量。及至在他考察欧洲一年多
回国后，思想又有一变。他在《欧游心影录》中干脆宣布西方文明已经彻底
破产，他们的一切学说，原来都是我国古已有之的。我们古已有之的，比他
们现在的还高明，根本不必向西方学习。他在孔教之下增添了墨、老二家
（老子曾是他早期的重点批判对象），并称"三圣"，要人们"跟着三圣所走
的路"；而佛教大乘学说"的确是表现中国人特质"，像唯识宗、禅宗那样理
论水平，西方的哲学流派直是望尘莫及。所以"先秦诸哲，隋唐诸师"，都
是"我们仁慈圣善的祖宗积得好几大宗遗产"，不但等待我们自己去好好
"享用"，而且还要发扬光大，用以拯救西方文明。他号召青年："立正，开
步走！大海对岸那边有好几万万人愁着物质文明破产，哀哀欲绝的喊救命，
等着你们来超拔他哩！我们在天的祖宗三大圣和许多前辈，眼巴巴盼望你完
成他的事业，正在拿他的精神来加佑你哩！"②

　　梁启超无疑是属于向西方国家寻找真理的先进人物之一。但他的结论竟
是这样的，原因之一，是他所因袭的封建主义的思想包袱太沉重了，以至把

---

① 梁启超：《论中国学术思想变迁之大势》，见《饮冰室文集》。
② 梁启超：《欧游心影录》，见《饮冰室文集》。

强烈的爱国主义和可贵的民族自豪心，变成为一种狭隘自大的民族主义和排外主义，从而把自己愈益封闭起来，终于成了文化上的复古主义。这样，他主观上力图把我国国民从旧习惯、旧信仰中解脱出来，而最后他所找到的用以解脱的"精神文明"，恰巧正是造成他所谓我国"国民性"弱点的思想因素。他的一生就在这样一个圈子里打转。所以不管他曾讲过多少具有启蒙意义的言论，但封建主义的尾巴始终没有割断。他之所以始终宣扬佛教思想，正如同他高举孔子的灵牌不放一样，主要原因就在这里。

二

梁启超鼓吹佛教思想的另一原因，是他对宗教的态度。

在这个方面，他的观点也不很一致。早期作《南海康先生传》，对康有为"特盛的"宗教热大加赞扬，称他为"孔教的马丁路德"。不几年，又作《保教非所以尊孔论》，认为"宗教者，非使人进步之具也"，"科学之力日盛，则迷信之力日衰，自由之界日张，则神权之界日缩"，批评康有为把孔学宗教化，乃是"束缚国民思想"。然而通过五四运动的洗礼，于1922年发表《评非宗教同盟》，又以"非非宗教者"自命，指责"中国人现在最大的病根就是没有信仰"，而"人类所以进化"，全靠白热度情感的宗教去实现。实际上，他既称不上那种宗教的虔诚信徒，也不是非宗教的坚定战士。他在科学与宗教、理性与信仰中不断摇摆，最终是用后者否定了前者。

梁启超之所以重视宗教，对内受康有为的影响，对外受西方宗教改革的启发。他在《论支那宗教改革》中说："南海先生所言哲学有二端……关于支那者，以宗教革命为第一着手；关于世界者，以宗教合统为第一着手。"这当然也是他自己的主张。因为在他看来，"转变国民之思想"，乃是"国家独立"的关键，"而欲转变国民之思想，不可不于其所习惯所信仰者，为之除其旧而布其新"。"除旧布新"的最好方式，就是"宗教革命"，"泰西所以有今日之文明者，由于宗教革命，而古学复兴也"。他把宗教的本质，规定为"铸造国民脑质之药料"，看成是改造国民性的最有力的武器，所以把宗教的作用时而夸大到极端的程度。在《宗教家与哲学家之长短得失》一文中说，"宗教思想之力""伟大而雄厚"，"能震撼宇宙，唤起全社会之风潮"。

他有许多宗教救国的谰言，大都是从这里引申出来的。

毫无疑问，任何一种宗教，都会对社会发生一定的作用。但其得以产生并发生作用的根本原因是什么，梁启超始终不清楚。他甚至连费尔巴哈"把宗教世界归结于它的世俗基础"那样的工作都没有接触过，更不用说从阶级关系上来作分析了。他虽然十分羡慕欧洲宗教改革运动对国家强大起来的影响，但却完全不了解，这个运动无非是新兴资产阶级用来反封建的一种旗帜。所以他对宗教的估价，只能就事论事。据说，宗教的"伟大而雄厚"力量，表现在五个方面："一曰无宗教思想则无统一"，"二曰无宗教思想则无希望"，"三曰无宗教思想则无解脱"，"四曰无宗教思想则无忌惮"，"五曰无宗教思想则无魄力"。把他的主要意思集中起来，也是他经常强调的，乃是宗教具有的信仰狂热和由此带来的献身精神。他认为："历史上英雄豪杰，能成大业、轰轰一世者，大率有宗教思想之人多"，① 其原因即在有狂热的信仰和不怕死精神。他希望，人人都能具有这样的信仰和精神，用以立身、治事、强国，国民性就会得到基本的改造。

从这个角度说，梁启超不过继承和发扬了我国固有的"神道设教"的传统，把宗教当做达到一定政治目的的方便工具。辛亥革命以后，他由日本回国，受到各界人士的欢迎。佛教总会也请他前去演说。他开宗明义的第一条，就是要求佛教在巩固新建的"共和国"中起作用："共和国之所以成立，由其人民皆知国家为一团体，为一法人。然团体法人之义，非深明佛法者不能言也"。所以佛教信徒们，要从佛教教义上更自觉地接受和宣传"国家观念"，使每个人的"一己利益"，服从于"国家之利益"。这些言论，很可能使那些视梁启超为佛教护法者的人们大扫其兴，同时说明，佛教之被提倡，不过是他提倡宗教救国的一个内容，而宗教救国又是他主张用精神救国的一个内容。在他的面前，一切宗教学说，都要依其能否为救民救国服务为取舍标准。

正因为如此，所以他对宗教并无确定的信仰，更达不到盲目的程度，即使在鼓吹宗教最热烈的时候，仍能持一定的分析态度："宗教与迷信常相为缘，故一有迷信，则真理必掩于半面；迷信相续，则人智遂不可得进，世运遂不可得进。故言学术者，不得不与迷信为敌，敌迷信则不得不并其所缘之

宗教而敌之。故一国之中……亦不可无摧坏宗教之人。"① 因此，他也不一般地反对科学和哲学，不过只给它们一定的活动地盘，看得较低罢了。

这样，梁启超的宗教观自身就出现了双重矛盾，即除了他无法调和的科学与迷信的矛盾外，又多了一重矛盾：他鼓吹宗教，就其出发点来说，是为了改造国民性，振奋民族精神，改良政治，这是彻头彻尾的功利主义的；但他又要求宗教的信徒们，必须视"宗教为神圣"，借助无条件的虔诚，以激发出他所期望的信仰狂热来，这就绝不允许别有什么经济的或政治的目的。他十分强调为信仰而信仰，以为"信仰是目的，不是手段"。他说："我对于那些靠基督肉当面包、靠基督血当红酒的人，对于那些靠释迦牟尼化缘的人，对于那些吃孔教饭的人，对于那些膜拜吕祖、济颠的人，都深恶痛绝……他们是宗教的蟊贼。"② 他曾经用这一理论揭露过帝国主义利用"耶教"的侵华行为，抨击了那些靠宗教迷信进行诈骗的人们，由此表现的义愤是非常可敬的。他的错误在于把它上升为理论原则，认为宗教迷信没有也不能有别的现实目的，其结果，必然得把所有的宗教都列进"蟊贼"的名单，而且也与他鼓吹宗教的本旨正相反对。

不过相对地说，他认为"佛学"是世界上最好的宗教。理由之一，就在于佛教可以调和这些矛盾。就在《论佛教与群治之关系》这篇文章里，他对比了其他宗教的优劣，断言："佛教之信仰乃智信而非迷信"，包括"希腊及近世欧洲之哲学"，其"理论之圆满犹不及佛说十之一"，所以是"信"而不"迷"，是"哲学的宗教"。这样，他就解决了理性与信仰的对立。他又断言："佛教之信仰乃兼善而非独善"，虽"学佛以成佛，为希望之究竟者也"，但世上"有一众未成佛，彼誓不成佛"，从而具有为"群治"而"牺牲"的精神，这就解决了宗教与政治的对立。

这些说法当然十分浅薄，尤其是把佛教教理同它的宗教迷信分割开来，是完全不正确的。但在世界三大宗教中，梁启超特别赞赏和接受佛教教理，当然也与佛教固有的特色有密切关系。

---

① 梁启超：《宗教家与哲学家之长短得失》，见《饮冰室文集》。
② 梁启超：《评非宗教同盟》，见《饮冰室文集》。

三

佛教的流派很多，它们的共性，是判定社会人生为"苦"，并以救拔社会人生脱离"苦海"为己任。这对当时处于灾难深重的中国而又以救世者自居的改良派，的确容易引起共鸣。在说明社会和人的罪恶痛苦的根源时，佛教也归结为每个人的思想品质和认识水平，因而也把每个人的思想转变当做消灭社会不平等的基本途径。在哲学方面，梁启超非常赞赏孟子的主观唯心主义，对王阳明的心学尤加敬服；就这一类片面夸大主观精神作用的学说而言，没有哪一个哲学流派能像佛教那样博大精密。由于这一切，当程朱理学已经威信扫地，而对近现代西方思想连一知半解还谈不到的时候，用多少有点异端色彩的"佛学"来填补所谓"学术饥荒"，是再方便也没有的了。

梁启超有不少关于佛教的论著，特别是关于中国佛教史的研究，在近现代可以算做开创者。但总的说，学术价值都不很高。他在《清代学术概论》中说："有为、启超皆抱启蒙'致用'的观念，借经术以文饰其政论，颇失'为经学而治经学'之本意"。他之研究佛学，也是如此。

据此，他首先是清除那种把佛教仅视为消极出世间的习惯看法："佛教之信仰，乃入世而非厌世。""宋儒之谤佛者，动以是为清净寂灭而已，是与佛之大乘法，适成反比例者也。"① 他诋毁小乘，赞美大乘，特别以华严、禅宗等为代表的中国佛教，"真可以算得应用的佛教、世间的佛教"。② 这种认识，相当切合佛教的实际。任何一种宗教，不论它把彼岸世界形容得如何天花乱坠，教人如何远离红尘，但它毕竟要食人间烟火，要对社会有所影响。否则，这种宗教就要失掉存在的根据，走向绝路。所以宗教本质上只能是世间的。原始佛教是适应古印度社会需要而产生的，至于小乘末流，有的宣传"灰身灭智"的解脱之道，追求自我涅槃的出世境界，则成了激发大乘佛教产生的内在原因。大乘由般若发端，全面否定小乘的出世主张，以"色即是空，空即是色，色不异空，空不异色"的理论，把佛说牢固地确立在迎

---

① 梁启超：《论佛教与群治之关系》，见《饮冰室文集》。
② 梁启超：《欧游心影录》，见《饮冰室文集》。

合现实需要的基础上，而中国佛教的这一特色，确实更加鲜明。

　　大乘佛教区别于小乘的一个中心口号，是"救苦救难"，"普度众生"。这种气魄，这样的胸怀，很足以使康梁一代奋起救世者引为同调："苟众生迷而曰我独悟，众生苦而曰我独乐，无有是处。譬诸国然，吾既托生此国矣，未有国民愚而我可以独智，国民危而我可以独安，国民悴而我可以独荣者也。知此义者，则虽牺牲貌躬种种之利益以为国家，其必不辞矣。"① 由此看来，他们最初乃是直接从佛教大乘教义中得到鼓舞，吸取力量的。在《南海康先生传》中讲到康有为对于佛学，主张"即心是佛，无得无证。以故不歆净土，不畏地狱。非惟不畏也，又常住地狱；非惟常住也，又常乐地狱。所谓历无量劫，行菩萨行是也。以故日以救国救民为事，以为舍此更无佛法。"又说：康"每遇横逆困苦之境，辄自提醒曰：吾发愿固当如是！吾本弃乐而就苦，本舍净土而住地狱，本为众生迷惑烦恼故入此世以拯救之"。

　　把佛教这样地改造成为激励自己献身于国于民的精神，在当时无疑是有积极意义的。梁启超在《仁学序》中讲到谭嗣同时说："烈士发为众生流血之大愿也久矣"，其发挥"以救中国为下手，以杀身破家为究竟"，就是接受佛教思想影响的结果，"浏阳《仁学》，吾谓可名为应用佛学"。革命要流血，改良也会流血，要做成任何一件对社会有益的事业，没有自我牺牲精神是不行的。起码通过戊戌变法的教训，梁启超是很懂得这个道理的。但是，改良派严重脱离群众，既害怕农民，又蔑视劳工，既同革命派对抗，又对官僚军阀失望，在民主革命急剧迅猛发展的形势下，活动圈子越来越小，始终找不到真正的足以依靠的物质力量。因此，不论就梁启超之出身和教养说，也不论他如何曾站在时代的前头，而后又逐步被潮流所淘汰的经历言，向佛教求援，从佛教中求得主观的战斗精神，也求得精神上的鼓舞和某种慰藉，都是可以理解的。他在同袁世凯合作失败之后作《伤心之言》说："吾固深感厌世说之无益于群治，恒思作壮语、留余生，以稍苏国民已死之气。"这颇足以表达他远离"国民"，无可奈何，而希望用佛教振作一下的复杂心情。

　　梁启超用来自我鼓舞和激励"国民"、改造"国民性"的主要的佛教观点，大体有三个：

　　第一，用佛教"无我"论和有神论，破世俗的"有我"观念和畏死情

---

　　① 梁启超：《论佛教与群治之关系》，见《饮冰室文集》。

绪，由之扫除委靡不振，树立"无私"，"无畏"的精神。据他观察，我国国民性的最大弱点，在于对国家命运缺乏责任心；责任心的缺乏，在于生性怯懦，不能自立；而依赖、怯懦之病，则出于"私心"太重，绝少"公德"；"私心"的根源，即本于"有我之见"，简称"我见"。他说："今夫众生之大蔽，莫甚乎有我之见存。有我之见存，则因私利而生计较，因计较而生罣碍，因罣碍而生恐怖，驯至一事不敢办，一言不敢发；充其极也，乃至见孺子入井而不怵惕，闻邻榻呻吟而不动心，视同胞国民之糜烂而不加怜，任同体众生之痛痒而不知觉。"这样一种精神状态是怎样造成的呢？他从历史上找寻原因："自宋以后，儒者以束身寡过、谨小慎微为宗旨，遂至流为乡愿一派，坐视国家之危亡、生民之疾苦而不以动其心；见有忧国者，则谓好事，谓为横议，相与排挤之。此支那千年来最恶陋之习。此种见识深入于人人之脑中，遂养成不痛不痒之世界：此支那致亡之由也。"①

这种评论很尖锐，对当时士大夫的一般精神面貌的观察也是深刻的。但是，如果把人的精神状态和道德品质仅仅视为历史上某种思想及其形成的习惯势力的影响，那么，要振奋国民精神，提高人的道德水平，也用不着去铲除它们的社会基础，只要改造思想转变认识，以消除那些传统的影响和习惯就行了。所以梁启超大声疾呼，必须彻底改变"良心麻木"的状态，办法则在用"无我"来取代"有我之见"：苟能无我，"则我之一身何可私之有？何可爱之有？"无私无爱，"则毋宁舍其身以为众生之牺牲，以行吾心之所安"。②

其实，一切主张用道德挽救世道人心的学说，大致都是讲"无我"的。儒家也有，所谓"孔子绝四，终以无我"。但最能发挥淋漓尽致并加以系统化、理论化的，还得首推佛教。佛教不只从道德上讲，而且提高到哲学上讲。不论小乘或大乘，中心内容都是"无我"。特别是大乘，有"我"即有"我所"，有"人我"，也有"法我"，统在破除之列。因此，不只"我"之主体是虚幻的，即使"我"所面对的客体世界，也不实在。梁启超借以说服人们转变"有我之见"而树立"无我"思想的理论依据，除补充一点可怜的科学常识以外，全是佛教的这一类说法。他津津乐道"人生无常"，也很欣赏

---

① 梁启超：《论支那宗教改革》，见《饮冰室文集》。
② 梁启超：《仁学序》，见《饮冰室文集》。

"四大皆空"。他曾专撰《无我论》，把佛教所谓的"五蕴皆空"，说成是"专用科学的分析方法，说明'我'之决不存在。质言之，则谓吾人所认为我者，不过心理过程上一种幻影，求其实体，了不可得。"这套理论本身如何反科学、反常识暂且不提，但与其说用这样的道理能鼓舞士气，增强斗志，毋宁说它便于自我安慰更加恰当。理由很简单。破除"我见"，是连"我"的实际存在都给彻底否定了，那时国民的立足点都给挖掉了，还谈得上什么"国民的自立"呢？"我"都不复存在了，又何来的国民责任？"身"全是假的，又献的是什么"身"？他在《诗话》中曾引黄公度记吴季清死于义和团事诗："以君精佛理，夙通一切法，明知入世事，如幻如泡沫。佛身尚可尽，何况身生灭？将头临刀时，定知不惊悸"。这完全是看破红尘了，哪里还有什么救世的味道呢！

　　我们知道，佛教"无我"论的内容之一，就是宣传人生不足贵，轻蔑人的尊严；其社会作用之一，是使人自卑自贱；其社会效果之一，是对国家和社会的绝对无责任心。"晋唐以后，儒者皆懦弱无气"。[①] 铸造这种"懦弱无气"，毫无特操的性格的，佛学比之庄学所起的作用还要糟糕。试看一部在士大夫中最流行的《维摩诘经》，它除了给富有者提供醉生梦死、厚颜无耻的典范之外，就是用"无我"的道理让被剥夺者把自己的骨髓都敲碎榨干"贡献"出去，而不允许哼一声。梁启超赐给国民"自立"、"自强"、"自治"的"药料"，只要认真贯彻到底，就只能驯养出连他自己也会厌恶的奴性。

　　不只如此，为了激发人们"勇猛"、"精进"的"大无畏"精神，为了在斗争失败中不悲观失望，梁启超还认真地去求助于佛教关于灵魂不死的无稽之谈。据他说，人之所畏，莫大于生死，假若知道"吾有不死者存曰灵魂"，则死无所畏，"死且不畏，余更有何？"他在《论佛教与群治之关系》中反复强调："知灵魂则其希望长，而无或易召失望以致堕落"。"知身为不死之物，虽杀之亦不死，则成仁取义，必无怛怖于其衷。且此生未及竟者，来生固可以补之，复何所惮而不矗矗？"这类言论反映出，改良派的确虚弱到了极度，脱离群众到了极度。

　　第二，用佛教思想破除"私德"，建立"公德"，以统一思想，团结民

---

　　① 梁启超：《论支那宗教改革》，见《饮冰室文集》。

众，调和各种社会矛盾。

据梁启超说，"我国民所缺者，公德其一端也"；"公德缺乏，团体涣散，将不可立于大地"。所谓"公德"，指个人对"人群"、对"国家"的责任心和义务感，也就是"公共团体观念"、"爱国心"。"今吾中国所以日即衰落者，岂有他哉？束身寡过之善士太多，享权利而不尽义务，人人视其所负于群者如无有焉。人虽多，曾不为群之利而反为群之累，夫安得不日蹙也！"①由于历史文化传统形成的"私德"，诸如闭门思过、独善其身，或不问是非、"随意竞争"之类，其结果是"散漫而无所团结"，无法使国家强盛起来。纵观欧洲各国，因"有其全国共同最高之信仰，于以控抟国民而鼓铸之，然后其民乃得有力以自进于高明之地也"。②所以中国强民之重要法则，在"使其精神结集于一团"，以"降习气，制私欲，平党争"。其中"统一之工具不一，而宗教其最要者也"。③

简言之，团结才有力量，要团结就得统一思想，而使思想统一之最好工具，主要是宗教信仰。就能起这种统一作用的宗教言，梁启超认为是佛教最好。因为佛教不但有"控抟国民而鼓铸之"的一般信仰作用，而且它还有说明个别与一般、部分与全体，以及个别与个别、部分与部分等统一关系的道理。他在《莅佛教总会欢迎会演说辞》中，就是通过佛教关于"法身"与"众生"的关系，来发挥这个道理的。"法身者，与众生非一非二，立夫众生之上，而实存乎众生之中。众生妄起分别相，不自知其与法身本同一体，于是造成五浊恶世，扰扰无已"。国家相当于"法身"，国民就是"众生"，"国家与国民之关系亦然。国民不自知与国家本同一体，故对国家生人相、我相，于是乎始有以一己之利益牺牲国家之利益者。人人如是，则国家或几乎毁矣。"他以为这个道理非常有用，"法学家千言万语而未能发挥尽致者，以曾受佛教之人观之，则一言而了耳"。这就是"舍国家之外求所谓我者，了不可得；舍我之外求所谓国家者，亦了不可得。明乎此义，则爱国岂犹待劝也。"他的名言："国家兴亡，匹夫有责"，虽是对顾亭林语的引申，但其理论之本，则在于此。

---

① 梁启超：《饮冰室文集》第19页，见《饮冰室合集》。
② 梁启超：《欧洲政治革进之原因》，见《饮冰室文集》。
③ 梁启超：《宗教家与哲学家之长短得失》，见《饮冰室文集》。

关于"法身"，是佛教大乘有关"佛身"思想的主要理论内容。它的要点，是把佛说教理物化为一切事物的普遍本质，构成一切现象共同的精神本体，其说法虚诞神秘。梁启超显然没有从神秘的角度去接受，而是当做处理个人与国家关系的一般原则和方法来运用。此外，他更喜欢采用华严宗关于"法界缘起"的说法来做发挥。"法界缘起"的中心，是讲"理事无碍"、"事事无碍"的道理，认为所谓"真如"、"法性"遍及于每一事物，每一事物亦都体现着"真如"、"法性"；据此，则每个事物间亦处于"相即"、"相入"、"圆融"无间的联系中。这种观点，充分注意到了现象普遍联系的方面，但它把相互联结、相互制约以及相互反映、相互转化等关系绝对化和神秘化了；虽承认事物"各住自性"，但最终却让它们消融在无差别的境界里。梁启超把这些说法，直接用做团结民众、调和各种势力的理论根据。他说："佛之大乘法，可以容一切，故华严法界，事事无碍，事理无碍……盖世运既有种种之差别，则法制各适其宜，自当有种种不同也。如佛之说法，因众生根器有差别，故法亦有种种不同，而其实法则皆同也。苟通乎此义，则必无门户水火之争，必无贱彼贵我之患，此大同教之规模所以广大也。"① 他曾根据华严宗的缘起思想，作《十种德性相反相成义》，列"独立与合群"、"自由与制裁"、"自信与虚心"、"利己与爱他"、"破坏与成立"等五种对立关系，用华严宗所谓的"相是无碍、相与无碍"加以说明，貌似辩证法，其实是要证明，这些矛盾，"自精神上观之，纯然出于同体之一贯者"。也就是说，要从思想认识上而不是在实际上去解决现实的矛盾。

不难看出，梁启超把佛教思想看成是提高人们认识的工具，当成统一国民思想的指南，这不但极端荒唐，在实际上也必然适得其反。因为从根本上说，当时国民的团结涣散，并不在于全国缺乏什么统一的思想。从秦汉开始，封建统治阶级就非常重视思想的统一问题；随着两宋专制主义的进一步强化，又增补了严酷的文字狱，如不以孔教的是非为是非，不以统治者的意志为意志，几乎再没有任何立论和思考的余地。那结果是人所共知的。至于主张把思想统一于宗教信仰方面，就更加莫名其妙。梁启超曾经注意到个性解放和思想自由对欧洲强盛的作用，可惜并没有给予充分的重视，他津津乐道宗教改革所带来的社会生气，但却完全忽视中世纪宗教统治的黑暗和人民

① 梁启超：《论支那宗教改革》，见《饮冰室文集》。

反宗教统治的流血斗争。这说明他在总结中外历史经验和接受中外文化思想上，都受到他所处的时代和立场的严格限制。

其实，任何一种思想，要想成为统一他人的思想，成为众人共同的指导原则，单纯用宣传教育或硬性灌注的办法是实现不了的，而必须以人们之能够接受作为基本条件。而人们之能否接受，又取决于这种思想能够满足人们现实需要的程度。如果它不能反映人们的意愿，不能解决人们的实际要求，那么，无论把它渲染得如何神圣，也不会起什么作用。所以梁启超尽管在宣扬佛教方面费了不少苦心，结果只能是徒劳的。

第三，用佛教的"法界理想"，阐发"大同世界"。

华严宗的"法界缘起"，充满了诡辩。在理论上，可以推出毛孔能容大海，芥子可纳须弥的昏话；在实践上，则用精神上的无差别，抹杀社会差别，掩饰现实社会中的阶级对立和斗争。梁启超把这种理论和实践加以提炼，就形成论证他的理想社会的特殊方法。

他介绍康有为，"推进化之运，以为必有极乐世界在于他日，而思想所极，遂衍为大同学说"。他分大同学说为三部分，其一，提出大同根据之原理，即"众生本一性海，人类皆为同胞，由妄分别相故，故惟顾己之乐，而不顾他之苦，常以己之自由，侵人之自由。相侵不已，相报复不已，而苦恼之世界成焉。"这是对私有制、家庭和国家起源的解释，几乎完全是重复佛教经籍的一般谰言。其二，说明"世界理想"，主要在介绍"大同世界"本身的政策和措施，其内容在康有为的《大同书》中描述得十分详细。但这一"理想"的精神实质，则本于其三，所谓"法界的理想"。这一名称直接来自华严宗关于"法界究竟、圆满、极乐"的理想，其中又分两种：一种叫"世间之法界"，乃"本佛说舍世界外无法界一语"而立，亦即"于世间造法界"，建世间极乐世界，上述的"大同制"即是据此"苦思力索而冥造"出来的。这一"法界"，虽能消灭社会人生的一切苦恼，但不能解决"死之苦"，所以又冥造出第二种法界，叫"出世间法界"："以灵魂为归宿，使人知身虽灭而有不灭者存"，这样，即可破除分别相，以入于所谓"永久长乐之法界"。[①]

因此，康有为的"大同"理想，虽来自儒家经典，带有浓厚的乌托邦色

---

① 梁启超：《南海康先生传》，见《饮冰室文集》。

彩；但经过梁启超的解释，又全部放到了佛教对"极乐世界"的勾画上。因此，这种理想不仅具有一般空想社会主义的共同弱点，而且由于是借助于佛教迷信，更加脱离科学基础，所以最终堕落成一种净土信仰。

四

梁启超之于佛教，最初还只当做一种说明社会历史和改良政治的理论和方法，因而对它的提倡是有选择的。对于某些教义，特别是关于"出世间"和"现证"部分，往往采取"子不语"的态度。他在《菲斯的人生天职论述评》中评论佛教"欲举一切众生尽入无余涅槃而灭度之"的"宏愿"时说："众生曷为而生？为待灭而生也。以灭为目的，以生为手段，为事已不可解，且云灭尽，灭可尽乎？旋灭旋生，毋乃多事？而况现在含生之俦，教以自求速灭，能倾听复有几人？……而此现生未灭之人类，则茫然不知安归，更不能于现世中得安身立命之道，其不周于世法明矣。"然而，随着他离开时代的潮流越远，对佛教的怀疑和动摇也就越少，最后终于沦为佛教的俘虏，接受了它的世界观。

佛教世界观的理论基础是"缘起"论，亦名"因缘"观，核心是讲"因果"、"业报"。梁启超对这一点的理解十分准确。他说，佛教"其通三乘、摄三藏而一贯之者，唯因果之义"。① 佛在菩提树下思维："宇宙何以能成立？人生何以能存在？佛的答案极简单——只有二个字——'因缘'。"② 他对这个答案备极推崇，可谓始终不衰。他可以把天堂地狱之说归为"权道"，对因果理论则视为永恒真理。早期说，"佛之因果，实天地间最高尚完满、博深切明之学"，③ 晚期说，"从哲学方面看"，它是"最近科学的、最为合理的"，"对于行为责任扣得最紧而鼓舞人向上心又最有力，不能不算是最上法门"，④ 据此，他用以解释个人的祸福，国民的优劣，历史的进化，宇宙的起源，也当做改造国民和改良政治的理论依据。

---

① 梁启超：《论佛教与群治之关系》，见《饮冰室文集》。
② 梁启超：《佛陀时代及原始佛教教理纲要》，见《饮冰室文集》。
③ 梁启超：《论佛教与群治之关系》，见《饮冰室文集》。
④ 同上。

　　佛教"缘起"论的要点，是《阿含经》中反复陈述的："此有故彼有，此生故彼生"。按梁启超的解释，前一句是讲现象"同时的依存关系"，"此"为主而"彼"为从，主要内容在"五蕴"论，由之直接得出的结论是"诸法无我"；后一句是讲现象"异时的依存关系"，"此"为因而"彼"为果，主要内容在"十二因缘"说，由之直接得出的结论是"业报轮回"。1925年10月，梁启超在清华学校（清华大学前身）讲授《印度之佛教》（即《佛陀时代及原始佛教教理纲要》），集中讲的就是这一思想。他运用他的自然科学知识，对十二因缘作了生动而通俗的解释，完全可以看做他晚期皈依于佛理的代表作，也可以当做他对自己一生各种主张的理论总结。

　　佛教"业报轮回"学说的理论表述，是"已作不失，未作不得"。按梁启超的解释："谓今日所造，即后之所承，一因一果之间，其应如响，其印如符，丝毫不能假借"。① 这是佛教原始的基本教理。以后大乘佛教发展起来，内容逐渐繁杂，往往以"缘起"为中心，形成各自不同的庞大体系。梁启超借以发挥这一教理的，乃是以后唯识法相宗的讲法。

　　唯识法相宗的中心命题是"唯识无境"。它用这一道理说明现实世界是如何由人的意识派生出来，而人们又如何可以凭借"识"上的"转依"达到彼岸的理想世界。它特别采用"阿赖耶识"中"种子"与"现行"及其相互"熏习"的概念和关系，说明精神与物质的因果联系和人之行为的因果连续，还采用所谓"三自性"的概念及其关系，说明沉沦世间和解脱涅槃以及由前者达到后者的因果之道。梁启超并没有复述这类特别烦琐的教义，"欲知之者，宣读《楞伽经》及《成唯识论》可也"，而是取其要点，直接运用。

　　首先，他运用"业力"创世的思想，解释社会环境和人生得以产生的原因。他说："佛以为一个人的生命，并非由天所赐予，亦非无因而突然发生，都是由自己的意志力创造出来的。"② 这里的"意志力"即是"业力"，"业"指意志及其支配下的一切行为。早在《论佛教与群治之关系》一文中，他就沿袭佛教的传统说法，把"业"分为两种，一种叫"普通"的"业"，此业"递相熏积相结而成为此器世间"，"器世间"即指生命个体所处的物质环境；另一种叫"特别"的"业"，即"各各灵魂"、"自作自受之"。换言之，不论

---

　　① 梁启超：《宗教家与哲学家之长短得失》，见《饮冰室文集》。

　　② 梁启超：《佛陀时代及原始佛教教理纲要》，见《饮冰室文集》。

是生命个体自身，还是群生共处的物质生活条件，都是"由众生业识薰结而成"，"此二者自无始以来，又互相薰焉，以递引于无穷"。他认为，佛教的这种说法，既避免了"极端的无因论"，也避免了"极端的宿命论"，把创造世界和创造自我的命运，全都交给了每个人自己掌握，最有说服力，也最有实用价值。

后来在《佛陀时代及原始佛教教理纲要》中，梁启超着重发挥了"业力不灭的原则"，更理论化地说明"国民性"形成的历史原因以及改造国家的可行之路。他说："生命并不是纯物质的，所以各人所造的业，并不因物质的身体之死亡而消灭。死亡之后，业的力会自己驱引自己换一个别的方向，别的方式。又形成一个新生命"，当然，也还带着这个"新生命"所处的环境。这种不灭的"业力"像遗传一样，一代代不息地流传下去，由此形成国民的独特性格。他举例说，所谓"清华学风"，"全是自清华成立以来，前后全部师生各个个人身心活动所留下的魂影，霏洒在清华学校这个有机体上头，形成他一种特别性格……中国国民性亦然"。具体说来，"一个人的活动，势必影响到别人，而且跑得像电子一般快，立刻波荡到他所属的社会及人类全体。活动留下的魂影，本人渍得最深，大部分遗传到他的今生或他的子孙，是之谓'自分别业'（即特别业），还有一部分，像细雾一般，霏洒在他所属的社会乃至全宇宙，也是永不磨灭，是之谓'同分共业'（指普通业）。"因此，可以说，所谓国民性乃是每一国民的思想行为自身相互影响和无限连续的结果。他认为，我们国家落后的原因，既不在社会制度，也不在政治腐败，更不在帝国主义侵略，而在于我们每个人造业所致："天下事无无果之因，亦无无因之果。我辈积数千年之恶因，以受恶果于今日"。[①] 据此，拯救国家，改造社会，也必须从我们每个人做起："学道者，一当急造切实之善因，以救吾本身之堕落；二者急造宏大之善因，以救吾所居之器世间之堕落"，如果"我辈今日而亟造善因"，"递续不断"，则"吾国遂可以进化而无穷"。他认为这种因果论，比"进化学"还要详尽："近世达尔文、斯宾塞诸贤言进化学者，其公理大例，莫能出此二家之范围，而彼则言其理，而此则并详其法。"[②]

---

① 梁启超：《论佛教与群治之关系》，见《饮冰室文集》。
② 同上。

　　梁启超按照这种因果论，直接论证他之提倡政治改良的合理性，并借以树立必定成功的信心。他说："有志世道者，其勿递责后此之果，而先改良今日之因而已。""改良今日之因"，在于破坏："盖当夫破坏之运相迫也，破坏亦破坏，不破坏亦破坏；破坏既不可免，早一日则受一日之福，迟一日则重一日之害。"[①] 这种把破坏旧的文化传统当做社会改革的必然前提，在当时的社会作用是积极的，但由于佛教因果论自身的错误，使他能同样得出反对革命、反对破坏的结论来。辛亥革命以后，他写了极不光彩的《革命相续之原理及其恶果》，攻击二次革命："种瓜得瓜，种豆得豆，革命只能产生革命，决不能产生出改良政治"。这里采用的就是用"征因知果"的方法：革命只能破坏，种破坏之因得破坏之果，所以社会的混乱恶浊，不但不会被革命所涤荡，而且还会使之更加严重。

　　佛教一进入中国，它的因果论就得到优先传播，隋唐以后，几乎影响着各个思想领域，在宋明以来的戏剧小说中，成了最流行的陈词滥调。这样的因果论，即使撇开那些"三界"、"六道"，"流转"、"轮回"的鬼话，在理论上也是错误的。第一，现象的因果联系，只是普遍联系的一种，所以必然要受到其他各种相应的条件所制约，而绝不能孤立地发生作用。所谓"种瓜得瓜，种豆得豆"，只是一种抽象；在现实中，这一过程要通过一系列中间环节才能实现；其中抽去任何一个必要条件，它就不成其为真理。特别是在社会领域里，情况更加复杂，所谓"善有善报，恶有恶报"，更不是无条件可以成立的。第二，现象的因果联系，是事物自身的客观属性，绝不应主观强加于事物或随意幻想出来。佛教的因果论既是主观片面性的，也是主观随意性的，以致在讲究"因果感召"时，达到了超越时空、联结生死的程度，同它的宗教虚构混成不可分割的整体。

　　但从哲学基本观点上说，梁启超本人则以调和唯物主义与唯心主义自居。他在1920年欧游回国总结当时的哲学思潮时说，"西洋文明，总不免将理想、实际分为两橛，唯心、唯物各走极端。宗教家偏重来生，唯心派哲学高谭玄妙，离人生问题却很远，科学一反动，唯物派席卷天下，把高尚的理想丢掉的，顶时髦的社会主义，结果也不过抢面包吃，这算得人类最高目的吗？所以最近提倡的实用哲学、创化哲学，却要把理想纳到实际去，图个心

---

　　① 　梁启超：《饮冰室文集》第 77 页。

物调和。"① 他的后期，也正是从这个立场去接受和解释佛教世界观的。就在上述他讲述"因缘观"的那篇文章中，非常明确地提出"主观的能认识之识体与客观的所认识之对象相交涉、相对待而成世界"的观点。他按佛教说法，把"五蕴"归结为"名色"，说明"离主观则客观不能存在，离客观则主观不能存在……宇宙万有皆藉此种认识论的结合而得有存在之相"。用这一观点解释"十二因缘"，就特别看重"识"与"名色"两支："识"支为"能认识之主观要素"，"名色"支为"所认识之客观要素"，二者构成"因果连锁"、"组织成人生之一期"的"最主要的枢纽"。据此，他甚至反对"说万有不过人心幻影构成"的"极端的观念论家"。

　　这里附带说明，梁启超把他所采用的唯识法相家的学说，归结为二元论的说法，影响颇大，解放后也还有人这样主张。然而，其实是不正确的。因为按"唯识无境"的本来含义，"主观即构成客观之一条件，客观亦即构成主观之一条件"，是仅就具体的认识过程讲的，超出这个范围，就本体论言，例如在唯识宗论证"唯识无境"的根本命题时，在阐述"三能变"的道理时，主观和客观的这种互相联结的情况就变了，它倒都成了主体"识"的派生现象。梁启超在《无我论》中把这一点也说得非常清楚："认识之成立，必由主客两观相对待。无主观则客观不能独存，外而山河大地，内而五官百骸，苟非吾人认识之，曷由知其存在？既已入吾识域而知其存在，则知其绝不能离吾识而独立，故佛家谓此为识所变"，因此，他明确判定物质世界（色）为"感觉的客观化"。这是十足的主观唯心主义，二元论只是他自己一厢情愿的幌子。

　　其实，就是在解释"五蕴"论中，梁启超也是贯彻这种主观唯心主义的。他在《无我论》中说："色、受、想、行，皆识所变现，一识蕴即足以包五蕴。所以立五名者，不过施设之以资观察之便利，谓意识之过程有此五者而已。"对于"十二因缘"的解释，更是如此。上述"识"支被认定为"主观因素"，"名色"支唤做"客观要素"，而"名色"支本身就是一切物质现象和精神现象的概括；按照"十二支"的"因果连锁"说，"识缘名色"，则一切物质的和精神的现象，全是因"识"而生的结果。"识"还有原因，叫做"无明"与"行"。据梁启超说："现在的生命，乃由过去的'无明'与

---

① 梁启超：《欧游心影录》，见《饮冰室文集》。

'行'所构成"。而"无明"是愚昧无知,"行"是"意志之活动",所以此二者合起来,只是把"识"的内容具体化了:人生与世界都是由一种糊涂的意志所造成。梁启超的后期,特别强调"意志力"的作用,他解释"业"为"意志力不断的活动",同解释"行"为"意志之活动"一样,都是不很确切的,他之所以硬要这样注解,是因为他欣赏这个东西,崇拜这个东西。他自己曾经说过:"唯心哲学,亦宗教之类也。吾国之王学,唯心派也。苟学此而有得者,则其人必发强刚毅,而任事必勇猛"。① 他最后实际上走上了意志创造世界的"极端观念论",乃有其一贯的思想基础。

如果说,在哲学基本问题上,梁启超接受佛教唯识家的说法,完全否认有不依赖于人的意识而独立存在的客观物质世界,那么在认识论上,则接受佛教般若学的影响,从根本上怀疑人们认识客观真理的能力。据他认为,人类通常的毛病是自视过高,以"我"为"万物之灵","以五官所经验,谓足穷事物之情状;以意境所幻构,谓足明宇宙之体用,故见自封,习非成是,湮复真理,增长迷情"。② 这就是典型的佛教"般若"理论。从"般若"看,人的世俗认识,不论是感性的还是理性的,都不具有把握真理的能力;世俗人不懂这个道理,总以为自己的认识反映了客观实际,其实是主观的"执着",或曰"迷情",出自虚妄分别。由此,梁启超认为,作为一切事物自性的代称的"我",就是"虚妄分别"的结果:"吾所谓我者,不过心理过程上一种幻影,求其实体,了不可得"。"我"既如此,则与我相对的客观世界即"我所",也是虚妄不实。所以认识过程中"主观"和"客观"的联结,只是"识体"同其自身幻影间的联结,人的认识活动,就是识体摄取自己的幻影的活动。至于客观真理,世俗认识是不可能达到的。

这样,梁启超就由认识论上的不可知论,进一步转向了相对主义:"宇宙间是否有绝对的真理?我们越发研究,越发怀疑。即如……万人一律的美人标准,偏有第一万零一人不肯承认。何以见得那一万个人一定'是',这一个人一定'非'?你说人类要过合理的生活,我就要先问你,什么才算合理?'理'是那一门的学者所能包办?你说凭效率判断,我就先要问,量效

---

① 梁启超:《宗教家与哲学家之长短得失》,见《饮冰室文集》。

② 梁启超:《无我论》,见《饮冰室文集》。

率的尺度在那里?"① 如此类推,不但好恶是非等因人而异,即使胜负成败也没有确定的界限。

　　早期的梁启超曾经用这种相对主义激励过士气。例如在《保国会演说词》中引孔子"知其不可而为之"的话说,中国的士大夫不应该"俯首帖耳,忍气吞声,死心塌地,束手待亡",要认识到"天下事可为不可为,亦岂有定哉! 人人知其不可而不为,斯真不可矣; 人人知其不可而为之,斯可矣"。但当他的政治活动全部失败以后,又用这同样的相对主义当做精神胜利法,自我安慰。例如他作《"知不可而为"主义和"为而不有"主义》,以为天下事本无所谓成功和失败,其所以被认为有这样的事,那是全"被成败利钝的观念所误"。他要求青年人"在所处的混浊社会中",打破这种"人类无聊的计较观念",以"寄托我们的精神生活",当做"失败中的鼓舞,烦闷中的清凉,困倦中的兴奋"。

　　这种认识上和成败上的相对主义,不只使他自己的思想和行动失去了科学的根据,而且对科学的可靠性也产生怀疑。他认为,科学能使人犹豫动摇,只有信仰才能使人坚定勇猛。他曾经宣布:他做事情的基础,一是"兴趣",二是"责任心"。于心所安就是"责任心",任凭"感情"和"信仰"之所至,就是"兴趣"。所以做事要不问是非好恶,不计利害得失,无所谓目的,也不管什么效果。他在《评非宗教同盟》中,进一步发挥说:"人生不过无数量个人,各各从其所好,行其所安,在那里动。所好所安,就是各个人从感情发出来的信仰。"所以感情的结晶,就是信仰。他提出:"信仰是神圣。信仰在一个人为一个人的元气,在一个社会为一个社会的元气","我们国民一种防腐剂,最要紧的是确立信仰。"至于这种信仰是否合理,那是科学和理性所不能判断的。理性并"不能叫人做事,能叫人做事的,只有感情"。尤其是要"发心着手做一件顶天立地的大事业,那时候感情便是威德巍巍的一位皇帝,理性完全立在臣仆的地位"。这样,梁启超又导向了非理性主义和信仰主义。

　　最后,该回答那些把梁启超视为佛教的护法者,且自己也热衷于佛教救世或宗教救世的人们了:

　　第一,早年的梁启超,无疑属于那类"为了使国家复兴,不惜艰苦奋

――――――――――

① 梁启超:《评非宗教同盟》,见《饮冰室文集》。

斗、寻找革命真理"的先进分子，对于民族的觉醒，起过启蒙的积极作用。他研究中外历史和学术思想，包括他对宗教的鼓吹，对佛教的赞赏，都是为了政治改良的目的，而不是为了挽救佛教必然衰落的历史命运，复兴对佛教的信仰。他的悲剧在于：严重脱离群众，脱离实际，使他始终不能找到一条救国救民的正确途径，不能发现认识世界和改造世界的正确的思想武器。

第二，梁启超把国家的强弱归结为国民的性格，又把国民性格归结为国民的精神状况，因此，改革国家的着眼点也主要集中在改造"国民性"上，这是他宣传宗教信仰和佛教教义的思想基础。以后逐步发展到菲薄理性，蔑视科学，同五四运动的时代潮流背道而驰；其结果是做了佛教的俘虏，被汹涌澎湃的革命洪流所淘汰。他自己是彻底失败了，同时证明，宗教救国或佛教救世的主张，是完全行不通的。

第三，马克思说："宗教是麻醉人民的鸦片烟"，这一揭示宗教本质的话，在梁启超的一生中也得到了印证。由于他接受了佛教的世界观，使他日益脱离群众，脱离现实，堵塞了继续探求真理的道路，扑灭了他那火样的爱国热情。曾经力图用信仰以刺激国民精神，不但没有成功，回过头来，反起了麻醉他自己灵魂的作用。

马克思主义在中国的胜利，宣告一切宗教救世说的破产。历史证明，能够指导我们国家求得解放并继续前进的只有马克思主义。

从《无神论》到《建立宗教论》
——兼论章太炎对佛教的选择

《无神论》和《建立宗教论》是章太炎先生（1869—1936）的两篇论文，比较集中地阐述了他的宗教观点。现在作为我的论文题目，主要想通过这位既是国学大师又是革命鼓动者的宗教观，看看对我们今天的文化建设是否会有些什么启发。

一

"无神论"（atheism）是个外来语，古代中国没有这个词汇。以太炎先生的学识，当然不会不知道这个词的本义。然而他就用这"无神论"为题作文，发表在1906年的《民报》第八号上。"无神论"一词或许就是在这个时候被正式引入中国的；于是在我国"疾虚妄"、"神灭论"、"无鬼论"等反对超自然神秘主义的文化传统上，又增加了一个极重要的新概念。

在中国近代史上，继戊戌变法和义和团运动的失败，接踵而来的是民族民主革命的高涨。这是中华民族最具活力的历史时期之一，也是章太炎一生中指点江山，激情四射，"所向披靡，令人神往"的年代。他在学术上用字古奥，所论多采佛学术语，所以读起来他的文章来令人吃力，又感到枯燥费解。但我们看与他曾经同狱的"小弟"邹容的《革命军》，即能感受到当时革命党人的那种热血沸腾和不挠不挠的战斗精神。在《无神论》等文的枯涩背后，其实就蕴涵着这类激昂的革命热情。

《无神论》所"无"的对象是"唯神论"，具体指印度的"吠檀多之说，建立大梵"，以及"似吠檀多派而退者，则基督、天方诸教"。这一指向，与西方对"无神论"一词的理解是一致的，与我们今天用来否认一切鬼神论和偶像崇拜，有所不同。

为什么在革命的前夜，政治任务急迫的时刻，他反过来批判那种似乎离题很远的唯神论？章太炎解释说："唯物之说，犹近平等；唯神之说，崇奉一尊，则与平等绝远也。欲使众生平等，不得不先破神教。故就基督、吠檀多辈论其得失。"推翻帝制，建立民国，是争取众生平等的第一要义，当然不能容忍"崇奉一尊"的观念再继续下去；但他特别选择了"基督教和吠檀多辈"作为破除的对象，而不是中国固有的鬼神迷信，值得特别回味。

此"吠檀多"当泛指婆罗门教中的"梵天"创世说。在当时爱国的中国文人心目中，印度被殖民主义者长期统治而缺乏抵抗的精神，显示了它的软弱一面，因而不足为革命者效法，且它的宗教也不能成为争取"平等"的武器。八国联军的直接起因是"教案"；基督教被帝国主义当做文化侵略的工具，强加于中国人民的头上，成了维系以不平等待我之民族的一种枷锁。因此，章太炎把他的批判重点，主要放在基督教上，就不是随意的了。

《无神论》对基督教之"破"，用的是揭示基督教的逻辑矛盾的方法："基督教之立耶和瓦①也，以为无始无终，全知全能，绝对无二，无所不备，故为众生之父。就彼所说，其矛盾自陷者多。"于是他逐一地质疑说：

首先，"'无始无终'者，超绝时间之谓也。既已超绝时间，则创造之七日，以何时为第一日？若果有第一日，则不得云无始矣；若云创造以前固是无始，唯创造则以第一日为始，夫耶和瓦既无始矣，用不离体，则创造亦当无始；假令本无创造，而忽于一日间有此创造……则此耶和瓦者，亦必起灭无常，而何'无始'之云？"同样，"既已超绝时间，则所谓末日审判者，以何时为末日？果有末日，亦不得云无终矣；若云此末日者，唯是世界之终，而非耶和瓦之终，则耶和瓦成此世界、坏此世界，又何其起灭无常也……此耶和瓦者，亦必起灭无常，而何'无终'之云？是故'无始无终'之说，即彼教所以自破者也"。

复次，"'全知全能'者……今试问彼教曰：耶和瓦者，果欲人之为善乎，抑欲人之为不善乎？则必曰，欲人为善矣。人类由耶和瓦创造而成，耶和瓦既全能矣，必能造一纯善无缺之人，而恶性亦无自起；恶性既起，故不

---

① 今译耶和华。

得不归咎于天魔……彼天魔者，是耶和瓦所造，抑非耶和瓦所造耶？"若是，"则与欲人为善之心相刺谬也"；若非，"则此天魔本与耶和瓦对立，而耶和瓦亦不得云绝对无二矣……若云耶和瓦特造天魔以侦探人心之善恶者，耶和瓦既已全知，则亦无庸侦探。是故全知全能之说，又彼教所自破者也"。

第三，"'绝对无二'者，为其独立于万有之上也"。那么，在造万有时，"为于耶和华外无质料乎，为于耶和瓦外有质料乎？"若说之外"本无质料，此质料者皆具足于耶和瓦中，则一切万有亦具足于耶和瓦中，必如庄子之说，自然流出而后可，亦无庸创造矣……若云耶和瓦外本有质料……则此质料固与耶和瓦对立……适自害其'绝对'矣。是故'绝对无二'之说，又彼教所以自破者也"。

最后，"'无所不备'者，谓其无待于外也。则问此耶和瓦之创造万有也，为有需求乎，为无需求乎？若无需求，则亦无庸创造；若有需求，此需求者当为何物何事？则必曰善耳，善耳。夫所以求善者，本有不善，故欲以善对治之也。今耶和瓦既无所不备，则万善具足矣，而又奚必造此人类以增其善为？人类有善，于耶和瓦不增一发；人类不善，于耶和瓦不损秋毫。若其可以增损，则不得云'无所不备'也。且世界之有善恶，本由人类而生，若不创造人类，则恶性亦无自起。若云善有不足，而必待人类之善以弥缝其缺，又安得云'无所不备'乎"。

据此，章太炎总结说，"基督教以此四因成立耶和瓦为众生之父"，而此四因"本不足以成立，则父性亦不极成。虽然，姑就父性质之，则问：此耶和瓦者，为有人格乎，为无人格乎？若无人格"，则亦如人之"有赖于空气、地球；非空气、地球则不能生，然不闻以空气、地球为父。此父天母地之说，所以徒为戏论也。若云有人格者，则耶和瓦与生人各有自性。譬如人间父子，肢体既殊，志行亦异，不得以父并包其子，亦不得以子归纳于父"。若耶和瓦真有做父的资格，则"未见能独父而生子者，要必有母与之对待。若是，则耶和瓦者必有牝牡之合矣。若云不待牝牡，可以独父而生。此则单性生殖，为动物之最下阶，恐彼耶和瓦者乃不异于单性动物，而夜光、浸滴诸虫，最能肖父；若人则不肖亦甚矣"。

如此说起来，基督教的上帝创世造人之说，不但矛盾重重，且对上帝本身也大不恭，所以不可以接受。然而，尽管"其宗教之过"如此，实不足以成立，但此论"尚不能以神为绝无"。为了论证"神为绝无"，他又进一步推理，揭示"万物必有作者"这一宗教论断的逻辑矛盾，使这一命题成为不可能，同时批评了康德在神问题上的不可知论。他这里使用的推理方法，是大乘佛教关于"无我、无作者"的论法。由于过于专业，不拟复述。

总之，《无神论》在方法论上虽不无可商榷之处，其反对上帝造物，否认"神"的真实存在方面则是非常彻底的，但他并非因此而否定宗教的价值；相反，他认为中国必须有自己的宗教，并提出了这一宗教的设想。这就是他的另一篇论文《建立宗教论》论及的主题。

二

在1906年《民报》第六号上，刊登了章太炎的《演说录》，认为当时的革命事业，要获得成功，"第一要有感情。没有感情，凭你有百千万亿的拿破仑、华盛顿，总是人各一心，不能团结"。团结是办好中国事的基本前提。而"要成就这感情，有两件事是最重要的，第一是用宗教发起信心，增进国民的道德；第二是用国粹激动种性，增进爱国的热肠"。他这里讲的"信心"，是民族的自信心，不是对神的信仰之心；他所谓的"道德"，主要指国民的社会责任，而不单纯是个人的善行。《建立宗教论》就在论证建立能够激发民族自信和国民责任的宗教的可行性，并陈述了它的核心教义"依自不依他"、"自尊无畏"的理论基础，也就是排除了一切唯神论的佛教唯识学。

为什么要以唯识学作为建立宗教的指导性理论？文章认为，世界宗教种类很多，它们的"高下胜劣不容先论，要以上不失真，下有益于生民之道德为其准的"。按照这上不失真、下有益于民的标准，他认为唯有唯识学可以当之。

中国佛教的唯识学，始于南北朝，至唐玄奘和窥基、圆测而集大成。按照《成唯识论》的框架，它的中心命题是"唯识无境"，以两个基本概念，即"能变"和"带相"作为支撑，由之说明"八识"的内部结构和内在运动，从而形成了一个论证人创造人和决定人，同时创造周围环境和决定周围环境的庞大体系，使一切人外的力量，尤其是神，失去存在的基础。将唯识学这一理论框架概括起来，并用以解释谬误之所以形成，以及如何把握真如、获得终极解脱的，又有一套相对独立的学说？名"三自性"，所谓"遍计所执自性"、"依他起自性"、"圆成实自性"。章太炎即以此"三自性"说，证明他理想的无神论的道德宗教，是可以建立起来的。

由于"三自性"与"八识"说的关系异常密切，所以细讲起来十分烦琐。根据章太炎的解释，可以作这样的简要介绍：山河大地、世界万有等世间一切现象，无不依据特定的条件而存在、而变化，但说到底，是依"识"而存在、而变化。就"八识"来讲，世间一切现象，相当于除第六意识之外的其他七识的"虚妄分别"，以及由虚妄分别导致的种种表象和概念；因此，世界万象无不依"识"而生，依"识"而在，依识而变，此等现象界的性质，名"依他起自性"。如果"第六意识"将这些虚妄分别的表象或概念视为真实，执为有独立自性的客观实在，即所谓"我"或"法"，那就是谬误，是最普遍的一类主观偏执，此称"遍计所执自性"。如果从概念或表象中除去"我执"和"法执"，就会发现形成它们的原因乃是"识"，一切现象的根本属性乃是"识性"，亦即"真如"，是谓"圆成实性"。此"圆成实性"是绝对的真实，是不以人的思想意识为转移的客观存在，故又名"离言自性"。

以此为标准，章太炎对世界诸大宗教进行评判：像"大梵安荼、耶和瓦辈，不可为训者何也？彼以遍计所执自性为圆成实自性也。言道在稊粏、屎溺者，非谓唯此稊粏、屎溺可以为道；言墙壁、瓦砾咸是佛性者，非谓佛性止于墙壁、瓦砾。执此稊粏屎溺、墙壁瓦砾以为道只在是，佛只在是，则遍计所执之过也……高之至于吠陀、基督、天方诸教，执其所谓大梵、耶和瓦者，以为道只在是，神祇在是，则亦限于一实；欲取一实以概无量无边之实，终不离于遍计矣……非特神教为然也，释教有无量寿佛之说，念之者得生净土……何以异于人天诸教？"是故"居今之世欲建立宗教者，不得于万有之中，横计其一为神；亦不得于万有之上，而虚拟其一为神"。

章太炎厌恶佛教的净土宗和密宗，在他看来，此二宗派与其他唯神教有相同之处，是把佛亦执之为神我，犯了"遍计所执"的错误。佛是"觉"的拟人化，"觉"是对唯识性的把握，唯识性遍及一切世界万有而为万有的本质；因此佛绝不限于某个人，甚至不应该限于"有情"。用某个人格神作为世界和人生的本体，不可能解释这世界的"无量无边之实"。

他进一步用"八识"、"三自性"揭示有神论的错误原因，谓："说神我者，以为实有丈夫，不生不灭。其说因于我见而起，乃不知所谓我者，舍阿赖耶识而外更无他物。此识是真，此我是幻；执此幻者以为本体，是第一倒见也"。阿赖耶识是一种真实的存在，包含"圆成实性"；"我"只是末那识缘阿赖耶识所起的幻觉；执此幻觉以为实"我"，就是"遍计所执"。遍计所执的特性，是以幻为真，以无为有，所以是完全颠倒的认识。

复次，说神教者，"其所崇拜之物不同，其能崇拜之心不异。要以藐尔七尺之形，饥寒疾苦，辐辏交迫，死亡五日，乐欲不恒，则以为我身而外，必有一物牵逼我者，于是崇拜，以祈获福。此其宗教，则烦恼障实驱使之"。此外，或因"所见所闻，不出咫尺，其未知者，乃有无量恒河沙数；且以万有杂糅，纷不可理，而循行规则未尝衍于其度，必有一物禁辖而支配之，于是崇拜以明信仰。此其宗教，则所知障实驱使之"。此"烦恼障"、"所知障"也是唯识家常用的一对词汇，表明人们不得自由，或由于"烦恼"造成的——这里特指对人生苦恼的无奈，妄想有一个外在的神，可以通过祈福去解决，实际上是在受烦恼的继续奴役；或由于认识（所知）上的原因——此处特指对未知领域的神秘感而导致的盲目的信仰，这种信仰的实质，是继续受禁于无知，被盲目支配。

最后，章太炎指出，执神为有者的"有"，"特人心之概念耳"。有神教之错误，在于"不能退而自观其心，以知三界唯心所现，从而求之于外；于其外者，则又与之以神之名，以为亦有人格。此心是真，此神是幻，执此幻者以为本体"。"心"属"圆成实"；"幻"属"依他起"，"执幻者以为本体"即是"遍计所执"。将"神"的幻象或神的"概念"，当成世界万有的"本体"，就是唯神教之错误的认识论原因。如此推论，一切有神教都是不懂"依他起性"，迷于"真如"造成的，是认识颠倒的产物。

说到这里，章太炎转而采用《起信论》的思想，谓：众生之迷，"依觉故迷；若离觉性，则无不觉。以有不觉妄想之心，故能知名、义，为说真觉；若离不觉之心，则无真觉自相可说。是故概念虽迷，迷之所依，则离言而实有。一切生物，遍在迷中，非因迷而求真，则真无可求之路。由此可知，冒万有者，唯是概念。知为概念，即属'依他'；执为实神，即属'遍计'。于概念中，立真如名，不立神名——非斤斤于名号之差殊，由其有执、无执异耳"。

这段话讲了三个意思：一、按唯识家说，阿赖耶识种子是世界的本原；种子的最普遍形态，是"名"，即概念；故世界万有，不出概念范围。二、在三自性中，概念的性质属"依他起"；那种认为"神"的概念即是真实存在的观念，则是"遍计所执"，是对概念的迷失。三、"迷"本乎"觉"，概念本乎"离言自性"；表达"离言自性"的概念是"真如"，故真如之名与神之名，虽同为概念，而"神"的观念是执概念为"实"，所以是认识上的颠倒；"真如"概念表达的是认识上的真实，因而可以成为立宗的根据。

于是，章太炎否定了有神论宗教，而建立起"以自识为宗"的无神教。他论述说："诸事神者，皆起于增益执"，即于"依他起"上添加了本无所有的"神"。"今之立教，唯以自识为宗。识者云何？真如即是唯识实性，所谓圆成实也。而此圆成实者，太冲无象，欲求趣入，不得不赖依他；逮其证得圆成，则依他亦自遣除。故今所归敬者，在圆成实性"。接下来，就广论这一宗教的含义及其实际意义："一切众生，同此真如，同此阿赖耶识。是故此识非局自体，普遍众生，惟一不二。若执著自体为言，则唯识之教即与神我不异。以众生同此阿赖耶识，故立大誓愿：尽欲度脱等众生界，不限劫数，尽未来际"。这就是说，他的宗教反对把阿赖耶识解释为只属于"我"的"自体"，从而也就反对把世界万有的创造权和决定权，以及真善美的属性，仅仅归诸于某一个体的"我"上；阿赖耶识人人皆有，遍及一切众生，这表明，"唯识性"真如，也是人人具备。关键是，众生尚未发现自己的创造能力和自己掌握自己命运的能力，平等地具备真善美等美德，一句话，是处在不知不觉中。菩萨是众生中的先知先觉者，故立大誓愿：尽欲度脱一切众生，不达目的，决不罢休。菩萨的这一责任，主要是以先知先觉或后知后觉，去觉不知不觉。在当时就是制造革命舆论，宣传群众，启发民族民主革命的自觉。

根据上述教理，章太炎提出只度"有情世间"而非度"器世间"的主张。据他看来，"释教非不厌世，然其所谓厌世者，乃厌此器世间，而非厌此有情世间。以有情世间堕入器世间中，故于济度以出三界之外"。譬如人在"漏舟"之中，波涛上浸，即当沦溺，舟中之人，无不厌此漏舟，欲弃之另寻木筏，免遭沦陷；故厌之者漏舟，而非漏舟中人。这与"蠚遁甘节之夫"相反，彼所厌者，则是人群。二者虽同是厌世。实为殊途，如冰与炭。因此，文章认为，"大乘有断法执。而不尽断我执；以度脱众主之念，即我执中一事——特不执一己为我，则以众生为我耳"。"一己为我"，是小我，是神我；"以众生为我"，是大我，是真如。神我是假；真如是真。

当然，关于"我"的解释是章太炎自己的发挥。他对"厌世"的解释，也不全是佛教的本义。被视为佛教权威的鸠摩罗什，对大乘与小乘在教理上的区别有个被中国佛教普遍接受的说法，是"大乘说二种空：众生空（即断我执）、法空；小乘论，说众生空"。就是说，在"断我执"上，大乘与小乘没有根本区别；说大乘"断法执"，那更加离谱了——章太炎把"法"理解为"器世间"，本身即与佛家原意不符。尽管如此，他强调反对"尽断我执"，却突出地表现了他贵重生命，积极生活，力图清洗佛教人生哲学中的消极一面。反对"尽断我执"，在佛教即意味着拒绝"无余涅槃"；为了一切众生的利益而作"菩萨一阐提"，更是抓住大乘菩萨行的要点。

于是，"一切为利益众生之念"，就成了章太炎建立唯识宗教的根本目的。他在另外的论文中，曾大力赞扬"菩萨一阐提"精神，认为为了众生的利益，个人可以永不涅槃，永不成佛。由此他批评"缁衣之士，唯有消极之道德，更无积极之道德可以自见"。他特别赞扬了"（唐）宗密之匡李训，（明）紫柏之忤阉党"，认为这是缁衣中的例外，但却应该成为缁衣之模范。

另一方面，章太炎主张厌弃"器世界"，显然也有所指，那就是厌恶当时在朝和在野普遍存在的物欲熏心，漠视众生利益的风气；其不满于缁衣之士，则是厌恶那些不问国事的褊狭情绪。他要把他的唯识学建设成为积极进取的道德宗教，用以振奋民心，凝聚民众，激发革命热情。

于是有"问者曰：立教以唯识为宗，识之实性，即是真如；既无崇拜鬼神之法，则安得称为宗教"？章太炎的回答是，诸立神教者，必以其神为有人格，其崇拜诚无可议，"然其神既非实有，则崇拜为虚文耳……识性真如，本非可以崇拜，惟一切事端之起，必先有其本师，以本师代表其事而施以殊礼者"，如士人之拜孔子，胥吏之拜萧何，匠人之拜鲁班，衣工之拜轩辕，"彼非以求福而事之，又非如神教所崇拜者，本无其事而崇拜之；以为吾之学术出于是人，故不得不加尊礼。此于诸崇拜中最为清净。释教亦尔……尊其为师，非尊其为鬼神……禅宗丹霞，尝烧木偶……百丈固言，'唯立法堂，不建佛殿'，则无造像之事可知也。至于云门之诃佛，则非特破相。而亦破名……"

西方学者，多视佛教为无神论者；在中国，自觉用无神论诠释佛教的，章太炎当首屈一指。他把偶像崇拜从佛教中驱逐出去，则与那些将偶像佛教当做"利乐有情"的主张区分开来。

三

章太炎自述他的唯识学最初得自狱中所读《瑜伽师地论》。如果属实，他的唯识学应该是标准的印度瑜伽行学派了。但综其所论，难说纯粹。他把"真如"与"真觉"混为一谈，至少作为唯识学重镇的支那内学院一派就不会赞同；而他强调在名言概念之外尚有"离言自性"的存在，从而承认外向认识和学习的必要性，与内学院的主张固然一致起来，但又有悖于中国佛教界特别崇尚《起信论》的自满自足之说。他的唯识学，就像他的佛教观一样，其实都是他个人对佛教文献的新发明，是为了树立"自立"的国民精神，争取众生平等的地位，服务于群生利益的。

这些思想多分散在章氏的其他论著中。其中最理论化的，当属《齐物论释》①。此释直指名教，认为唯有"破名家之执"、"涤除名相"，才能达到真正的平等；这样的平等也才是庄子"齐物"的本义。所以释文开宗明义："齐物者，一往平等之谈，详其实义，非独等视有情，无所优劣。盖'离言说相，离名字相，离心缘相'，毕竟平等，乃合'齐物'之义……其文既破名家之执，而即泯灭人、法兼空见相，如是乃得荡然无阂。若其情存彼此，智有是非，虽复泛爱、兼利，（而）人我毕足，封畛已分，乃奚'齐'之有哉。"

在中国，以佛教性空之说反对名教，始于魏晋时期的般若学，当时曾给君君臣臣的儒教伦理以极大的冲击；《齐物论释》大约写于辛亥革命之前，若将魏晋时期的佛学作为参照，能更明显地看出释文的指向。唯一不同的是，章太炎不仅采用了《般若经》的论点，更多的是发挥唯识家言；他对名教的批判，也不限于对封建观念和封建秩序的否定，而且是自觉到了大众的利益。他评点的《齐物论》，贯彻的就是这一基本理念："夫能上悟唯识，广利有情，域中故籍莫善于《齐物论》。"我们不妨这样看：章太炎发明《齐物论》的这一新义，其实是出于他对佛教唯识学的独家心得。

在20世纪之交，中外诸种文化和宗教本已开始聚集于中华，章太炎为

---

① 《齐物论释》，见《章太炎学术论著》，浙江人民出版社1998年版。

什么独钟情于佛教，而尤其是佛教中的唯识家？这一问题，在他《答铁铮》①一文中回答得坦率而扼要，可作为他革命初期的思想代表：

> 顾以为光复诸华，彼我势不相若，而优胜劣败之见，既深中于人心，非不顾利害、蹈死如饴者，则必不能以奋起；就起，亦不能持久。故治气定心之术，当素养也。明之末世，与满洲相抗百折不回者，非耽悦禅观之士，即姚江学派之徒。日本维新，亦由王学为其先导。王学岂有他长？亦曰"自尊无畏"而已。其义理高远者，大抵本之佛乘⋯⋯支那德教，虽各殊途，而根原所在，悉归于一，曰"依自不依他"耳。上溯孔孟荀，下迄陆王颜李，虽虚实不同，拘通异状，而自贵其心，不以鬼神为奥主，一也。佛教行于中国，宗派十数，独禅宗为胜者，即以自贵其心、不援鬼神，与中国心理相合。故仆于佛教，独净土、秘密二宗有所不取，以其近于祈祷，猥自卑屈，与勇猛无畏之心相左耳。

简言之，从文化传统中吸取"自尊无畏"以培植革命精神，是他研究佛教的出发点和归宿；他之提倡无神论，是有鉴于鬼神之说令人猥自卑屈，不利于"自尊无畏"精神的培养。他把中国的传统德教归之为"依自不依他"，用的就是佛教语言；他看中禅宗，原因也在这里。然而，他毕竟没有归心于禅宗。为什么？因为禅宗的末流，徒施机峰，"其高者，止于坚定，无所依傍，顾于唯心胜义，或不了解，得其事而遗其理"。他选择唯识家言，则不但得其事，而且是得其理的。他说："仆所以独尊法相者，则自有说。盖近代学术，渐趋实事求是之途；自汉学诸公分析条理，远非明儒所能企及。逮科学萌芽，而用心益复缜密矣。是故法相之学，于明代则不宜，于近代则甚适：由学术所趣然也"。此"法相"即唯识学，重概念分析和经验实证，以分类下定义的方法和因明的逻辑证明，构建自己的理论系统，所以论事不限于辞藻，说理不止于独断，立论也不满足于譬喻，而总能推因及果，反复论辩，以求论点的自圆其说。这样，在思维方式上，就有许多与近代哲学相似之处，以至当代学者多将唯识学与贝克莱和康德哲学作比较，这是章太炎特别推崇法相的书面上的理由：学术亦须与时俱进。而实际上，他是努力想把

---

① 《答铁铮》见《章太炎集·杨广集》，中国社会科学出版社1995年版。

法相学的唯心哲学，当成他激发"自贵其心，不依他力"，从而树立起"自尊无畏"的国民性格。

盖唯识学将自然界和众生界，统归之为认识的对象，所谓"所知"，因而将世界"识性"化；而"能知"之于"所知"，互为因缘，更强化了主观实践对改变世界面貌的特殊能动性，这对于推翻帝制，建立民国。从列强的欺凌下站立起来，当然是极其积极的因素。

《论佛法与宗教、哲学以及现实之关系》①也是章太炎的一篇有代表性的演说稿。他认为"近来世事纷纭，人民涂炭，不造出一种舆论，到底不能拯救世人"。他之演说就是造舆论的；他的所造舆论的理论依据，不限于唯识学，而且有用唯识学重新诠释的中国传统文化。其中最显著的一点，是让释家与道家结合，所谓"唯有把佛与老庄和合，这才是善权大士，救世应务的第一良法"。在他看来，这两家在根本点上说，"总是不住涅槃，不住生死；不住名相，不生分别"。"不住涅槃"，是反对人们逃避现实，不问国事；"不住生死"，是激励人们不畏牺牲，团结奋进，"光复诸华"。住于名相、生于分别的特点，是对既成观念的实在化和凝固化，在当时主要指封建主义的"善恶、是非"观念，以及外国输入的诸多侵略有理的"文明"观念。将这类观念执以为真实，永恒不变，属远离真如的遍计所执，是邪见或偏见；释、道都提倡"不住"，就是避免导向偏见，避免邪见。他举例说："大抵善恶、是非的'见'，还容易消去；文明、野蛮的'见'，最不容易消去……一般舆论，不论东洋西洋，没有一个不把文明、野蛮的见横在心里。学者著书，还要增长这种意见。以至怀着兽心的强国，有意要并吞弱国，不说贪他的土地，利他的物产，反说那国本来野蛮，我今灭了那国，正是使那国的人民获享文明幸福"。据此而言，章太炎提出"不住名相，不生分别"，就不是与一般佛教和《庄子》的解释那样，是抹杀差别，泯灭是非；恰巧相反，他是用来揭露帝国主义侵略舆论，与当时的民族主义革命相应的。不过，由此也可见他的"释道和合"论实在脆弱。

按他的分析，那些怀着野心的强国及其御用文人之所以制造文明、野蛮的名相，并作彼高此下的分别，是不懂唯识道理造成的："不晓得文明、野蛮的话，本来从心上幻想现来。只就事实上看，什么唤作文明，什么唤作野

_____

① 《章太炎集·杨广集》，中国社会科学出版社 1995 年版。

蛮，也没有一定的界限，而且彼此所见，还有相反之处。"他提出解决的办法，第一条就是造出与之对立的另一种舆论，"打破文明、野蛮的'见'，使那些怀挟兽心的人，不能借口；任便说我爱杀人，我最贪利，所以要灭人的国，说出本心，倒也罢了。文明野蛮的见解既先打破，那边怀挟兽心的人，到底不得不把本心说出，自然没有人去从他"。他认为这是"老庄的第一高见"，其实，这或许就是章氏的第一高见，所以他贯彻起来异常彻底，以至成为他反对改良，主张革命的重要根据。他在比较中印佛教差别时说："印度社会和平，政治简淡，所以维摩诘的话，不过是度险谷、设医药、救饥馑几种慈善事业。到东方则不然，社会相争，政治压制，非常的猛烈。所以老庄的话，大端注意在社会政治这边，不专在施小惠，振救贫穷。连兼爱、偃兵几句大话，无不打破。为什么缘故呢？兼爱的话，这是强设……像那基督教，也是以博爱为宗，但从前罗马教皇代天杀人，比政府的法律更要残酷。"所以他反复强调，一定要破名言，"名言破了，是非善恶就不能成立"。如果"是非善恶"当真不能成立了，那么，用以维系的那个社会制度还会依旧存在吗？

大乘佛教的哲学，起源于般若空观。唐朝以来流行的《金刚经》，可以看做般若空观的大纲；汉魏期流行的《道行经》是把般若空观与般若方便（即善权）统一起来的范本；普及率最高的《心经》，可以当做全部般若学的精要。玄奘集各种般若类经典，成六百卷的《大般若经》。这些浩瀚的经籍，虽各有侧重，但贯穿的根本精神是一致的，那就是怀疑论，首先是怀疑名相概念能否反映客观真实性。这种怀疑论，在佛教内部，原是用来批判所谓小乘佛教的唯名论倾向，即将原始佛教教条化和凝固化的倾向，而在中国历史上，则多用于批判占统治地位的名教，反对维系既有秩序的权威。章太炎着力于揭示名言或名相的虚伪不实，主要在破除传统的封建主义善恶是非观念和外国帝国主义的侵华舆论，当然是为解放思想，推动民族民主革命，尽管这本身即是一种舆论，充满着分别。

佛教瑜伽行派兴起，对般若体系作了重大的修正，而且就从解释《金刚经》着手，为名言虚妄的形成安置了一个本体，那就是"识"。虚妄的名言，即产生于识，故谓之"依他起"；而作为依他起的本体的"识"，则是真实的存在，将识抽象化，客体化，就叫"真如"（真如的种类很多，此实名"唯识真如"，但从其离言的性质上说，这是唯一的，绝对的，所以章氏只以此

"唯识真如"立为真如)。依章氏的解释，"我思故我"这一命题建立的是
"我"，故不能成立；但"思"的存在，不容置疑，而思即是"识"的功能之
一；此识是一切精神活动、精神联系和精神产物的总和，故名"识性"，亦
即遍于一切事物的"离言自性"。这样，他在全力打破名言束缚的同时，把
人的尊严提高到诸神之上，把人的精神提高到足以改变世界的程度，在国家
危亡之秋，向民众发出这样的舆论，不愧为时代的先锋。

　　因此，章太炎的佛教哲学，既不是印度本土的，也不是中国传统的，与
唯识家也有相当的距离。他不止蔑视净土宗和密宗，对于天台和华严也时有
微词，即使对待禅宗，也没有太多的恭维。至于他对中国的传统文化，尽管
推崇老庄，大约很难得到道家研究者的共识；他贬斥墨家的兼爱、偃兵，因
为它们建立在"天志"上；他把孔子视为比唯神论者略强一筹的泛神论者，
等同于斯宾诺莎。如此等等，可以看出，当时先进的中国人是饥不择食般地
从历史，从国外，哪怕是一支一节，都加以摘取，作为营养，作为启发，用
于建立民族的自尊自信，改善人民的处境，推动社会的进步，由之形成自己
的世界观和方法论。这是时代需要使然。因此，用国内外某一种既定的哲学
思维模式去套到他们的头上，都是不合适的。正像有些人根据某些学者文人
曾受基督教文化影响，即断定他们就是基督徒，或断定基督教就是真理，如
果认为章太炎力图把唯识学作为他建立宗教的基础，就断定他是佛教徒，或
断定佛教唯识学就是真理，都是同样的不恰当。合理的是，给这些思想以特
定的历史地位，对于每一个人则应作具体的分析。

吕澂^①佛学思想初探

——为纪念金陵刻经处成立130周年作

杨文会（1837—1911）先生是中国近代佛教复兴运动的奠基人，由他创建的金陵刻经处则是中国佛教复兴运动的策源地。中国近现代佛教的一切发展和进步，几乎无不与金陵刻经处有关。由金陵刻经处搜集、整理、校勘、印制的佛教典籍和图像，其完善和精湛，堪称首屈一指，至今也是最好的版本。在这里兴办的佛教教学及创立的支那内学院，培养出许多人才，不但是中国佛教界的精英，也应属于整个中华民族的精英。以刻经处和内学院为中心发起和推动的佛学新思潮，唤起了古老佛教的新生，对当时思想文化界的觉醒起过积极的作用。

吕秋逸先生师承欧阳竟无（1871—1943）先生，是金陵刻经处后期的脊梁，支那内学院的实际领导人。他的为人和学问，是刻经处和内学院精神的继承和发展，也可以说是最终的体现者。我作为他最后的一批学生之一，试就吕先生的佛学思想谈点个人的体会。本文涉及的只是吕先生全部学问中的一个方面，也是学术界普遍不大注意的一面。

20世纪60年代初，吕先生作为中国科学院哲学社会科学部学部委员，受学部委托，在南京举办了"佛学学习班"，讲授的主要课程是"二史一论"。"二史"即后来根据讲稿整理出版的《印度佛学源流略讲》^②和《中国佛学源流略讲》^③二书，这已为佛学研究者所熟知；"一论"指"佛学概论"，包括《正觉与出离》、《缘起与实相》、《观行与转依》等三篇文章，了

---

① 吕澂（1896—1989），字秋逸，中国佛教学者。
② 吕澂：《印度佛学源流略讲》，上海人民出版社1979年版。
③ 吕澂：《中国佛学源流略讲》，中华书局1979年版。

解内情的人大约不多。

上述三文是吕先生的旧作，20世纪50年代经过修改在《现代佛学》上先后发表；60年代它们纳入"佛学概论"的总题目中，着重阐述了先生立论的佛典依据；1986年李安先生编纂《吕澂佛学论著选集》（齐鲁出版社出版），经先生同意再次入选。从这一过程，大体可见这组论文在先生心目中的地位。1995年中国社会科学出版社出版的《吕澂集》，也收入了这三篇文章，应该说，编者是有眼光的。

根据我的理解，《正觉与出离》一文，中心在为佛学正名纠偏，解决佛学的根本性质问题。众所周知，佛教的基础教义是"四谛"，四谛之首是"苦谛"，因而也成了全部佛教的原始出发点。人生无常，人生是苦，是佛教的老生常谈。但"苦"的根源是什么？此文认为，"声闻乘的解释不大正确"，因为他们把"人生欠缺、痛苦的原因"，归咎于"人生的本质上"。在声闻乘看来，人生是由"业"与"惑"造成的。以业惑为因，其结果必然是"苦"。然而，如果没有任何思想行为，什么烦恼都泯灭了，那还会有人生存在吗？所以声闻乘提倡"不生"或"无生"，并即以"不生"或"无生"来规定涅槃的特征，这实际上是对人生的一种绝望，是"取消人生"，在实践上就是悲观消极，禁欲遁世。对此，吕先生是非常不赞成的。

吕先生认为，菩萨乘的观点与此不同。"苦"的起因不在人生的本质，而是人类一定社会历史阶段中产生的"主客观矛盾"。"概括地讲：在全人类的社会问题未得到彻底解决之前，人生的需求会时常跟环境不合式而发生种种痛苦。"也就是说，"苦"是特定社会条件下的一种历史现象，而不是与人俱生即有的永恒现象；人生的需求与环境——吕先生这里主要指社会环境，"不合式"的时候，才会发生痛苦，言下之意，在"合式"，即主客观统一的时候，就不会发生痛苦。

据此，先生强调，"人生不能避开所对的一切而独存"，烦恼是"从对他的关系而生"，因此，人生问题的解决，绝不能避开人生面对的现实社会，不能脱离与他人的关系。"人们生活在社会里，应该最好的为自己，为他人而生"，从而掌握自己的命运，也就应该"投身于世间，渗透于世间，而求世间本质上的变革"。这样，人生问题的解决，说到底，是依赖于"世间本质上的变革"；而人生觉悟的主要表现，则是认识到个人对社会变革负有责任。这种责任心，与菩萨乘的大悲心，恰恰是相应的。

吕先生在这篇文章中，特别解释了"世间"一词。"世间一词在这里用来，是取它'应可破坏'的"的含义了，也就是指"人生行事"中"污染的，不善的"，即应该破坏的那些成分，而不是指人生自身。与此相应，"出世间"所出离的不是整个的现实世界，而仅限于"所应破坏、变革的染污、不善成分。"因此，菩萨乘不但主张"即世而出世"，而且主张"转世而出世"。先生认为，"转世而出世"，乃是"佛学上最后又最重要的主张"。

这些观点，从对"苦"因的诠释，到以个人之对社会责任的自觉，说明"正觉"的内容，以及将社会变革作为个人"出离"的前提，都是十分新颖的，正体现了菩萨乘提倡"依义不依语，依法不依人"的创新精神。但是作为已经完成了转变的出世间，将是什么样子？什么是彻底解决"全人类的社会问题"？先生在文章中没有明确说明。既可以解作人间净土，也可以解作大同世界，或共产主义，当然，也许都不是。不过从他的两个提法中可以推断：

第一，在解释"寂静"这一佛教最终归宿时，先生说：寂静"不是人生活动的停止，而是重新建立起整然的秩序，由此才会有顺理成章的一切行为"①。这个"重新建立起整然的秩序"，就是先生一再强调的"合理的"、"应当的"社会；所谓"顺理成章的一切行为"，当指与这一"整然的秩序"自愿相应的活动。这时的"无住涅槃"就成了"依据必然得其自由"。

第二，"涅槃"在于"找到人生真正的常乐我净"。这本是《涅槃经》译出以后的传统观点。先生用来作为人生的一种最高理想，无疑也是寄希望于那个"整然的秩序"的。具体说，是能够保障和促进人类的健康长寿、幸福快乐、平等自由、道德高尚的，一种良好的社会环境，当然，在实践上它需要经过极为漫长的时间才能到来。

《缘起与实相》一文，主要是为上述的佛学观念提供理论根据。

"缘起"说是佛教的因果论，吕先生一贯认为，它是佛教区别于其他宗教和哲学流派的根本特质。此文把佛家的缘起说分为三种，即"业感缘起"、"受用缘起"、"分别自性缘起"，并认为它们是从不同层面构成了"很完全的

---

① 见《缘起与实相》之二。

体系"。对于"缘起"的这种分类方法，与其他分类相比，一般学人会感到陌生，但它的理论性和概括性却要更强一些。

"业感缘起"一名"爱非爱缘起"，通常称作"十二支缘起"，稍有佛学常识的人都会知道。吕先生释义的特殊处，在于剔除它的三世轮回教义，而当做人生一世的一层因果关系。其中"识"的一支，指的是"人的个体"在"人格的意识"上的"永续"和"统一"；"无明"一支指"在人们还未彻底认识实相的时候，一切行为都难免于盲目"。这样，以盲目性为向导，令"欲望（爱取）不得其正向"，就必然造成痛苦，流转无已。换言之，不能彻底认识"实相"，从而不能正确引导欲望的冲动，构成了主客观分离和矛盾的主要原因。

"业力不失"是"业感缘起"的重要命题，也是被解释的异义最多的命题。"业"有善有恶，有"共"与"不共"。而业力感召的功能，吕先生更分为"自感"、"共感"和"类感"三种，从而把个人的思想行为与他人，以至与整个人类的活动联系起来，形成一种"生存的相依，互生影响，而个人行为应对全体负责"的局势。如果每个人都能"自利利他"，把自己的行为同"对全体负责"统一起来，那就可以做到"由烦恼的嚣动趋向寂静，由烦恼的杂染趋向纯净"，即谓之善。这也就完成了从人生的"转变向上"，达到全体的"转变向上"。

所谓"受用缘起"，吕先生是综合"五蕴"、"四缘"、"十二处"、"十八界"及"二谛"等佛教传统诸说，用以集中阐发主观与客观的关系。主观心识如何接受客观，以及如何再反作用于客观，就是"受用缘起"讨论的内容。一方面，"客观的境色对于主观心识能限制它缘虑的范围，并还要求它缘虑的生起"；另一方面，"主观思维分别的开展，它前前后后的种类、分量都相互关联着，前行的心思大体规定了后起的种类。"结合这两个方面观察，"可见这中间不单纯是客观片面地影响于主观；由于主观的无间的开展，也逐渐发生反作用于客观。"这种反作用，表现为人的"实际动作"，也就是"变革"对象。因此，从"业力不失"的意义看，"人们当前所处的环境无疑是自业共业预先作好了的安排"，但随着主观道德意识的发达，"人们对于以后的境遇安排各自有其道德的责任，不容苟安于现成而不求其变革。"

如果说，主客观矛盾是痛苦的根源，那么，通过主观道德责任感的增长，参与对客观世界的变革，就是解决矛盾，实现主客观统一的正途。

主客观关系中最重要的环节之一，是认识"绝对的真"，把握诸法实相。"二谛"说就是解决这个问题的。据吕先生看来，真俗二谛都是讲实相的，虽然在接近真实的程度和受用的范围上有所不同，但均属于假言名想中事，并非究竟。

第三种"分别自性缘起"。这里所说的"分别自性"，实指认识的种种现象，唯识家归之为名想概念，亦名"习气"、"功能"、"种子"等。从主体讲，它是人生的整体宇宙观念体系，就其涉及的内容言，包括整个宇宙人生。人生的实践经验及其观念系统之间、观念系统内部善与不善等性能之间，存在着特定的因果联系，因而也就与整个宇宙和社会群体有关，所以吕先生把这种缘起看成是论及范围最广大的一种。它的主要教理在于说明，个人的观念体系的转变，必然作用于与之有关的群体和社会，同时也有待于群体和社会的转变。按吕先生的说法，"人生的彻底变革，必须就全人类着眼"，从"个人生存的体验到全体人生的变革"，而有关的认识，也必然是"社会性的"。

这个问题在唯识家讲来既复杂又烦琐。但一切变革说到底是从对"实相"的认识开始。吕先生认为，"三自性"说都是从认识论角度讲实相的，但最究竟、最圆满的实相是"圆成实性"。"圆成实性"是现象的真正本质，其特点不但是"离言"的，而且超越了主观名相的限制，成就了实践、认识和道德纯净的统一。因此，圆成实性既是客观真理，也是最完善的人格类型。

最后一文《观行与转依》，是重点解释"佛家实践的原则性"问题。

在《分别自性缘起》中，吕先生已经说过："人生转变的关键，有待对整个宇宙人生的了解。"这种"了解"，需要智慧，凭借智慧对"整个宇宙人生"的了解，就是"观"；"观"指导人生实践，名之为"行"。例如，"按实际而行就和道理相应，成为瑜伽行"。[①]这就是带有纲领性质的菩萨行。"观行的效果在于内而身心，外而事象（在认识上作为对象的事物），从烦恼的杂染向离垢的纯净，又从知见的偏蔽趋向解悟的圆明……终至本质上彻底转变，这便是转依。"

---

① 《正觉与出离》。

这段话的内容很丰富。按《成唯识论》的说法，"转依"有两种，一是"转烦恼障得大涅槃"，一是"转所知障证无上觉"。这两种"转依"都是以正确的认识（智慧）把握"实际"（真如），使之"和道理相应"为前提。此中"转依"的"依"有二解，一指"依他起"（相当于表象，实指现象界）：转舍对"依他起"的错误认识（遍计执性），转得对"依他起"的真实认识（圆成实性）。一指客观真理（唯识真如），迷此真理，即受生死苦；悟此真理，便得涅槃。因此，看起来是两种转依，但起决定作用的是对于客观真理是否有正确的认识。生死涅槃的分界线，说到底，在于对真理的迷或悟。

我这里用客观真理一词解释"唯识真如"，吕先生是没有讲过的。但他把"三自性"和两种"转依"都从主客观关系的角度进行分析，处处把"实相"、"实际"作为正确认识需要把握的本质，因此我认为他是把"唯识真如"抽象化为一般真理了。据《成唯识论》的解释，"唯识真如"不属于"三能变"的范围，不是经验的产物，也不是阿赖耶中本有的"种子"，但它却是大菩提证得的对象，有人称之为"理佛性"，所以说它具有客观性，也符合论典本义。吕先生曾为我们专门讲授过《瑜伽师地论》中的《真实义品》，此品中突出有"离言自性"的存在，这"离言自性"就是不受名言概念等主观意识左右的真实性。

总之，从吕先生的"佛学概论"中大体可以得出以下三点结论：

第一，佛学不应该成为消极的、脱离现实社会，仅为个人人生得利的学问，相反，应该积极主动地参与对社会，对群体，以至对人类生活的改善和进步的活动，并具备高度的责任感，负起应有的责任。

第二，佛学不应该走自我内省的路线，也就是说，不应该坚持从"始觉"回归"本觉"的修持方法，而应该外向的，以追求"真实义"，把握客观真理，并按其道理实践，作为最高的觉悟目标。是外向探索真理还是内向自我修养，这在中国思想史上是具有重大意义的问题。将二者结合起来谈，尤为罕见。

第三，据以上两点，佛学实践是一个极为漫长的历史过程。所谓"顿悟"只有在现证真如的一瞬间或有意义。真正的觉悟，要在"后得智"的长期实践中才能完成。因此，吕先生体现的是刻经处和内学院精神，是深重、责任、坚韧与敏锐，同那种"随缘放旷，任性逍遥"一类的洒脱是迥然不同的。

　　吕先生曾被人看做是一个以印度佛学为正统，而贬损中国佛学的学者，尤其表现在他斥责"心性本觉"为伪说和考证《圆觉》等为伪经上。我以为那真正深刻的原因，是应该从他的"佛学概论"一类文章中去探究的，而不应浅视做派性。唐玄奘曾被不少学者当做食外不化印度佛教教条主义者，但为什么竟被唐太宗看中，这其中的奥秘，岂不需要更深一层的思考？台湾学者蓝吉富先生评吕先生是"哲人的孤独"，令人感慨良多。但愿他至少在"人间佛教"的理论建设中，不再是孤独者。

我听《中国佛学源流略讲》

　　1961年到1963年，吕澂先生为佛学研究班讲授了三门课程，所谓二史一论。一论是《佛学基本问题》，它的提要发表在《现代佛学》上，后经改写，收入《吕澂佛学论著选集》卷三；二史之一是《印度佛学源流略讲》，由上海人民出版社1979年出版，另一种就是同年中华书局出版的《中国佛学源流略讲》。

　　这两本佛学史略，是由记录稿整理而成。当时我们三人听课，都做笔记，下课整理后，第二次上课时交先生批阅。先生将三人笔记一一审订，包括错别字、语法、标点等，都分别给以改正，然后发还。这种认真负责、一丝不苟、科学严谨的学风，表现在先生做人做学问的各个方面。由于种种原因，我听完二史一论的课程后，回到内蒙古原单位，着手系统研读佛教原典。每读完一部，总要写数万字的理解性笔记，寄给先生请教，先生同样用细小的笔头纠正种种错谬，并及时寄还。这种教授无任何代价，也为他人所不知。我认为这是一种牺牲，在先生或许当做一种义务。我从先生那里获得不少知识，但使我更加难忘的，是他的品格和学风。今天每对学子，想起先生，总是自愧、自励。

　　吕澂先生一生进取，对于旧学，时有扬弃。《中国佛学源流略讲》是他的最后一部著作，反映了他对中国佛学的全新认识。他在《略讲》的"序"中指出，对中国佛教的研究——且不说印度——一直是日本人领先。此前，中国有过两部《中国佛教史》，就是以日本人的相关著作为蓝本的；在研究方法上，也往往为日本学界所左右。先生认为，日本人研究中国佛教，固然有其长处，但不论在文献取舍、语言理解和思维方式上，都存在隔阂。这是一种民族的、历史的距离，是很难凭博学多识填平的。中国人应该有自己的、更符合史实的佛教史，中国人也应该有自己独立的学术人格，不能在中国问题上，也跟着别人蹒跚而行。先生讲授《中国佛学源流》，就是从自己做起的一个榜样。

本书不名"佛教"而曰"佛学",是因为先生把佛教哲学当成整个佛教的核心部分;抓住佛教哲学的发展线索,足以概观佛教的历史全貌。其名"源流",而不名"史",那就更见苦心了。

在国内外中国佛教史的研究上,曾有一种相当流行的观点,认为佛教中国化,有一个传入、容受、消化的漫长时期,经历了五百多年,到隋唐诸宗才算完成,而其中,唯有禅宗才是中国自己的产物。这是一个不小的误解,由此可以推出种种有违史实的结论。吕先生的《略讲》实际上清理了这种看法。从资料来源说,中国佛教起自译经;但佛经翻译,几乎一开始就存在"错误",与原本不符,因为中国人是在中国的社会条件下,按照中国人的思想方法和概念体系来接受的,所以从本以来,就是"中国化"了的,不存在中国人懂不懂外来佛教的问题。姚秦时僧叡从鸠摩罗什的中观学出发,批评此前的般若学为"格义",其实鸠摩罗什本人就是以意译著称,并不忠于原本的。僧肇被推为三论宗的远祖,指摘当时流行的般若学都是误解,后人据此还分般若有六家七宗之多。但他的《肇论》中充塞的却是十足的庄学精神。今人交口称呼玄奘是直译的第一大家,是照搬印度佛学的教条主义者,以致影响到法相唯识家在中国的宗派不常。吕先生则特别指出,即使玄奘的传译,也"带有中国风味,而且还把中国风味带到了日本"。事实上,法相唯识家的思想也没有在中唐以后湮没无闻,它之渗透于各个宗派而成为中国佛教的理论基石之一,是到处可见的。所以先生反复强调:"中国佛学的根子在中国,而不在印度"。译经提供了中国佛学筛选加工的丰富材料,但如何加工,加工到什么程度,决定于中国自己的土壤。

与此有关,吕先生认为佛学不是一成不变的凝固体系。基督教各派共同尊奉的唯有一部形成于公元1—2世纪的《圣经》。佛教不同,自有文字记录以来,经律论陆续产生,延续了一千五百多年,仅中国的译经史,至少有八百年,种类多到难以计数。因此说它似乎有一个既成的理论系统需要中国人长期理解,或者说,只有在汉译大藏经完备之后才能形成中国佛教,都是缺乏根据的。按吕先生的意思,原始佛教经部派佛教,南北分流,在不同的民族、地区和不同的历史时期,按照当地当时人的需要,形成各种宗派,出现各种思想信仰,因而各带有自己的文化特色,都是佛教的组成部分。同样道理,对于中国佛教,也应作如是观。中国佛教的演变也很巨大,在不同的时代，从东汉到近现代的近两千年中，有许多很不相同的表现形式，都属于中国佛教的范畴，而不能说，哪个是中国化了，哪个尚未中国化。有人把隋唐诸宗的形成，当做中国佛教的模型或成熟的标志，是片面的、主观的。

尤其值得重视的是，吕先生所谓"中国佛学的根子在中国"，主要不是指外来佛教与中国传统文化的融合。在吸取外来佛学方面，传统文化无疑起着重大的制约作用。但是，传统文化也在变化，儒家由经学到玄学，从五经到四书，显然不同；老庄各异，尔后老庄合流，佛道并论，道家也有演化。到了两宋以后，儒释道三足一鼎，大家都在变化。决定它们共同变化的是什么力量？吕先生说是"时代和社会条件"。他在《印度佛学源流略讲》的绪论中，着重论述了从"社会根源"和"阶级利益"来考察佛教的必要性。譬如说，神宗之与源于道信在黄梅双峰山的聚众定居。吕先生认为，这只能从唐初的社会经济状况来解释：唐初实行均田制，但并不能真正解决土地问题，所以又允许民众开荒；加上僧侣有免赋役权，所以无固定寺院可居的禅僧愿意也可能聚居山区，实行自耕自给的农林生活，从而双峰山成了禅宗的真正发源地。武则天请神秀入京，也是因为神秀聚众量多，有号召力，引起了统治阶级的警觉，才采征召措施。若认真考察，不难发现，般若学不仅依附玄学，而且推动了玄学的发展；由此形成一股否定名教、蔑视权威的思潮，并没有至南北朝而终结，它时起时伏，几乎贯穿在中国佛教的历史全程。积极向儒学靠拢，固然是中国佛教的主流，但佛学与庄学结盟，在历代的在野派中占有优势。行善止恶，维议王权，自是中国佛教的正统宗旨；但不问善恶，拒绝与皇朝合作，也是一种没有中断过的传承。诸如此类，外来佛教与中国传统思想间的关系，不能停留在对不同文化形态的分析和比较上。尽管这种分析和比较十分重要，但归根到底，要从特定的社会条件上加以把握，才能使二者关系成为历史的、具体的、可以理解的。吕先生精通印、汉、藏三类佛教，熟悉儒、释、道三家思想，所以作教理分析和文化比较是他的专长。即使如此，他也一再强调从"时代和社会条件"上考察佛教历史及其与他种文化的关系问题，因而特别具有说服力，给人的印象深刻。

《中国佛学源流略讲》还贯彻了吕先生一贯提倡的从史实出发，独立思考的治学态度。他一再指导我们不要想当然，不要轻信第二手材料，不要人云亦云。因此，《略讲》一书不乏孤明独发之见。譬如说，一般认为中国佛教是从印度传来，似乎已成为不可动摇的定论。但《略讲》第二讲的标题是：《西域传本佛典的广译》，认为直到鸠摩罗什到长安译经（401）之前，进入中土的佛典是来自西域而不是印度。西域这个地理概念比较含混，但在中国佛教史籍中，它不包括印度是肯定的，《大唐西域记》也是泛指。从东汉末年算起，著名的译家几乎全来自月氏、康居、安息、罽宾，以至于于阗、龟兹。西晋的竺法护、石赵的竺佛图澄，以竺为姓，很像印度人，其实，前者是世居敦煌的月氏后裔；后者的祖籍虽有异说，但定他是龟兹帛氏，理由更加充分。如果再严格些说，鸠摩罗什也是龟兹人，除少年时到过罽宾外，他的多半生都是在今新疆和河西走廊度过的，与印度并无往来。

迄于鸠摩罗什，中国引进来的佛学主要是两大系统，即大乘般若和小乘有部，以及部分《法华》和《华严》，全是来自西域流传的经典。吕先生之所以专门标明这个问题，不仅在澄清史实，还把我们的视线从印度转向中亚，看到这个古代世界文化荟萃地区中西思想的沟通。这里的佛教与印度、波斯的关系是众所周知的，与希腊文化的交流，也应该引起重视。约在西晋两译的《那先比丘经》，公认是在希腊人统治的国家（弥兰陀时代）产生的，属一切有部；而早期般若经类同古希腊的怀疑论也有出奇的相似点。英人汤因比（1852—1883）在他的《历史研究》中认为，中国的"大乘佛教"来自古代的印度—希腊—叙利亚，而不是直接来自印度。吕先生独以"西域传本佛典的广译"为中国佛学的开拓期，扩大了我们研究的领域，表明中国佛学凝结着古代世界性文明的因素，可备一说。

最后，关于《略讲》的文风。当年，我们听课的人都缺乏基本的佛学知识。先生因材施教，深入浅出，由此形成《略讲》一书的风格，在任何一种佛学史书中也难以找到。他没有以经解经，没有连篇累牍的引文和空泛的论议，而是用我们现在的口语，将晦涩艰深的佛理确切地表达出来，显得通俗易解。但言必有据，决无信口开河，其接触佛学问题之深，即使当代老宿，也能从中得到种种启迪。在文风上，先生也是我们的楷模。

吕澂先生以九十三岁高龄逝世，至今已有三个半年头了，先生的语音笑貌，仿佛就在眼前。随时间的悄然流逝，怀念之情愈深，谨以此文，以志永思。

认识藏传佛教的重要前提

——读多杰才旦主编《西藏封建农奴制社会形态》①

  我国西藏所处的地理位置和特殊的佛教文化，往往给人以辽远深邃的神秘感。由多杰才旦同志主编，中国藏学研究中心、西藏自治区社会科学院和中国社会科学院民族研究所联合撰写的《西藏封建农奴制社会形态》一书（以下略称《形态》）揭开了西藏在民主改革前的历史幕纱，使人们认识到，尽管西藏有鲜明的个性，但其文明的历程与祖国、与世界是如此地一致，由不得在尊崇的同时，平添了几分的亲切感。

  《形态》一书最突出的长处，我以为是材料丰富而真实。它所运用的材料，直接来自两次规模巨大、学科齐全、前后历时 6 年的调查，以及原西藏地方政府三百多年积累的档案。材料的原始真实性，是任何严肃的学术研究的起点。正因如此，使它与那些根据片言只语和道听途说编写的论著区别开来。参与执笔的大多数是藏族学者，19 人中就有 12 人，其余为汉族和其他少数民族学者，他们也是多次入藏，长期从事藏学研究的专家。在写作过程中，又广泛参考了既有的研究成果，所以提问论事，大都中肯切要，非是局外人泛论遐想所可企及的。在其说理的文字背后，往往显露出维护民族利益，关切民族发展的革命激情，以及与祖国荣辱与共、相互依存的深刻体察。这样，《形态》既原则区别于那些恶意中伤的谣言或怀旧的迷恋，也不同于单凭阶级感情和民族感情发出的控诉，甚至没有一般的道德谴责。它只是根据事实，把农奴制作为一种社会历史现象进行客观的考察和分析，目的似乎仅有一个，那就是探求西藏与祖国同步实现现代化的道路。它的结论不但是逻辑的，而且是历史的。

---

① 多杰才旦主编：《西藏封建农奴制社会形态》，中国藏学出版社 1996 年版。

　　我的专业是佛教研究。藏传佛教是中国佛教的三个组成部分——汉传、藏传、南传——的一支，所以理应成为我的业务范围。但在实际接触中，感到有许多困难，其中之一就是对它由以孕育、产生和演化的社会条件及文化背景缺乏基础性的系统了解。我认为，研究任何宗教，如果对其所处的社会文化环境没有一个起码的了解，所得认识必然会流入空洞的抽象，宗教也成为无法清晰把握的东西。《形态》一书的出版在很大程度上解决了这个难题，它专谈藏传佛教的分量并不多，重要的是揭示了这种宗教赖以依存和发展的现实土壤，及其内部的多层次结构、多形态的变化，也预示了它今后的走向。这对于我们补救瞎子摸象式的研究，消除某种盲目性，提供了有利的条件。该书特别加深我的认识的，有下列几点：

　　第一，政教关系。藏传佛教是在农奴制的社会基础上发展起来的，这种农奴制的权力体制，是僧俗贵族联合专政的政教合一，佛教同时具有世俗的权力。宗教与政治结合原本是封建社会的一大共性，但西藏的政教合一别有特性。内地封建国家一般坚持儒家"神道设教"的原则，教权必须服从政权，政权大于教权；中世纪的欧洲是基督教的天下，那也是一种政教合一的形式，但它是政权与教权二元化的合一，其间始终包含着内在矛盾，这甚至成为以后政教分离的历史根源。西藏地方与这两种情况都不相同，它是政权即教权，教权即政权；在大多数情况下教权统辖政权。自元朝开始，历代中央政府主要通过扶植教权实行管辖，促进并巩固了这种独特的体制①。

　　西藏这种独特的政教合一体制把藏传佛教变成了一个高高地居于社会之上的宗教，使其对全藏实行全面精神控制。这种宗教又与教育一体化，是人们获得系统文化知识的主要源泉，因而也是哲学、医学、文学、史学、历算学、法学、道德等必须依附的主体。一切学问主要集中于寺院喇嘛，加之农奴制确定的人身依附关系受到政教合一体制的坚定维护，使"农奴没有逃亡的生存环境，从而也就没有自由民存在的空间"（《形态》序言），所以也不可能产生独立的知识分子。

　　第二，佛本关系。本教是西藏传统的土著信仰，佛教是外来的宗教。在一般的藏传佛教史论中认为，藏传佛教只有一个来源即印度，极少涉及它与内地汉传佛教的关系；佛本之间唯有斗争，没有同一。《形态》一书除了说

---

　　①　明代中央曾做过将政教二者分离的努力。见《形态》第174页。

明藏传佛教有汉、印两大来源之外，突出了本教在改造外来佛教为藏传佛教过程中的重大作用，以及佛教对本教的巨大影响。也可以说，藏传佛教在诸多佛教形态中能够独树一帜、自成系统，其文化根系即在本教。

第三，显密关系。将佛教划为显、密二教，是密宗的判教法；内地佛教也有别增"心教"（指禅宗）一门的，则佛教又有显、密、心三教之分。事实上，这三教都是构成藏传佛教的重要成分。"心教"是藏传佛教用以指导瑜伽修持的主要思想，与汉传佛教的关系特别密切，一时不易说清，而一般只注意它的显、密构造。由于多种原因，近现代人则多看中它的密教部分，称为藏密，这种情况在海内外颇为流行，致使有人误以为藏密似乎即是藏传佛教的全部，从而将整个民族都神秘主义化了。《形态》一书揭示了藏族思想、文化的全貌，所以讲藏族宗教，首先是本教；讲藏传佛教，总是指出其先显后密，显密结合的史实。

相对于密教的非理性倾向而言，显教是理性的。它在藏传佛教的整体表现，即所谓菩萨必须修学的"五明处"，包括作为语言学的"声明"，工艺历算的"工巧明"，医药学的"医方明"，逻辑学的"因明"，而佛学，只作为"五明"的构成之一，叫做"内明"。我以为，只有这样整体地把握，才能够理解藏传佛教何以成为整个藏区思想文化的载体，为什么佛教观念会渗透到全民生活的各个方面。

第四，评价问题。由于材料的真实性和论述的客观性，《形态》对藏传佛教的评价是实事求是的，科学的。从全书可以看到，佛教在藏族历史上起过非常积极的作用。它曾是吸取外来文化的主要渠道，在发展民族文化中发挥了重要作用。它曾在改革和废除类似血祭那样的原始陋习中扮演主角，成为社会生产力的保护者。它既是促进民族内部联系和统一，形成共同文化心理的重要因素，也是联结藏汉、藏蒙以及藏族与其他各族人民友好关系的纽带。例如，藏传佛教自元代大举进入中原，曾一度上升为领袖全国佛教的最大宗派，其影响遍及长城内外，大江南北，以至于与汉传佛教水乳交融。藏传佛教在增进民族团结、缔结祖国大家庭的伟业中，是有功之臣。

但历史发展需要社会的进步，一旦停滞不前，就要受苦挨打。到了近代，西藏地区经历了与祖国其他地区同样的命运，因而也唤醒了同样的民族自觉和反帝斗争。但就其社会的总体结构而言，直到20世纪50年代末才得到根本上的变革，与全国相比，特别是与同样信奉藏传佛教的内蒙古相比，显得滞后了许多，而究其原因，在于它的农奴制度。《形态》对此作了全面而有说服力的分析。从该书的这些分析可以看出，作为维护农奴制度的藏传佛教，存在着消极的一面。这里只举几个例子。

《形态》引《黄琉璃史》记载，藏传佛教中仅黄教（格鲁派）一派，1694 年有僧侣 134488 人，1733 年增加到 221724 人。因无当时全藏人口的记录，所以不清楚所占总人口的比例多少。又据乾隆二年（1737）统计，黄教达赖系所属寺院 3150 座，僧侣 302560 人；班禅系所属寺院 327 座，僧侣 13670 人。当时人口约 200 万，两系相加，僧侣占总人口的 15％左右[①]。如果加上其他教派的僧侣人数，比例当更高。当然，这些数字是对整个藏族地区的统计结果，西藏实际的人口数字应当略低于此，但我们仍可由此推想西藏的大略情况。到 1952 年建国初统计，西藏共有寺院 2700 余座，僧侣约 12 万人，为当时人口 115 万的 10％强。这些简单的数字，至少说明了两个问题：

第一，劳动人口持续大量地流入寺院，将社会生产的主力（僧侣大多是男性）变成消费者，甚至是高消费者（喇嘛不从事农牧业生产）；社会财富持续大量地流入寺院而不能转变为扩大再生产的力量。这种人力和物力的流向直接制约了社会经济的发展，成了西藏长期贫困落后的一个重要根源。

第二，自有统计以来，西藏人口一直呈持续下降的趋势。到西藏解放的前夜，全地区人口密度平均每平方公里只有一人，二百余年，下降了约 42％。在历史上，人口的繁荣是社会繁荣的一大标志；而人口衰退则是民族衰退的集中反映。造成这一严峻形势的一个重要原因，系占据藏传佛教统治地位的黄教禁止僧侣结婚成家的戒律。

西藏地方社会发展长期滞后的重要原因，在于其农奴制的自我封闭性质。由于在它的社会结构和人口构成中，缺乏自由人和独立知识分子，也就缺乏倡导和启蒙的中坚力量。欧洲的文艺复兴运动，矛头是针对中世纪基督教的，我国内地掀起过五四运动，口号是打倒孔家店，内蒙古响应五四精神，曾把喇嘛教统治作为批判对象——这些运动的实际目的，在于从宗教传统观念中解放出来，创造一种建立在科学和民主基础上的新制度，也就是平常所说的资产阶级民主革命要完成的任务。

---

① 参见杨一星等著《中国少数民族人口研究》第九章，民族出版社 1984 年版。

　　文艺复兴，继之是宗教改革，促进西方统一的基督教大分裂，哲学、科学、教育、文学等现代学科，纷纷从宗教中分化独立出来；政教分离，教育与宗教分离，成了民主宪法的重要内容；宗教信仰自由规定为每个公民的基本权利。我们知道，这一民主化过程，在西藏是通过民主改革实现的。民主改革以后，西藏在文化领域有了重大进步，以教育为中心的现代各个学科，已经和正在独立出来，从而为科学文化和经济的发展，为民族的昌盛，开创了美好的前景，而宗教信仰，由于摆脱了政治和经济等外在因素的制约，公民个人可以任意选择，真正实现了自由的原则，这给人的全面发展创造了有利的条件，也为藏传佛教的自由信仰提供了坚实的基础，产生了质的变化。据此，用农奴制时期的眼光考察和要求经过民主改革的藏传佛教，与用民主改革后的眼光考察和要求农奴制时期的藏传佛教，是同样的反历史的，也是反科学的。

李富华、何梅《汉文佛教大藏经研究》^①序

中国有记事写史的优良传统，又是造纸和印刷术的发明地，由此生产的甲骨、金石、竹简、图籍及其负荷的文明，其古老繁多和完备程度，堪称世界第一，而汉文佛经就是负荷这一文明长河中的一段，一支。然而就这一段一支所承载的思想内容和宗教积淀，已经足以给人们以历史的深厚感和文化的丰实感。

佛教传入中国内地，可以肯定是在公元纪元之前。它的汉文译籍和论著的问世，不会晚于东汉桓帝之世（147—167）。为了搜集、记录和保存既有的佛典，遂有佛经目录之作；这时间可以推溯到东汉末年。著录编目，以及考究译籍的真伪和译人、译时、译地、译本，同时普集历来僧俗的有关论文著述，到了东晋道安而形成制度；梁僧祐进一步扩展，与高僧传的撰写并行，从而将说教的佛学和信仰的佛教，纳入了客观考察和学术研究的视野，成了中国佛教的一大特点，一大优点。因为只有客观考察和学术研究，才能为历史地认识佛教提供纪实的线索，和可以如实认识的基础。这一点，比较一下佛教在它的产生地几乎处于无史可寻的情况，就会更深切地了解它的价值。

佛教约自10世纪开始从本土逐渐衰退，到12世纪基本消亡。这种衰退和消亡是毁灭性的，它的经典只能保存在南传上座部的巴利语系和中国的汉、藏文语系中。一般说，巴利语系保存的佛典属佛教部派时代的作品，基本上没有反映佛教此后的多方面发展，更没有大乘的经律论。而且南传三藏也迭经修补变迁，现在的巴利文定本，可能完成于5世纪，说它最能反映原始佛教的面目，并不全面。藏传佛教，始起于唐代松赞干布时期的吐蕃，中

---

① 李富华、何梅：《汉文佛教大藏经研究》，宗教文化出版社2003年版。

经波折，约 10 世纪复兴，因此，它所译介保存的佛教原典，多属晚期大乘，既缺少早期佛教文本，反映大乘思潮兴起时代的经籍，也不够丰满。相比之下，佛籍的汉文翻译要早得多，有史可考的成规模的翻译，始自 2 世纪中叶；到了 3 世纪末，已经是译家辈出，译籍相当可观了。相当于巴利文三藏的四《阿含》，则陆续译出于 4—5 世纪之交；它们的部分经典，译出的时间就更早了。就是说，除了少数藏传佛教的印度原典以外，汉文所保存的古印度佛籍，为数最多，而且也最为完备。如果要认识或研究佛教的全体或它的历史，而不使用汉文藏经，我以为是不可能的。藏传佛教与汉传佛教是关系密切的兄弟两支，藏文大藏经中的不少经籍是从汉文中传译过去的，汉传佛教中历史上缺少的经籍，也在不断从藏文中转译过来。汉文大藏经收容的典籍还在继续增加。

大乘佛籍多以梵文书写。但梵文早已退出流通领域，近现代发现的梵文佛典，大多是 10 世纪前后的产物；它们大都在藏、汉文译典中有所保存。然而汉译佛典依据的原本，既非完全是梵文经，也不都是什么古天竺语本，至少在南北朝以前，主要是西域各国语系本。就此而言，汉文佛经更能反映佛教整体的演变轨迹及它的全体规模。

"汉文大藏经"是一切汉文佛典的总称，是汉语文佛典丛书大全，既包括汉文译籍，也包括用汉语文写成的种种佛教注疏和著述。将这些既有的佛典搜寻和保藏起来，是从为佛籍编目就开始了的事业。不过这事业由佛教信徒的私人操作变成由国家扶持主办，当与国家出面组织佛经翻译的历史同步，到了南北大统一的隋唐盛世，有了所谓"官写一切经"的称呼。这"官写一切经"，可能是后来一切"大藏经"的蓝本；据"一切经"编成的目录，称作"众经录"、"内典录"、"释教录"以及"三宝纪"、"法宝录"等。这是佛家经籍收集、整理和保管的最佳时期，唐智升的《开元释教录》则是反映这些成就的代表作。

北宋初年雕刻的《大藏经》，通称《开宝藏》，就是按《开元录》规模印制的第一部雕版大藏经。它不但在佛教史上是划时代的，在世界文明发展史上也有重要意义。此后历代公私雕印者不绝，而且迭有增补，收入的三藏和汉文论著愈益完备。正是借助这成套的印制技术，促使中国佛教得以空前地对外传播，在形成包括朝鲜半岛、日本和越南在内的汉传佛教文化圈过程，起了重大作用。迄今为止，高丽时期复刻的《高丽藏》，依旧是最完善的古本大藏经，与《赵城金藏》可称双璧。日本从镰仓时期（1192—1333）复刻汉文大藏经开始，发展到现今流通最广的自编《大正藏》，所收汉文各类佛典之多之广，前所未有。越南现存该国历代诸多宗师撰写的汉文佛籍，也属于汉文大藏经系列，尽管目前注意者还不够多。汉传佛教的流布，促进了中国与这些邻邦间的联系，强化了人民间的交流和沟通，也活跃和丰富了相关国家的思想和宗教文化生活。

　　李富华与何梅同志的这部著作，就是专以汉文大藏经为研究对象写成的。当我初看到打印稿时，颇为吃惊，也很兴奋。没有想到它的内容会如此丰富，涉及的学术方面会如此之多。给我的第一印象，是它对史的考察。一览目录，中国汉文佛籍历代编刻的浩瀚画卷就呈现在眼前。世人多以文化的悠久称赞中国，这悠久的文化都表现在哪里，它的底蕴究竟有多么厚实？看看我们已经保存下来的图书，在数不尽的图书里看看我们的佛教大藏经，可以见其一斑；而这一斑就比较集中和概略地展现在他们这部研究著作里。我个人的工作性质，需要有关大藏经的历史及其内容和规模的知识，但要我一一到图书馆里去查阅，时间和精力都不允许，这部著作既可以满足我的一般需要，也为解决我的一些特殊问题，提供了信息和线索。可以说，此书反映了我国文明发展史的一个侧面，对中国佛教史的研究则是一种深入，一个贡献。

　　此书与过去同类的研究论著相比，我感到有三个特点：第一，它将当前可能知道的，因而可以搜集到和查阅到的历代所有不同版本佛教藏经，细致地过滤一遍，对勘了一遍，所以，所使用的资料，不论是原始程度和完备程度，都是首屈一指，很难有与之匹敌的。第二，它对历代大藏经编辑和雕刻的特点，都有长短比较，分析评述，使读者能进入其中，全面把握这些藏经的演化以及每部大藏经的个性。第三，它以大藏经的雕印史为主线，旁涉当时的政治、思想以及有关人群的信仰趋向等诸多社会方面，这在其他文献中是很难了解得到的。因此，此书不但多有纠正前人的失误之处，而且有更广泛的学术价值。这里只举其第九章《明官版大藏经研究》为例：

　　此章开头就说："《初刻南藏》以往称《洪武南藏》，这是不准确的。"作者认为应该改称《建文南藏》。原因是，他们在《初刻南藏》的原版中有了新发现，作了新探索。根据《初刻南藏》誉字函《古尊宿语录》刊记："大明　　改元己卯春，佛心天子重刻大藏经"的字样，以及证以明释居顶所撰

《续传灯录序》所记"洪武辛巳冬，朝廷刊大藏经律论将毕"等语，考订所谓"大明　　改元"中间那两个字的空格，应该是"建文"二字，而后来被从印版上挖去了。因为史实是，明代"己卯春"改元，乃是由朱元璋的洪武年号改作朱允炆的建文年号，亦即"建文元年"（公元1399）；所谓"佛心天子"，也是朱允炆的称号。至于"洪武辛巳冬"，历史上就不曾有过，因为那时朱元璋早已死了，实属"建文"三年（1401）之误。总而言之，本来是由建文主持、在建文时期雕刻的大藏经，后来建文的字样却被从原版中清除了，代之以洪武年。历史就这样被篡改了。

　　如众所知，明代对宗教的管理是异常严厉的。尤其是明太祖朱元璋和明成祖朱棣，在大力强化文网、控制舆论的同时，对宗教组织和宗教活动都保持十足的警惕。而朱棣对建文帝的夺权斗争，牵连范围的广泛，惨烈严酷的程度，历史上也非常著名。《初刻南藏》被改动的这几个字，就透露出来当时那警戒之高和搜索的严密。

　　作者指出，洪武五年有诏，命四方名僧于蒋山点校藏经，但无雕经之旨；又在洪武十年前，令天下僧徒习诵《心经》、《金刚》和《楞伽》三经，因而有了这三种经的刻本，但不是大藏经；此外，也有僧人私刻个别禅籍，更与大藏经无关。但由于《南藏》的被篡改，以至联系到洪武五年的点校，遂使现代学者也发生误判。吾师吕澂撰《明初刻南藏》就上了大当，误以为此藏始于洪武五年而完成于"洪武二十四年辛未冬"。《中国古籍善本书目》记此藏为"洪武五年至永乐元年刻本"，犯的是类似错误。

　　李富华和何梅同志还有许多其他新发现，成就是多方面的。关于印刷和装帧的演化，释音拼法的变迁，以及佛教与朝廷、官僚和一般民众的关系等等，也提供了不少可供研究线索。其所以能做到这样好，当然首先要归于作者们的勤奋细致，肯于动脑而不惜气力。例如，作者为了核对吕先生的引文"洪武二十四年辛未冬"，并未轻信《卍续藏经》印作的"洪武辛巳冬"，而是专程跑到上海图书馆查阅了原本的出处，即明宣德八年刻印的《圆庵集—续传灯录序》，这才印证了"辛未冬"实为"辛巳冬"之误。作者没有让权威学者阻住深入探求的脚步。我想，吕先生有知，对于这种求真不舍的精神，也一定会十分高兴的。

　　这部著作之所以会有这样多的成就，还有一个客观因素也非常重要，那就是二位作者都参与了为时十三年的《中华大藏经》汉文部分的编辑和校勘工作。这个工作使他们有条件能够接触到国内所有可能见到的古本大藏经，并亲自一一翻阅。他们在研究中使用了藏经中夹杂的各种题识、墨记之类的原始记录，十分宝贵，一般学者就很难做到。他们在自序里说："我们把它看做是《中华大藏经》事业的继续"，说明作者确是有心人。当他们的这一课题结项时，有专家说，像这样条件下的研究，恐怕到此为止了。这很有可能。

《中华大藏经》的编辑出版，是国务院古籍整理出版规划小组确定的重点项目，所用经费全由国家出资，参与校勘的队伍多达数百人，是我们国家文化建设上的一件盛事。它作为收集和保存历代佛教大藏经的文献，具有其他版本大藏经不可企及的优点；它作为国家的一大举措，意义也不同一般。因为它的编辑出版，不是从信仰角度，也不是从"神道设教"角度出发的，而是把它当做保存祖国文化遗产和推进新时代文化建设的事业来办的。我们知道，如何对待文化遗产历来是有争论的，问题是首先需要把散乱各地的文献经书收集和保存下来。只有收集和保存下来，提供了解和研究的基础，才有全面评价和讨论如何运用的可能。我以为，凡是存在过的，都有自己的理由，都应有自己的历史地位；至于对这些遗产，或是化腐朽为神奇，或变瑰宝为腐朽，全在今人的运用。我们的态度应该是脚踏现实，承接历史，建设现在，开辟未来。

顺便说明，已经出版的《中华大藏经》（汉文部分），只是在历代大藏经基础上校勘成功的一种善本。事实上，历史上的所有大藏经都没有将已有的佛籍收集齐全，大藏经也不可能反映佛教发展的全貌。为什么敦煌藏经的发现，会引发学术界那么大的震动？就因为有些极有价值的佛典，并未入藏，而且其量可观。现在任继愈教授正在着手收集和编辑《中华大藏经》汉文部分的续编，我期望它的成功。

李申、方广锠《敦煌坛经合校简注》^①序

禅宗就其得以产生和发展来看，本质上是反名教、反传统、反权威的。说这"三反"是禅宗的精神和生命所在，毫不为过。但禅宗之所以能够存在并长期流传下来，却有赖于它的运用名教、护卫传统、树立权威，而且做得都相当成功，由此说它是一个十足保守的佛教派别，也是确凿有据。

禅宗的这一内在矛盾，最充分地显示在它自身的历史上，也蕴涵在它自制宗谱、自定领袖和自说经典上。

禅宗自称是"教外别传"，这是禅宗一走出双峰山就打出来的一面大旗。它所谓的"教"，指的是"经教"，即以佛的名义宣说的一切经典；它自称"教外"，就是不承认现行的所有佛籍的权威性。它所谓的"传"指的是传承、宗系，包括有文字记载的一切佛教史迹；自称"别传"，就是不承认创造佛教真实历史的那些祖师们的权威性。在以后的发展中，禅宗曾以公开的"呵佛骂祖"惊世骇俗，其思想内容完全可以从"教外别传"的主张中演绎出来。

然而，这"教外别传"之说，能够得到佛教内外的公认吗？如果禅宗不能证明自身确系来自佛教的传承，它就不会在当时的现实中找到合法存在和活动的空间。禅宗既然自诩为"别传"，就必须在既有的文字记载之外，另立一个传法系统，新制一个符合自身需要的宗谱。这种历史条件，命定了它不能不"跪着造反"。所谓"跪着"，是必须制造祖师崇拜，要有祖师为其合法的存在作证；所谓"造反"，是历史上本来没有那样的法统，不得已而造其神或非其鬼而祭之。人们都很熟悉的传说，"世尊拈花，迦叶微笑"，是其中美丽动人的故事之一。敦煌本《坛经》记慧能说"顿教法传受"，为最初

---

① 李申、方广锠《敦煌坛经合校简注》，山西古籍出版社1999年版。

七佛加"西天"二十七代，再加慧能本人的"唐国"六祖，总称四十代。其实在此以前出现的禅宗宗谱已有不少，到了宋代还在继续编写。现在市场上就可以拜读的《五灯会元》，也列有四十代传宗之说，而且还为七佛和西天二十七祖写了传记。对此，此前的禅宗研究者，已做过若干考察，结论是非常清楚的，至今没有见到过有哪位严肃的学者再认真追究下去。理由很简单：这一祖师代代传受之说，虽然不是全无所据，但仍得归为想象丰富的创造，而不是史实。想当年胡适先生曾痛斥："禅宗佛教里百分之九十，甚或百分之九十五，都是一团胡说，伪造，诈骗，矫饰和装腔作势。"一时间，引起一些日本学者的不高兴。原因就出在他把禅师当成史学家，把禅宗的思想创造当成是史实的记录——他谈《坛经》的方法有误，以致才有上当受骗之后恍然大悟的激愤。

在我看来，《坛经》其实是讲过应该怎样去认识它的。它记一个叫"法达"的人，诵《法华经》七年，直被《法华》转，而未曾转《法华》。因为对于禅佛教来说，《法华》的唯一用途是启悟，而不在于它的叙事是否真实。所以慧能明确无误地指出："《法华经》无多语，七卷尽是譬喻因缘。"据此通观佛教经典，即使对今人来说，也具有方法论的意义。

《坛经》作为佛经的一种，也不例外，它的记事，完全可以看做"尽是譬喻因缘"。其中的一个典型就是关于慧能与神秀斗法，密受弘忍衣法的那个脍炙人口的传奇。至于理由嘛，只要认真翻一翻此前的资料，考察一下它产生的背景，是应该清楚的。其实，《坛经》之所以称作"经"而不称"传"，正如《传灯录》不称"僧史"一样，它为自己制定的任务，就是给读者一种思想的创造，而不在历史的真实。由此也可以理解，为什么《坛经》已经成为"经"，却依旧要被再三改编增补，使慧能的面貌也一再变形。

如果按《坛经》指导转《法华》的方法认识《坛经》，至少《坛经》本身并不值得胡适先生发怒，今日的研究者也不必想方设法证明它的记事如何"可信"。为了说明它只是"譬喻因缘"，在不重复先达们的研究成果前提下，我想再补充几个例证：

先讲"顿悟"，这是《坛经》认为是区别于别宗的基本特征。但什么叫"顿悟"？《坛经》没有作任何解释。它讲了许多顿悟的话，却没有顾及它们之间存在逻辑矛盾。如说"无生顿法"、"顿教大乘"之类，就是承认"法"有顿渐，而全经的基调，则明明是说："法无顿渐，人有利钝。"慧能在自叙家门中说：他在市场卖柴时，"忽见一客读《金刚经》，慧能一闻，心明便悟"。后来投到五祖门下，"五祖夜至三更，唤慧能堂内说《金刚经》，慧能一闻，言下便悟"。按照传统的说法，所谓"顿悟"就是"悟"的一次性完成，慧能却"一闻"而又"一闻"，"悟"而又"悟"，岂非是"渐"，哪里有"顿"？

关于以《金刚经》为依，研究者多认为是区别于神秀楞枷系的主要标志，因为《坛经》不但让慧能闻《金刚经》得悟，而且也让弘忍劝告道俗"但持《金刚经》一卷，即得见性，直了成佛"。直到慧能开坛讲法，也教人"但持《金刚般若波罗蜜经》一卷，即得见性"。但若通读《坛经》一遍，这些记载就大可怀疑了。全经明文引证的佛教经典在《金刚》之外，就还有两种，即《维摩诘经》和《菩萨戒经》（《梵网经》），前者讲"理"，后者说"戒"，在《坛经》思想的构成上，二者的分量，都不比《金刚经》轻。慧能那两个被"五祖"认为已经"识心见性"的偈，所谓"佛性常清净"、"何处染尘埃"，更与《金刚经》无关。假若《金刚经》作于《坛经》之后，这偈定会成为它的批判对象。

意味更为深长的是，《坛经》在大树《金刚经》的同时，却又要慧能变革这一法统，所以一开首就说明集此《坛经》的目的，在于"承此宗旨，递相传授，有所依约，以为禀承"，记得慧能的最后嘱咐也是："已后传法递相教授一卷《坛经》，不失本宗；不禀受《坛经》，非我弟子。"于是，《坛经》又让慧能自相冲突了一番。然而究其实际，能够证明慧能为嫡传正宗的，既非《金刚》，也非《坛经》，而是"衣法"；被认为"可信"程度很高的《曹溪大师别传》，又把"衣法"改为"衣钵"，而且请出好几个皇帝和皇帝的使者来，帮助肯定"衣钵"的真实性，从而证明正统之所在。呜呼！《坛经》自唱的"以心传心"，至此不仅已经流为"经教""名相"，而且在它的不肖后代那里，堕落成某种信物了，还有什么真实之可信？

《坛经》中最大的纰漏，是让慧能自说"吾一生已来不识文字"，所以让他只能听客读《金刚经》，请人读神秀偈，并代写"呈自本心"偈，令法达读《法华经》等。这看起来顺理成章，但若细一考察，绝非如此。上引的《菩萨戒经》，疑属伪经；它把传统戒律着重行为的规范，转变为道德化的"正心"，《坛经》中说为"无相戒"，是非常准确地体现了该经精髓的。《坛经》采用的《维摩诘经》（最早译于三国）既有鸠摩罗什的译本，也有玄奘的译本，它是从魏晋南北朝以来在士大夫阶层中最为盛行，也是影响最大的一种佛典。《坛经》特树的《金刚经》，其得势始于唐玄宗，御定为佛家经典的代表，与道家的《道德经》和儒家的《孝经》三足鼎立。就是说，《坛经》提倡树《金刚经》和运用《梵网经》、《维摩经》，表明它是精于佛典，老于世故，经过深思熟虑的举措，绝不是偶听他人诵读而成。

不仅如此，《坛经》的真正理论纲领，是慧能所说："我此法门从上已来，顿渐皆立无念为宗，无相为体，无住为本。"这"无念""无相""无住"概念，在大乘的诸多经论里都可以找得到，似乎是老生常谈，但就《坛经》之将它们作为"宗""体""本"看，则只限于特殊的经论。《大乘起信论》谓："所言觉义者，谓心体离念。"又谓："知心无念，即得随顺入真如门。"据此而称《起信论》的宗旨为"无念"，也是恰当的。《坛经》反复强调众生"自有本觉性"（亦略称"本性"），就直接来自《起信论》的心性"本觉"之说。南阳慧忠曾批评《坛经》关于法身与色身之说含有神论的倾向，也直接来自《起信论》。"无相为体"是来自《金刚经》，比较明显。《般若》经类，尤其是鸠摩罗什译介系统，力主"法无定相"，"相"或称"名相"，认为只是主观的虚妄分别，不反映任何实体；或与"体"、"性"同义，是既不可肯定，也不可否定的东西，归根结底也还是名相（法相）。至于"无住为本"，多被解作《金刚经》所说的"应无所住而生起心"，究其来源实出自《维摩经》。该经在讨论"身孰为本"的问题时，结语说："从无住本立一切法。"《坛经》所言"无住者，为人本性"，二者完全相应。其他出自《维摩经》的言论，在《坛经》中可以找出许多来。那组著名的"西方净土"主张"唯心净土"的问答，是其中之一。

《坛经》中还有一些概念和命题，是出自其他未说明出处的经论。例如"说通及心通"，来自《楞伽经》；"自性含万法，名为含藏识，思量即转识，生六识"等，属旧译之瑜伽行派经论所说的"八识"说。

诸如此类可证，《坛经》绝非不识文字的人，能够凭自"本性"说出。从史学的眼光看，《坛经》作这样的记载，或者是慧能本人在扯谎，或者是《坛经》的作者在作伪，因为"不识文字"与《坛经》的实际内容是绝对不相容的。然而，如果把《坛经》看做是中国禅佛教独立创造的一部经典，而不是一部史书，那评价就会完全改变过来，甚至可以说，它的产生，不但在中国禅宗史，以至整个佛教史上具有重要意义，即使在中国思想史和文学史上，也称得上是一座不大不小的丰碑。我建议从事哲学和文学的朋友，都能读读它。

写到这里，忽然感到距李申同志要我写的"序言"，已离题千里了。但对我而言，能够有此机会谈一谈我对《坛经》的认识方法问题，确是十分感谢的。

魏道儒《白话坛经》^①序

  《红楼梦》第二十二回写到"宝玉悟禅机",薛宝钗向他讲了一个慧能与神秀呈偈比试的故事,对于贾宝玉形成消极遁世的人生观有重大影响。凡读过这部伟大作品的人,都不会陌生。这个故事就出在《坛经》中。

  从已经发现的材料看,《坛经》出现在中唐 8 世纪晚期,是禅宗中主张心学一派最具代表性的典籍,对于此后的士大夫产生过相当大的影响。这种影响,不只反映在像《红楼梦》这样的文学作品中,还表现在更深刻的哲学领域,尤其是明代盛行的儒家心学上。因此,不论在中国佛教史,还是中国思想史,《坛经》都占有不可忽视的地位。

  《坛经》在流通的过程中,由于地区和时代的原因,出现了多种抄本,有不少差异,但基本思想是稳定的,没有什么变化,主要是:

  第一,自我具足,一切皆备。真理、智慧、佛性,所有佛教认为美好的、理想的东西,全在我之一心;宇宙万物、人生穷达,均由一心创造。因此,觉悟和解脱之道,绝对地不能向外在世界追求,不能借外部力量达到,不能为外界环境所左右;唯一正途是认识自身的本性,确立自信,开发自我,实现自我。

  第二,"众生平等,无有高下"。这是《坛经》推崇的《金刚般若经》中的话。人的本性是"静",是"净",是永恒的"自在",即真善美与自由的统一,人人皆是如此,无一例外,所谓"凡圣一如"、"众生皆有佛性"。人要自信,第一步就是自信我不比佛祖、圣贤低下;人要解脱,首先不要以尊卑视众生而成枷锁。

  第三,批判权威,轻蔑言教。从上述两个基本点出发,《坛经》批判以

---

  ① 魏道儒:《白话坛经》,三秦出版社 1992 年版。

梁武帝为代表的建寺造像、度僧设斋，称其为"邪道"；同时批判净土信仰，以为"东方人造罪念佛求生西方，西方人念佛求生何国?"它还对以神秀门徒为代表的官禅提出批评，以为于"性"未悟，未得正传。它继承般若学和三论宗的传承，把一切名言经典视作不具任何真理性的方便设施，佛说三乘十二分教最多是为世俗病患者开的药方，以此抨击诠释经论的义学法师。它提出一个原则："心迷《法华》转，心悟转《法华》"，圣人的经典言教只能是借以发挥自己观点的手段，决不可被它们牵动旋转。

《坛经》的这些主张，对于禅宗持续地冲击佛教的旧传统，破除它的崇拜和信仰体系，起着重要的作用，同时在部分士大夫中也引起共鸣。中唐以后，凡属不满正统思想而放旷不羁、离经叛道，又不走造反道路的士大夫，几乎没有不受《坛经》类的禅思想影响的。如果说，中国古代也有个人主义和人性论的话，《坛经》就是其中一种，尽管在社会基础方面完全不同于近代的西方。

《坛经》有许多言论，显得超脱潇洒，但它植根的土壤，却充满着动乱和辛酸，所以它的基调是看破红尘、空幻悲观的，它的洒脱说穿了不过是含泪的微笑。

慧能是弘忍的门徒，弘忍教人，"以心传心"，"不立文字"，而《坛经》则以文字传世，应该说是大违弘忍宗旨的。然而，《坛经》恰巧就在大树特树慧能的宗旨，并且规定，唯有"递相教授"一卷《坛经》，才是"不失本宗"。它否定了一切权威和言教，全是为了肯定自己的权威和言教。它缺乏自我批判。

据传，《坛经》是慧能所说。但慧能其人与禅宗的鼻祖达摩一样，那形象是几经塑造的。仅慧能的籍贯、出身、民族，就有多种说法。禅宗需要的是理想化的领袖，而不完全是真实的历史人物。至于制造伪经、篡改原典，更是佛教史上常见的现象。从禅宗讲，佛祖言教，无非是哄弄愚夫小儿的空拳黄叶，所以，作假于道德无碍，教义上也通得过。《坛经》迭经修正，就证明它与慧能本人的思想不全是一回事，所记事件也不能视作信史。它反映的是一种思潮，一种存在于中唐以来、值得研究的思潮。

《坛经》并不为佛教所有宗派承认，即使在禅宗中，反对者，批评者也大有人在。它的言论，只能算是禅宗中的中和派。它对"诸恶莫作，诸善奉行"的佛教道德律表现不满，显示出不问世事的超脱态度，但又教人"止恶行善"，力争对社会起教化的功能；它排除了外来禅中关于"神通"的狂想，却容纳了"色身"正常、"法性身"（性灵）永住的宗教观念；它的大趋向是清除佛教的宗教因素，同时又保留若干预示未来的谶记，堕进更粗鄙的传统迷信。它在禅宗中介乎激进派与保守派之间，既曾受到官方的专项打击，也得到过官方的特别赏识。

自从 20 世纪传入西方社会以后，禅作为失衡社会中调节心绪的一种手段，已经引起现代心理学的注意；禅作为精神治疗术的一种，也有被纳入现代医学研究范围的趋向。当然，它曾作为士大夫宣泄苦闷的渠道，也是中国历史上的一种重要文化现象。禅在国内外的运用和研究，大有方兴未艾的势头。

此外，在禅中发掘神通，追求特异功能的倾向，也很盛行；抱着不同用心，力图把禅归结为东方神秘主义的代表，因而作为国粹加以渲染者，大有人在。那么禅究竟是什么？确实应该有个符合事实的了解。我想，出版一些禅宗的重要原籍，而且能为非专业研究的读者所看懂，就是其中有效的一途。

据我所知，《白话坛经》是第一部用白话文翻译的禅宗原典。译注者魏道儒同志，在禅宗的研究上有相当功底，学风严谨，文字流畅。他的译文本乎忠于原作、又有可读性的原则，不掺杂个人的是非好恶，我以为这是对读者负责的态度，也是古文今译最可取的态度。

魏道儒《中国华严宗通史》^①序言

影响中国近代革新思潮最显著的佛教派别大体有三个：一个是法相宗，一个是净土宗，另有一个就是华严宗。从康有为、谭嗣同、梁启超以及章太炎、杨度等人物的思想历程中，都可以看出这三派或显或隐的痕迹。

净土是佛教的理想国，折射着人们对浊世的厌恶和不满，蕴涵着变革现状的动因，其成为近代改革家建设未来的重要素材之一，是比较容易理解的。法相与华严，均以典籍浩瀚、哲学烦琐著称，为什么在戊戌变法和辛亥革命这样急剧的社会变动期，还会被吸收成为一种自强进取的因素和鼓舞同志的力量，是我们需要认真研究的课题之一。

我认为，这可以从两方面考察。就接受这些影响的革新家们言，他们受自身社会条件的限制，必须从既有的思想资料出发，用以解释现实，解释历史，也重新解释了那些资料本身。就这两个佛教派别自身言，在近代再度发生作用，自有其内在不朽的一面。从佛教史的角度，这一面应该得到特别的关注。

法相宗的理论结构，大体可以归结为一个中心命题、两个基本观点。中心命题是"唯识无境"，两个基本观点是"能变"说、"带相"说。"唯识无境"在于证明两种"无我"，而"无我"即能"无畏"，无畏足以扫除一切苟且偷生和怯懦不前的心理，激发奋发有为和勇于进取的精神。"能变"说在于确立主观能动作用的绝对性，是树立和涵养自信、自立及意志力的重要环节；"带相"说从承认知识的主观性出发，能够提醒人们自觉到认识的有限性，而不封闭对真理的持续追求。此类思想只有在革命大变动时期才容易被发现和发掘出来，在上述的革新家那里，都有程度不同和各有侧重的反映。

① 魏道儒：《中国华严宗通史》，江苏古籍出版社 1997 年版。

华严宗的情况不那么单纯，此宗所奉《华严经》，初译于东晋，再译于唐，而它的内容，分类单行者极多，最早可以推至东汉，大成于西晋，发达于南北朝，持续到北宋。仅翻译一事，即绵延了约八百年。因此，不论哪个学派和宗派，不涉及《华严经》者几乎没有。但最后据以创立华严宗并得到社会的公认，则是在武周时代。这绝非偶然。武则天扶植过两大宗派，除华严宗外，还有禅宗。如果说扶植禅宗意在解决流民问题，稳定社会，那么，扶植华严宗，就是为了巩固和扩大边疆，经略西域，可以说全是从国家利益出发，属于政治家的选择。当然，这两个宗派之所以能够被国家看中，也自有其自身的内在根据。起自中唐，迄于北宋，禅教合一的呼声甚高，是中国佛教史上令人注目的现象之一，其实所指，乃是要求禅宗与华严宗在义理上合一。像澄观、宗密、延寿这类大家，就都是以此二宗兼行知名的。宋明理学接受的佛学，也主要是这一思想潮流。

纵观历史上华严宗与禅宗的联结点，主要在本体论的"性宗"上，偏重甚或限于理事关系，但就华严宗的宗本义，即区别于其他任何佛教派别的特征言，是以"十玄缘起"、"六相圆融"为基本内容的"一多相即"、"事事无碍"。

"一与一切"（"一切"即"多"）是早在古希腊哲学家（如赫拉克利特）那里已经提出的一对范畴。中国古代哲学则独尊"一"，所谓"一以贯之"，"抱一为天下式"，把"得一"、"执一"、"守一"作为认识和实践的最高原则。也可以说，不把"一"作为"多"的相应或矛盾的范畴同时考察，是中国传统哲学有异于西方哲学传统的一个值得注意的方面。但到了《华严经》之传入，情况有了变化。此经特别以"一"与"十"的典型形式，将"一与多"、"一与一切"杂糅在一起，构成为华严宗全部教理的哲学核心。它的"一"，不但是神、是道、是理、是心、是整体，而且也是个别、个性、个体或部分；它的"十"，也不单是圆满、整体的代词，而且包括无限个别、个体的"多"和"一切"的别称。在具体阐述中，华严宗不但沿袭了《华严经》的神秘主义成分，而且用语也比较混乱，但思想脉络却是十分清楚的，那就是借用"一"、"多"的数字抽象，解决一般与个别、整体与部分、群体与个体的关系问题，并给后者以前者不可须臾相离的地位。所谓相即相入、圆融无碍的普遍联系，不但反映在理事关系上，更表现在事事关系上。这一思想的提出，我认为是对中国哲学长期以"体用"为中心范畴的一大纠正，有重要的认识论意义；在当时是隋唐结束南北对峙，多民族自然融合，共同繁荣的一种写照。

据此观察近代革新家之喜爱华严宗，至少有两点是明显的：

第一，现实即理想，理想入现实，将彼岸的净土落实到此岸的浊土。时空的相即相入，成了通向"人间净土"构想的理论桥梁之一。

第二，一即一切，一切入一，把个人责任同民族的安危紧密联结起来，从而深化了"国家兴亡，匹夫有责"的社会呼唤。这些，也是弘扬华严宗的谭嗣同用自己的血作了说明的。

黑格尔说，凡是存在的都是合理的。一个产生于一千二百年前的佛教宗派，至近代尚能发生特定的社会作用，自有其存在的理由。理清这段历史，那就不但有学术价值，也有现实意义。所以自魏道儒同志提出研究华严宗的课题，我就认为很有必要，值得下工夫。我们曾经合作写过一部《中国禅宗通史》，深知他的学风是刻苦、踏实，肯于钻研，哪怕原始资料繁多到令人无以置措，也要从那里着手，而不追随道听途说；哪怕原文晦涩得令人头昏目眩，也要反复阅读，理出头绪，弄个明白，而不人云亦云。我认为这是学术研究上保持独立性，开发创造性的起点。在当前商品潮涌，普遍浮躁、近利的情况下，是一种可贵的品格，也正是学术上走向成熟的重要标志。

何劲松《日莲论》^①序

中日是近邻。中日间有着不同凡响的悠久的交往历史。日本总是谦逊地表示：日本接受中国文化的影响，属于汉文化影响圈。他们对于中国的国情，从历史到现状，从中央到边疆，从资源到信仰，几乎无不作周详细密的调查和研究，而其对中国国民性的观察，下力尤勤。其结果，一方面加深了日本人民对中国的了解和友谊，另一方面增强了自己的国力和自信力。其强大，有时令我们目瞪口呆；人民间的友情，有些是血泪相凝。

相比之下，我们对日本的认识却相当朦胧，而朦胧难免糊涂。据说，中国人的思维特点是长于综合把握和理论概括。这当然不是什么缺点，但如果综合性的理论不以足够的客观事实为基础，不是来自充分的调查研究，那只能是一种片面的、空洞的抽象。如果再限于一时的印象和情感，必然产生误导。当现今有些学者正在鉴赏中国古代认识论上的模糊性和恍惚态的时候，能够老老实实，由"个别"着手，从一个侧面、一个组织、一个事件、一个人物，不嫌其细琐地占有第一手材料，梳理清楚，作为整体认识的出发点和组成部分，我认为有特别重要的意义。我们的认识不能总是停留在原始的混沌状态。

何劲松同学选择日莲（1222—1282）这一人物作深入的研究，就是迈向这个方向的颇为坚实的一步。日莲只是日本佛教诸大宗派之一的日莲宗的创始人，当时并不显赫。即使在中国学术界，对他也不甚熟悉。但是在他死后，他的信徒奉他为圣人，逐渐发展成为一个规模庞大、派别众多的日莲宗系，从特种角度反映着日本的社会演化和民众的精神风貌。在战后兴起的新宗教运动中，出自日莲宗系的很多，而且势力最大。像灵友会、立正佼成会

---

① 何劲松：《日莲论》，东方出版社 1995 年版。

等知名度都很高，而创价学会的成就，更引起世界的瞩目。

日莲逝世已经七百多年，他的思想在他后继的宗系中有极不相同的运作，至今仍然具有强大的生命力，发挥着某种指导作用。追本溯源，研究他的为人和思想，以及形成他的性格和教义的文化背景与生活条件，就显得十分必要了。

日本佛教直接导源于中国佛教。日莲本人即私淑中国天台宗的始祖智颛（538—597），并以汉译《妙法莲华经》为唯一尊奉的经典和教义。只要仔细比较一下日莲与天台两家的宗旨和学风，就能看到他们各自的个性远多于他们间的共性，其中不乏国情和民情的表观，尽管很曲折、很隐晦。中国佛教所发展的大乘菩萨行，素以入世著称，但比起日莲来，不过是小巫之于大巫。日莲的思想蕴涵着浓重的国家意识，近乎一种天性。同样一部《法华经》，天台注重于它的"融会"之说，所以提倡诸教调和；日莲唯取其"废立"的一面，厉行制敌取胜之道。二者迥然不同。

日莲出身于平民，创教路艰，多灾步难。一生四次遭受迫害，一次险些丧命，三次被当道驱逐或流放，而追求成功的意志愈砺愈坚。他提出的"折伏门"，似乎也贯彻着他那种坚韧不拔、百折不回、不达目的绝不休止的顽强精神，令人不禁肃然。鲁迅在指出一般中国人的迷信，"迷信得没出息"时，特别称扬广东人"迷信得认真"："广东人的迷信，是不足为法的，但那认真，是可以取法的，值得佩服的"。在国民的信仰中，确实深蕴着国民的性格。

一个不善于向他人学习的民族，是没有前途的，我们要向西方学习，更要向近邻学习。对于日莲的研究，是认识日本宗教的学步，也是学习的初步。祝愿何劲松同学在这条路上坚持下去不断进取。

何劲松《东亚佛教研究》①序言

何劲松博士选了一个很重要的研究课题。这个课题涉及的历史背景，是中日两国人民、东亚各国人民、也是全世界人民永远都不能忘记，也不应该忘记的。我支持这样的研究课题，当时还有许多联想。现在看到这成果的目录，却突发了另外一个想法。

一种宗教，尤其是像佛教这种连蚁虫一类生命都慈悲有加、律禁伤害的宗教，竟会成为军国主义对内镇压，对外侵略，进行大规模屠杀的帮手和粉饰品。我们对这种现象，应该怎样评价呢？而这同一种宗教，有的或直接参与抵抗和反战运动，或不合作，保持距离，反映了人性天良、人间正义，成为战胜法西斯宏伟的历史画卷中不容遗忘的一页，我们面对这种现象又应该怎么评价？

我们学术界有过一场时间不短的争鸣：宗教的社会功能，究竟是消极的，还是积极的？是反动的，还是进步的？双方似乎都能找到充分的事实来支持自己的主张。这一争论所反映的意见分歧，大约最后也没有得到真正的统一，尽管随着政治气候的变化，也可能有貌似的舆论一致。其不能真正统一的原因，是这两种主张都能找到历史的或现实的事实作根据，而且这些事实是不容反驳的。像本书所提供的情况，就是如此。因此，我以为问题的关键可能不全在事实本身，而是出在观察宗教现象的方法上。

不管给宗教下什么定义，也不论人们对宗教有什么样的认识，抱何种态度，但有两个方面，我以为必须分开：一是宗教的信仰，一是宗教的组织；一是个人的宗教信仰，一是信仰宗教的个人。我们不能忽视这两个方面的联系，也不能抹杀二者的差别。我们在讨论宗教的社会功能问题时，之所以会

① 何劲松：《东亚佛教研究》，中国社会科学出版社 2002 年版。

产生上述对立的意见，与将这两个方面混为一谈，有极大的关系。信仰是心理范围的事，也可能形成特定的意识形态，严格讲，是纯粹个人的私事，所以信仰基础赖以建立的宗教经验，不可能与他人共有；宗教组织则是一种把信仰者纳入必须接受其教义和戒禁约束的社会集团，信仰者个人至少在信仰层面得受控于这个集团，这也给宗教团体全面控制和支配信仰者个人提供了方便条件。近代以来，西方不断发生反宗教的运动，实质上多数是反教会运动，即要求把信仰的权利，从教会的垄断中收归己有。这与无神论者同时从信仰层面反对宗教，是大不相同的。

作为一种特殊的心理或意识形态，信仰只是个人精神生活中的非理性或由理性支持的非理性一面。人的精神生活还有更重要的理性一面，也会有比信仰更重要的其他非理性的，诸如本能、感情等的需要。把信仰定位为人生唯一的或主要的需要，是一种偏见。从人的属性说，中外古今，被人们界定、屈指可数的就有许多许多，但其中恰巧没有信仰一项，也就是说，信仰并不构成普遍的人性。至于经济和政治，文化和职业，即人的社会性，对于人的影响又远大于人的其他属性。因此，作为个人的信仰，理应只限于他的精神世界和与之相应的宗教活动；而个人作为社会的人，作为社会关系的总和，他的社会活动，他对社会的作用和影响，或可能与他的信仰有联系，或可能没有联系，二者之间，不能简单地抽象为因果关系。

宗教组织之作为一种信仰者的社会团体，信仰者个人之作为一个社会的人，从根本上是受社会历史制约的，它们和他们的社会地位，经济利益、政治立场决定他们社会活动的性质，换言之，它们或他们的社会活动、政治倾向、道德尺度，以及对社会政治、道德尺度的解释，首先与他们的社会性直接有关，与他们奉行的信仰没有必然的联系。因此，根据某个宗教团体或某个信仰者个人的社会作用和政治倾向，给这种信仰自身下社会政治结论，就不会是全面的；有些团体或信仰者个人，总是把自己从事的社会活动和政治活动，渲染成是它或他的宗教活动，是他们信仰范围的事，甚至用宗教信仰的名义裹胁他们的信徒，去从事这些信徒并不一定愿意从事的社会政治活动，这其实是在有意把水搅混。因此我以为，对宗教组织或信仰者个人的社会政治活动，应该从他们的社会性上考察，而不宜单纯从信仰上追究。这也是为什么同一种佛教，既会被用于战争，也会致力于和平。

众所周知，政教合一的体制，曾经是维护西方黑暗时代的主要上层建筑，也是发动历史上规模最大的宗教战争的支柱；而教会对于教育的控制和垄断，又是导致全民愚昧、支撑封建专制主义的重要手段。资产阶级革命的伟大成果之一，就是政教分离、教育独立、宣布宗教信仰自由，让信仰变成纯属个人的私事。宗教信仰一旦成为个人的私事，个人就拥有了自由选择和自由取舍的充分权利，人们的政治主张和思想行为，再也不必经过神圣化的扭曲，听命于某个宗教组织或神职人员，而可以直诉于社会，并对社会直接负责。这意味着人本主义的胜利，人性的回归，是思想解放和个性解放的一个极重要方面。

这都是老生常谈。现在旧话重提，是因为实在有重提的必要。除了学术上的原因，更多是由现实问题引起的。"第二次世界大战"以后，世界性的舆论是和平、友好。这也是宗教界参与社会活动的主流口号。而后，不少宗教团体和宗教界人士进一步提倡交流、对话、理解，让世界充满爱。总而言之，是希望消除历史遗留下来的宗教隔离、宗教歧视、宗教仇恨和宗教战争，也避免让一些别有用心的社会政治力量，继续假借宗教信仰的名义，挑动社会群体间的冲突、民族间的仇恨，以至国际战争。但是，近二三十年来的现实是，狭隘的民族主义与极端的宗教派别相结合，在世界范围里制造了种种灾难：社会暴乱、种族仇杀、地区战争，几乎没有哪种重大的血腥事件没有利用过宗教信仰的名义。一些具有全球性影响的学术权威，也打出传统文化决定论的旗子，把世界分割为几大块，当做世界冲突不可避免的根源，而宗教观念又被视为传统文化中最稳定的因素。于是宗教信仰似乎不再是人际间理应相互尊重、和平与友好联系的纽带，倒成了相互隔离、必然成仇的理由。在我看来，这是世界的不幸，也是宗教的不幸。

引发社会冲突和国际战争的原因很多，性质也有极大的不同，当然应该具体问题具体分析。但有一点可以肯定，单纯的宗教信仰不是社会冲突和国际战争的根源，它们的真正原因，说到底，要从经济和政治利益上探求。为了避免纯正的宗教信仰被人恶意地歪曲和利用，或不自觉地被卷入肮脏或血腥事件，坚持宗教信仰自由，把宗教信仰当做纯粹个人的私事，从而与政治分离，与教育分离，这是一条基本出路。如果宗教信仰变得人们真的可以自由取舍，那么人们就可以不再受制于特定的宗教团体及其信条的束缚，人们的社会活动，包括经济和政治活动，也就有了更大的空间，享有了更多的自由。从这个意义上说，宗教信仰自由，既是和平友好的一种保障，也是个人全面发展的需要。如果没有宗教信仰上的自由，所谓个性，所谓自由，大约很难实现。

日本军国主义发动的侵略战争失败以后，宗教领域发生的最大变化，是被迫废除了神道教的国教地位，在宪法里规定政教分离，实行宗教自由。这使许多被压制的宗教派别得以解放，也使曾经被拴到军国主义铁车上的一些宗教团体，得以解脱，这是值得庆幸的。不过，当宗教信仰真的成为个人的私事时，又会出现许多新的问题。即以日本为例，新兴宗教层出不穷，其中相当一批，实行的是家长制，搞人身依附，以致骗财骗色，时有所闻，同时也为邪教培植了适宜的土壤。于是，人们又被禁锢到另一种形态的宗教牢狱中，难以自拔。这是维护宗教信仰自由的最新课题，此中的前景，亟待观察。但这已经超出了本书讨论的范围，只好打住。

何劲松《韩国佛教史》^①初版序言

至少在近现代史上，我以为中国的命运同韩国的命运是相通的，所以在韩国发生的事情，中国人很容易理解，中国发生的事情，韩国人似乎也很容易理解。究其原因，固然与两个国家的社会结构相似和地理位置毗邻有关，而文化传统上的接近，或许是一个更久远更深层的因素。我这里说的文化传统上的接近，佛教就是其中之一。

一般说，韩国佛教源自中国佛教。这不论是从佛教流通的前后顺序和传播的渠道还是把汉文作为载体而言，都是对的。然而就中国佛教方面看，情况就比较复杂。西方有僧来中土送经，中土有僧到西天取经，所以三藏佛典的基础部分是从域外翻译过来的，而大多数学派和宗派的开山祖师，是非汉族血统。这种情况大体可以得到公认。但是来自韩国的佛教在参与中国佛教发展上的作用，就不是所有人都注意到，并给以应有的评价了。这里只讲一件事，那就是新罗僧对隋唐佛教建设的特殊贡献。

隋唐佛教是宗派形成期，从哲学讲，也是佛教大统一的时期。自南北朝后期，北有地论学，南有摄论学，逐步汇集成一股强大的思潮，取代了般若（三论）学、禅数（毗昙）学、涅槃（佛性）学等分散多元的形势，最终形成以"真如缘起"为内容的主流哲学，为法相宗窥基系以外所有宗派所信奉。对这一主流哲学进行总结和概括的，则是陈隋之际产生的《大乘起信论》。因此这本书于此后中国佛教的巨大意义，是不言而喻的。

但是，关于《起信论》的思想特征是否符合印度佛教的本义，究竟是中国译经还是中国造经，始终存在意见分歧。正是韩国佛教，主要是新罗僧，在维护和证明其为佛教正义，以及发挥和运用《起信》理论方面，做了中国

① 何劲松：《韩国佛教史》，社会科学文献出版社 2008 年版。

僧人无法比拟的工作，并获得了完全的成功。

《起信论》在隋代曾被视为"疑惑"经，晚唐新罗僧珍嵩说，《起信》系依《渐刹经》造，这给此论找到了经典根据。但《渐刹经》即《占察经》，直到初唐的经录，还列在《疑伪录》中，应用此经作的"塔忏法"，隋代官方僧俗皆宣布为非法。到了武周，奉敕编入藏经。现查当时著名的僧人中，唯一与《占察经》有关的是新罗僧圆光。他在南朝陈时来华，到了隋代入长安，成为振兴摄论学的名宿。回国后，"置占察宝"，一直影响到某些律师的信仰。律师真表建"占察法会"。《三国遗事》卷四称《占察经》为真表受自弥勒菩萨，不确。从圆光的经历中寻找《渐刹经》的作者，则不会有什么大的出入。

另一部与《起信论》有关的佛典是《金刚三昧经》。此经"以本、始二觉为宗"，谓"以一觉而转诸识，入庵摩罗"，在本体论上同《起信论》的主张相近，所以也有人把此经看作是《起信论》的依据。此经又说"二入"，所谓"理入"与"行入"，同禅宗鼻祖达摩所说的"二入四行"说的"二入"大同，因而也被看作是禅宗教之所本。然而根据《祜录》，《金刚三昧经》一卷，附北凉录，南朝梁时即已缺本；唐《开元录》重新编入的本子，真正的作者应是新罗僧元晓和大安，这从学术角度研究一下《宋高僧传·元晓传》，即可清楚。

第三部与《起信论》有关的佛典是《释摩诃衍论》，题"龙树造，筏提摩多译"。《摩诃衍论》在佛教史上本指《大智度论》，亦略称《大论》，所以《释摩诃衍论》从字面上易被误解作《释大智度论》。实际上，这里说的《摩诃衍论》是《大乘起信论》，准确的意思是"释《起信论》"，而且用的论本是南朝梁译。此论假名伪造的痕迹累累，显而易见。其中说，佛教诸论十万九千部，总括为十部，《起信论》为最后因而也是最高的一部；马鸣造论一百部，其《起信论》依一百种经造。总之，把《起信论》的地位提高到无以复加的境地。中唐宗密对此深信不疑，并以此《摩诃衍论》的观点证明《起信论》的权威，又以此权威支持他对《圆觉经》的发挥。

《释摩诃衍论》的影响很大，似乎在日本空海来华期间就在密宗中流行；到了元代被正式编入藏经目录，并且当时已经有了藏文译本，成了藏传佛教的论典之一。但是，此论的实际作者，在韩国早就指出是新罗沙门月忠，时间当在唐武则天执政期间。关于月忠的生平不详，或称"新罗大空山沙门"，或称"新罗中朝山月忠",是很值得追踪研究的人物。

至于疏解《起信论》的新罗僧人,从元晓到太贤,对中国佛教也有一定的影响,特别是华严宗。

为什么韩国佛教如此处心积虑地树立和维护《起信论》在佛典中的权威地位,同中国佛教坚持《摄论》旧译和倡导"如来藏缘起"的思潮形成天然的共振?这只有一种合理的解释,就是两个国家在诸多方面是互相沟通的。

当然,这并非说两个国家的佛教完全相同,甚至可以互换。所谓"沟通"或"相同",都是以差别为前提。共性存在于个性之中。《起信论》吸取中国传统哲学上的人本性善、主静守一和先知先觉等多种思想,所以一直成为中国佛教的骨骼。韩国佛教推崇《起信论》,尽管也含有儒道两家的影响,但本质上有自己本国传统文化上的原因,因而有自己独立的演化机制。这一点,我们从其创制的上述二经一论的内容上,也可以窥见一二。若想达到一种准确全面的认识,那就得研究整部韩国佛教史。

何劲松同志的新著《韩国佛教史》,就是从中国人的视角探索韩国佛教的一种尝试。我认为,今天是昨天和明天的有机连续,这种历史的探索,不但有助于我们加深对当代韩国佛教的认识,也会加深我们对韩国整个文化形态和国民性格的认识,甚或发现我们两国人民间其所以如此相互理解的某些奥秘。

王志远《中国佛教表现艺术》^①序

披读新人新文，往往能得到一些新的知识和新的启发，是一件令人高兴的事。对我来说，王志远同学不算新人，弹指之间，已经相识28年，但他的《论汉魏六朝时期的中国佛教表现艺术》却蛮有新意，能令人产生许多联想。我这里谈三点：

第一，关于佛教艺术的分类。分类不是一件小事。佛教哲学就是用分类和下定义的方法表达自己的理论体系的；科学上的分类，反映着人类对自然界的一种认识水平和思维方式。王志远将佛教艺术区分为造型艺术和表现艺术，并将他所称的表现艺术与艺术界流行的行为艺术思潮区别开来，是否表示他对佛教艺术有了全新的观念，还不好下结论，但至少是提出了一个新的视角，一个新的维度，值得继续研究思考。

按一般的理解，凡文艺都是表现的；音乐舞蹈固然可以叫作表现艺术，绘画塑像也应该是表现艺术。但这都是传统上的认识。论文认为，后者的表现是静态的，给予观众的形象，是不变的，因而表现也是凝固的、单一的；前者的表现则是动态的，是通过行为中的言语表情或肢体动作进行表达的，所以表现是变化生动而且丰富多样。就是说，相对静态的表现形式而言，动态的形式表现佛教的主题更能体现"表现"的生动性，以及与社会、时代和民众关系的紧密性——我想，这可能是作者考虑特定其为"表现艺术"的一个原因。

我对艺术是完全的外行，不知对不对。但有一点可以肯定，由于这样的一个新概念，作者把佛教艺术的范围扩大了。论文本身涉及的就有诵经、仪轨、威仪三大类。诵经中至少有转读和梵呗两种；仪轨则包括一切个体和群

---

① 王志远：《中国佛教表现艺术》，中国社会科学出版社 2006 年版。

体宗教性活动的礼仪和规则；威仪的范围更广，作为佛教徒的衣食住行全部生活标准样式无不涵盖在内，只"大比丘"就有"三千威仪"。如此一来，是否一切有规矩可循的宗教活动方式，都可以列入佛教的"表现艺术"？这个问题，也可以用于质疑佛教的"造型艺术"：是否一切承载佛教信仰的绘画、书法、雕刻、塑像、石窟、寺院、塔栏等，都可以列入"造型艺术"的范畴？譬如丰子恺先生的某些护生画，无数的写经等。如果肯定后者可以归类为艺术，那么前者也应该属于艺术。按照这个标准，中国传统上的"礼乐"，也应该与宗庙、陵墓、祭器等一并列入艺术的视野，重新观察。

于是这又涉及一个更一般性的问题：我们怎样界定宗教艺术？此中可讨论的问题很多，我只提出一个：宗教为什么要用艺术的形式表达自己的信仰？艺术对于宗教思想情感的倾吐和向大众的传播，起着什么作用？为什么非信仰者也可以从宗教艺术中获得内心感动？我回答不了。志远的论文尝试回答，不管回答得是否圆满，但它被提出来了，成为研究对象的时候也该到了。

第二，在新视角下对佛教的新发现。突出的例子，就是论文提到的所谓"拟剧本文献"的《伐魔诏》系列（《广弘明集》卷第三十八）。我不了解中国的戏剧史，如果作者在这里的论述能够成立，是否可以说，佛教也是中国戏剧的一大重要源泉，而且是如此之早？这一发现应该是很有价值的，对戏剧史的研究，应该是一个贡献。

我讲的还有佛教史上的意义。这个系列中有三类人物，出现在同一个舞台上：一是佛经中的神话人物，一是佛教史上的真实人物，一是佛教观念被拟人化了的人物。表达的内容则有两项：一是"讨魔"，即以讨魔文中所谓的"大自在天"波旬为代表的世间（三界）烦恼作为声讨的对象；一是"平心"，以"阿黎耶识"（藏识）和"阿陀那识"（执持识，此指第七识）为声讨对象。

这个系列，把破魔的领袖人物特定为东晋的道安，派遣的大将军，有萨陀波嵛、昙无竭，属大小品《般若》中的人物；还有统率诸天的十地大王维摩诘，出自《维摩经》；十地大士文殊师利，以及中千王观世音，补处王大慈氏（弥勒），则出于多种经典中。由此大体可见，道安在北魏时期的崇高声望，以及当时的主要佛教潮流。至于在《魔王报檄》中提及的"心原未静，频被风波"，以致为魔所乘，那就是影响中国佛教义学理论发展极大的

《楞伽经》的特有思想。

平魔的结果，是改朝换代，即于现世界，革"像教"之号，建"即真"之岁。由于"即真"，乃产生了"平伪"的新任务。在《平伪露布文》中，"般若"担任"唯识道行元帅"，发文声明："伪心主阿黎耶识，擅假名器，叨窃生民，跨有乾城……权攀缘为藩屏之任，引戏论为帷幄之臣，陷溺黎元"；而"伪恒行夫将军阿陀那识，率无明之子弟"，与"伪自性大都督迦毗罗仙"、"伪执此大将军迦旃延子"，并率部抗拒"应真理物"的"即真"陛下，故须统军讨伐。此中迦毗罗仙指"外道"数论派，迦旃延子指"小乘"说一切有部，二者都是般若学的批判对象；而阿黎耶识在瑜伽行派的旧译家那里，是染净混杂世界的本体，与旧译以纯净识（心真如），亦即《胜鬘经》中的如来藏作为第一本体之说不同，所以作为主犯加以声讨。

被启用参与这一征伐的，还有"阿逸多"和"婆薮槃豆"。阿逸多系佛经中人物，传说是未来世界翅头末国的转轮王，届时弥勒将降生于此，或传说，此王即是弥勒，故此处封之为"兜率大将军"、"翅头末开国功臣"；婆薮槃豆，即世亲的意译，原籍富楼沙（今巴基斯坦之白沙瓦），故封他作"天竺大都督"、"富楼沙开国功臣"。其中，弥勒也被奉为瑜伽唯识系的创宗鼻祖，而世亲则是瑜伽唯识系的主要理论家，他的汉译论著最多。就是说，"即真"征伐"阿黎耶识"，用的武器是瑜伽行学派的"正宗"。

参与对抗"即真"王国的，还有"伪司空师子铠"和"伪司隶达磨多罗"。此二位在中国佛教发展过程中，起过相当的作用。师子铠音译诃梨跋摩，《成实论》的作者，一般被视为小乘空宗的代表，这一思潮在南北朝，包括北魏，曾产生过很大影响；"达磨多罗"则是佛驮跋陀罗和庐山慧远所传禅法的创始人，是禅宗塑造自己的本土始祖而被援引的重要人物之一，而禅宗的发端即在北魏时期。他们两个人都被冠以"伪"，最后的下场是："各拥余师，自婴深辜，狐疑竞起，猜诈萌生，忍颠危而不见扶，遂论亡而莫能济"。这反映的可能是史实。悲观氛围浓烈的成实师，最终被新兴的满怀信心的古唯识学，即宗《十地经论》的地论师所取代；达磨师徒先后被害，迫使禅宗不得不大规模南下，而当道的则是持《四分律》的律师。

以"道"平"魔"；以"真"平"假"，把当时北朝的佛教功能和佛教特色大体勾画了出来，而这确实是形象地、有故事情节地、艺术地表现出来的。按王国维先生在《宋元戏曲史》里的意见，中国戏曲源于巫觋祭祀以及朝野官民的娱乐，那么，王志远的论文提供的材料说明，戏剧还用于传教布道，用于思想的和宗派的斗争。"文以载道"在佛教艺术中早就有所体现了。

　　第三，艺术和宗教是两个不同的领域。研究者苦于二者难以兼通，往往有隔行与隔山之感，所以有些论述这方面的文章，读起来总觉得缺乏一些什么。中国社会科学院世界宗教研究所设有宗教文化研究室的专门机构，这是个优势，现在已经展示出某些颇具个性的成就，但在这个结合上仍有大作为的余地。借此机会，祝愿这个研究室多出人才，多出成果。

周齐《明代佛教与政治文化》^①序

周齐同学让我为其大作写序，未经思考，就一口答应下来。这原因，一是人很熟，不得不写，不能不写；一是我对明清佛教基本无知，希望借此机会增加一些了解。实际上，后者才是主要的。

结果，只重点读了几章，就已经提高了不少认识。明代是把君主专制主义推向顶端的封建王朝：朱元璋出身流氓无产者，出家做过和尚，有长期混迹于红巾军的经历，有利用宗教造反的经验，所以他做了皇帝以后，不但在政治上采取高压手段，对于文人和宗教也保持高度的警觉。朱棣搞"靖难"之变，以"清君侧"的名义武装夺权，按封建伦理和传统价值观，实属于背亲叛上，大逆不道，因而对于社会舆论的控制，所谓文化专制，自然也会非常的残酷。清代的文字狱，恐怕就是继承明代的衣钵来的，雍正的《御制拣魔辨异录》就是制造佛教文字狱的一个标本——这是我的看法。因为，现在有人据此而颂扬雍正为"中国历史上惟一的融人王兼法王之尊于一身的帝王"了。

总而言之，我的老印象是：由于明王朝采取全面的高压政策，对于宗教问题尤其敏感，所以导致了明代佛教的委靡不振。周齐的著作则告诉我，事情并非如此简单。如洪武初期，"江南名僧大老大多被诏"，"到了京城做了新皇帝的嘉宾，并诚惶诚恐地为新朝祈福。而新皇帝在平时的日理万机之中，还时常抽时间与其赏识的僧人坐而论道。甚至阅藏著述，发表议论，对佛教确实关注有加……普通僧人也可以随意'日讲夜禅'地游方。朝廷还免除了以前出家时要交官府的免丁钱"。朱元璋是如此优渥佛教，这是我原来没有想到的。周齐特别引用了《明史·李仕鲁传》，对我很有说服力，实在

① 周齐：《明代佛教与政治文化》，人民出版社 2005 年版。

值得在这里复引，也供同好们一看。其文曰：

"帝自践祚后，颇好释氏，诏征东南戒德僧，数建法会于蒋山，应对称旨者辄赐金襕袈裟衣，召入禁中，赐坐与讲论。吴印、华克勤之属皆拔擢至大官，时时寄以耳目。由是其徒横甚，谗毁大臣。举朝莫敢言，唯仕鲁与给事中陈汶辉相继争之。汶辉疏言：'自古帝王以来，未闻缙绅缁流杂居同事，可以相济者也。今勋旧耆德咸思辞禄去位，而缁流恮夫乃益以谗间。如刘基、徐达之见猜，李善长、周德兴之被谤，视萧何、韩信，其危疑相去几何哉……'帝不听。诸僧怙宠者，遂请为释氏创立制官。于是以先所置善世院为僧录司，设左右善世、左右阐教、左右讲经觉义等官，皆高其品秩。道教亦然。度僧尼道士至逾数万。"就是说，朱元璋不只请少数僧侣入京做大官，而且普遍提升僧道的品秩，致使他们能够横行霸道，干预朝政，毁谤勋旧，离间开国重臣与朝廷的关系。

陈汶辉所谓"缙绅缁流，杂居同事"，指的当是僧侣作为一个特殊阶层参政，而不是个别僧尼的从政，所以他才说，他未之闻也。实际上，个别僧侣的干政，在中国不是新闻；佛教应该干预世事，也是大乘的本来教义。但这有个前提，那就是佛教作为出世法的身份绝对不容改变。这个原则在东晋慧远的《沙门不敬王者论》中已经确立起来；北方少数民族国家的僧侣虽然早就主张礼拜王者，也是以坚持沙门法与世法有本质不同作条件的。宗教就是宗教，而不应该成为政府的官僚机构。中国历史上的宗教，在总体上是与国家政权协调的，但却始终保持它们独特的宗教身份，而没有形成国家机器的一部分；国家政权虽然可以礼遇宗教，善待宗教，甚至请它们扶持教化，也始终没有把宗教作为国家机器来使用；至于把国民的希望和国家的前途寄托在宗教身上，只有少数末代皇帝和发昏的文人幻想过，时代很快就把他们淘汰了。因此，中国内地没有形成政教合一的体制，也没有这方面的传统。北魏律僧的权力极大，然而只能行之于佛教内部；梁武帝晚期，佞佛以至于痴迷，但他的政权也不是政教合一的。他卖身给僧为奴，是个人行为；他围攻《神灭论》发动了王公大臣，却没有任命僧人为他当国。相比之下，明太祖走得就相当远了。他不是给佛家为奴，而是企望佛教能在政治上帮他当家，助他掌权。他普遍抬高僧人的政治地位，将僧人自我管理的机构官僚化，拔擢僧人做大官，是一种组织措施；他撰写《拔儒僧人仕论》、《拔儒僧论》等，是他制造的理论根据；"诏通儒术僧试礼部"，则是把他的理论制度化。朱棣显然是继承了这一传统，而且相当见效：他之敢于悍然起兵夺权，就是僧人道衍给他出的主意。道衍（即姚广孝）是朱棣最重要的谋士，也是他筹划夺权的实际指挥者。不过道衍很聪明，功成名就，不是得意便猖狂，而是依旧常居僧寺：上朝穿官服，避免了缙绅与缁流杂居同事的讥嫌，下朝穿僧衣，仍然保持缁流的本色。

李仕鲁反对朱元璋崇佛的出发点，与陈汶辉略有不同，他不只是耻于同缁流杂居同事，而且因为他推崇朱氏儒术，是出于文化思想上的考虑，所以他上疏谓："陛下方创业，凡意指所向，即示子孙万世法程，奈何舍圣学而崇异端乎！"此"异端"指佛教，"圣学"就是朱熹的新儒学。就是说，李仕鲁是在为明太祖设计"万世法程"、确定统治思想的。但朱元璋不买账，于佛教似乎确实"深溺其教"，竟"命武士捽搏之，立死阶下"。陈汶辉也没有好下场，"最后忤旨，惧罪，投金水桥下死"。

在政治斗争中，僧道起的作用确实不可忽视，但多限于个人行为，与作为一个宗教整体的关系并不总是很大的。道衍之于明成祖，刘秉忠之于忽必烈，都是在改朝换代中赫赫建功立业的人物。他们的成功，在于他们个人的社会政治才能，并非因为他们的佛教徒身份，也不是他们利用了佛教的教义或把佛教作为社会力量去运用。朱元璋的特殊经历，有可能使他的判断失误，那就是过高地评估了宗教的社会政治功能，以致认为在造反期间可以利用的东西，只要略加调整，在建设和巩固政权中同样可用。严禁白莲教，高扬佛道教，可能就是他的重要调整方案。因此，他不能允许有反佛的言论立足。

其实，中国佛教的发展和演变，几乎都是在反佛排佛限佛的声浪中进行的。历史上，即使再佞佛的王朝，也没有对佛教说不者处死的先例。前述的梁武帝，对待《神灭论》止于文字上的围剿，而对作者范缜，却是官照样请他做的；唐代韩愈的《谏迎佛骨表》持论可谓激烈，遭遇的仅仅是贬官流放。在我国的历史上，几乎没有发生过宗教迫害和宗教战争，思想和信仰上是相对自由的。所谓"三武一宗"的毁佛运动，以及打着宗教旗号的农民暴动与起义，主要是基于社会和经济问题，与宗教信仰没有直接关系。朱元璋破坏了这个传统，采用了血腥手段解决思想认识问题，为了引入佛徒治国而逼杀大臣，开了一个极其恶劣的先例，此后的封建帝王多用血腥手段强化文化专制，并当做常态，朱元璋应该是始作俑者。

据周齐看，朱元璋从提拔僧人做官到对佛教实行官僚化管理，是一个重大的转变。直接导因当是"胡惟庸谋反"事件及他从中吸取的教训。所以，官僚化管理的重点，不再是纵容佛教的扩展和佛徒的猖狂，而是对佛教的整饬检肃。佛教干政不当，佛教徒腐化横行，都是对君主权威的侵犯；尤其是佛教与官吏及下层民众的密切接触有可能引发非常事件，更使明太祖不安，因此他采取行政手段加重了对佛教的严密控制，其中的体现之一，是分裂统一的佛教为禅、讲、教三等，只许它们各行其是，不得逾越；同时规定，僧人一律不得结交官府，悦俗为朋，其有犯者，同样要处以"重罪"，或"杀无赦"。总之，目的在于尽可能地将佛教"纳入国家机器的运转轨道"，使之成为"更好用的辅助工具"。

因此，不论是优渥还是整肃，都以皇帝的统治需要为转移，而佛教相对的独立性和自由空间，也就丧失殆尽。难怪被擢拔为大官，受宠于皇帝的名僧如宗泐辈，也是以"苦"字作为临终遗言——当然，名利熏心者例外。

顺便指出，"胡惟庸谋反"也应该是封建主义政治史上的大事。因为这个事件导致的直接结果，是废除丞相制，揽天下庶务于皇帝一身。于是，王朝就不再是一个阶级的代表，甚至不是一个集团或家族的代表，而成了君主个人的统治工具。宗法的社稷观念隐退了，君主的个人至上主义强化起来，忠君就变成了忠于某个人。这在中国的传统思想中也是一大变化。如众所知，像孟子、董仲舒这类大儒，都是维护封建君主制度的思想家，但同时也都主张限制君主的个人独裁，把"民"作为制约君主权力的对立面。中国佛教也有类似的倾向，像《六度集经》表达的就十分清楚。明太祖取消了以宰相为代表的封建国家机构，独揽全权于一身，实际上是抛弃了这个传统。这也直接影响了明王朝对佛教的决策：究竟是利用还是高压，全看它对于君主个人的专权是有利还是有害，甚至没有像魏晋以来，首先从意识形态的是非上，或从社会经济的利弊上考虑。这样的佛教，一切望着王朝的脸色行事，成了君主个人的专制工具，所以不论在教理原则上还是宗教实践上，都很难有什么新的创造、新的进展。佛教在明代的衰落，这个因素也是不能忽略的。

周齐在综述朱元璋的统治思想时，引了《太祖实录》中的一句话："务释氏而能保其国者，未之见矣。"又据朱元璋在《游新庵记》中所说："帝王佞于佛道，必将怠政而致国废……帝王若要'永为人皇'，应做的是'宵衣旰食，修明政刑'，以使'四海咸安，彝伦攸序'。"据此或可以认为，作为历史上的一个务实的开国皇帝，明太祖对于宗教在整体意识形态中的地位及其社会功能有清醒的认识，主张治国，应兢兢业业，放在"修明政刑"之类的人事上。

由此我倒想起了鲁迅先生的一段话来："人事不修，群趋鬼道，所谓国将亡听命于神者哉！"[1] 这段话我曾用于一个有关新宗教和新时代运动在当代中国的调查报告，后来在公开出版的时候，接受一位老领导的建议，把它删去了。现在想想，这话似乎仍有警世的作用，所以在这里重引一遍，也算给那些热炒宗教兴国或宗教救国论者泼点凉水。

---

[1]　鲁迅：《致许寿裳》，《鲁迅全集》第 11 卷，人民文学出版社 1981 年版，第 348 页。

《佛教汉译经典哲学研究》^①中的二组结语

一 原始佛教部分结语

关于原始佛教，尽管已经很难弄清它的许多历史细节，但在它的基础性教理方面，当今研究的成果，大体还是一致的：

第一，原始佛教集中思考和企求解决的核心问题，是人的现实生活，而不是抽象的玄学，它提供的是一种人生观，而不涉及形而上的宇宙论。

这个人生观是从观察生老病死的一般生命过程，释迦族所遭遇的特殊灭族危机，以及深感人生与客观现实的重重矛盾得出的理论结论。这个结论断定：人生的本质是"苦"，"苦"的基本属性是"无常"——感叹人生苦短，不得永生；是"无我"——不知"我"之所在，不得自主。"无常"、"无我"的结合，就是不自由，其在日常生活中的表现，可以概括为"怨憎会"、"爱别离"和"求不得"，归根结底，是对自己身体的希求和珍惜，而希求和珍惜人身就是"苦"，即所谓"五盛阴苦"——人体只是盛苦的器具。

因此，原始佛教渲染人生完全是由苦编织的罗网，同时又特别抨击人身之"不净"，尤其是女人之"不净"。观察"人体不净"，是早期佛教最重要的修习科目，从饮食到排泄，从处胎到老死，以至腐烂而成白骨，力图通过厌恶人身而厌恶人生，通过厌恶人生而厌恶人身。其所以要特别观女人之"不净"，则是为了禁欲。因为人身来自生育，生育始于情欲，为了不作"苦具"，绝对不能生育，不育则必须从禁欲着手。据此，它抨击婚姻，抨击家庭，提倡出家，弃离妻子，禁欲修道。佛教始终把"无生"或"不生"作为

———————
① 本书为国家社会科学基金项目，现正在出版中。

最高理想，即所谓涅槃，追本溯源，就是从反对生育开始的。这一点，特别反映在有关比丘和比丘尼的戒律中。

原始佛教对"苦"的基本规定共有四项，即在无常、无我、不净之外再加上"空"，称为"苦谛四行相"。"空"表达的是由繁华昌盛转向衰颓没落、由满怀希望而跌入绝望的一种失落，同时也是对世界本质作出的理论判断。不妨这样说："苦"是原始佛教对人生作的价值判断，"空"则是它对整个世界作的本质判断。这一类思想情绪，在人生的某些发展阶段和遭遇的某些境况，可能以淡淡的哀愁或极度的痛苦表现出来，具有一定的普遍性；但原始佛教把它夸大了，绝对化了，把充满"喜怒哀惧爱恶欲"的情感世界和情趣人生做了消极悲观的曲解。

原始佛教从人生是"苦"的价值观抽象到对现世界作出"空"的结论，有一系列的理论支持。其中最重要的是两个，一个是"五阴"说，一个是"缘起"说。

第二，"五阴"论与人体构造说，"缘起"论与人的本原说。

"五阴"亦作"五众"，新译"五蕴"，它被用作人身或众生的代称和同谓语，是对人体作直观观察和抽象分析的产物。

最早的佛教，可能是把人身看做是头脑、肢体、五脏等部分的机械构成，及至发觉人还是有感受和思维的活物，始将精神因素也纳入了人身的组织成分。看来是经过一个相当的认识过程，最后才把整体的人分解为"色、受、想、行、识"五种基本元素，即所谓"五阴"的组合：人、众生，不论是谁，无非是这五阴的和合。一旦人身定型在这种"五阴"说上，并为佛教全体所接受，它就成了考察和论述人生最通行的名数概念，佛教各大派别和主要经论无不把它作为探究和诠释的主要对象。

原始佛教的诠释，着重在说明人体"无我"：人身只是五阴在特定条件下的聚合，因而没有独立的自性，也没有本质，不得自在；不得自在，就是没有自由。所以，"五阴"不是指它们每一个的孤立的个别的自然存在，而是由于业力炽盛的追求，令它们凝聚于一起，处于和合为人体的状态。因此"五阴"的本质，只能是"五盛阴"；由于人们的无知，拼命去追逐五阴，执著五阴，以至流转三界五道，故又名"五趣阴"或"五取阴"，导致受苦无穷。

原始佛教的"缘起"论，奠定了佛教区别于其他宗教哲学的根本特点。

按照"缘起"论的定义,是"此有故彼有,此灭故彼灭",任何现象都不是自生自灭的,而是以其他现象作为自己存灭的根据和条件。这些因缘条件绝不是一个,而是无限多的。以此用来解释人生过程,原始佛教有两种说法,一种说"十缘起",一种说"十二缘起"。这两种缘起论,在汉译经籍中都有保存。二者的区别集中在开端两支:人生究竟是始于"'无明'缘'行'",还是始于"'识'缘'名色'"。如果按"十缘起"解释,至少在逻辑上,"识"成了脱离并先于人身(即名色)的存在物,很容易把它视为不灭的魂灵,即所谓"识神"。在鸠摩罗什译经之前,汉译佛籍和中国佛教义学自觉或不自觉地承认"识神"的存在,就可能是遵循十缘起之说。但若承认有"识"独立存在,并成为人体生身的本原,则与原始"无我"的教义必然冲突;在"识"之前加上"无明"与"行",就消除了"识"的独立自在的地位,避免了同"无我"说的矛盾。但就理论上看,这一变化在把人生的发端归诸于无智和意志的原因,而在实践上就必然强化智慧和控制意志(禅定)的功能,以至将其他伦理的和宗教的修持,贬抑到了第二位的、次要的行为。

中国佛教从十缘起中抽出识神不灭的观念,从十二缘起中总结出人生全部流程的学说——即突出"痴"、"欲"和"生"三支在形成整个人生过程中的特殊地位和作用。这两种缘起说,在东晋道安和慧远的言论中都有很明晰的反映。

事实上,这两种缘起论,都是用来说明人生的始因和人生流程的:除非不生,只要一生,就必然经历这一缘起规定的每一支(阶段),并遵循它们的先后因果次第所构成的必然法则运行,而人之所以生以及生命的类别与现实的遭遇,则是由"惑"与"业"决定的。"无明"是惑的概括,"行"则是业的概括;二者的现实活动,能够感召"五阴"集聚成身,以至降生为人。道安、慧远归结人生本原为"痴"、"欲"与"生",则是惑与业的统一。这种用"业"与"惑"解释人生本原的佛教学说,通称"业感缘起"。

第三,关于世俗世界的宗教构想。

依业感缘起规定的法则,有什么样的业惑,就会获得什么样的果报。世俗的世界,所谓三界六道,三千大千世界,就是由无限众多的"惑业"共同创造的,名为"共业";个别惑业称作"别业",别业决定个体的特性和命运。在惑业与其结果之间存在着不可消灭、不可转移的必然联系,即"业报"、"因果"铁律。这一铁律的通俗说法，就是善有善报，恶有恶报，不是不报，时候未到，时候一到，一定要报。世间众生就按照这一铁律，在三世中失去自由，流转受苦，而且没有穷期。

　　原始佛教的信仰主义性质，主要蕴涵在这三世因果的"缘起"论里。它设计的天堂、地狱，充满了荒唐的幻想，其普及于普通民众的程度，比它的人生观深广到不可同日而语的地步；它的稳定性和影响的时间长度，也是它的人生观所不可比拟的。迄今为止，支持佛教信仰广泛流通的，依然是因果报应。然而就"业报轮回"说本身而言，可能并非原始佛教的独创，不但古印度经典《奥义书》中有记载，古希腊的哲人，例如柏拉图，也有相近的主张；即使古中国所谓"行善之家必有余庆，行不善之家必有余殃"，也带有类似的神秘色彩。因此，我们不妨把这一学说看做是古代思想家的一种通病，不宜单独苛求于佛教。

　　但当"三世轮回"之说，经过"缘起"论的过滤，它就同其他相近的宗教思想区分开了。首先，它否定"我"的存在，以"无我"而与《奥义书》和印度的其他宗派画上了一条鲜明的界限。《奥义书》的"我"与柏拉图的"灵魂"实质上是一回事，都承担着轮回主体的功能，在"缘起"论中一并为佛教所否定。至于古中国的说法，是立足于家族本位，因果的联系不在个体自身，作者与受者完全不同，这与以"自作自受"为原理的"业报法则"也是不相容的。

　　佛教设计的"三界"，与古印度的宗教实践可能有密切的联系，原始佛教由此出发，强化了禅定的修行。"欲界"、"色界"和"无色界"的划分，就是按禅定的高低层次及其达到的相应境界确立的；与之有关的"神通"，以及由之构造出来的各种怪异的宗教世界，也可以从禅定经验中获得想象，与"三界"一起，当做真实不虚的事。原始佛教异常重视经验，但究竟是主观经验还是客观经验，是主体的幻觉还是客体的反映，还没有清晰的区分。

　　第四，与其他宗教和哲学区别开来的根本特征。

　　一旦"业感缘起"将"自作自受"规定为"业报法则"的基本原理，也就把人及其命运完全置于人自身的思想言行的范围之内：人即是人自身的创作，人的遭遇及其所处的环境，也是人自身言行的结果。人既创造人本身，也创造他们所生活的世界。在这里，众生的思想言行是世上唯一的决定性力量，没有任何造物主存在的余地，也没有造物主存在的必要。天神是有的，魔鬼也存在，但他们都属于"众生"的范畴，服从同一的业报法则，不享有任何特权，也没有干预他人他物的资质和能力，即使作为教主的释迦牟尼、尊贵的佛，也不例外。

于是，原始佛教不但在否认"灵魂"的实存上，而且在否定神创论和神决定论上，态度也是明确而坚定的。尤其是一神论教，佛教从始至终把它作为最不能容忍的论敌看待，在印度本土，批判的对象主要是"欲界"的"大自在天"和"色界"的"大梵天"。前者是绝对自由的神格化，后者被奉为世界的创造主。

反对"梵天创世"说，是原始佛教在信仰领域最重要的任务。依《奥义书》之《森林书》说："万物从梵天而生，依梵天而存在，毁灭时又归于梵天。"正是这种梵天创世说和决定论，为种姓制度提供了宗教信仰上的依据。因此，原始佛教反对将"梵天"特权化，同时具有了反对种姓制度的社会意义。现下学界比较普遍地认为，原始佛教的兴起，与当时社会的反婆罗门思潮有着密切的关系；佛教所反对的，就是婆罗门关于梵天创世说和它的种姓制度。

按照"业感缘起"论，不论是什么样的众生，神与人，贵与贱，富与贫，美与丑……无条件地一律得服从业报法则，依据这一法则而存在，也依据这一法则而死亡。在业报法则面前，一切众生完全平等，谁也不能享有例外的特权，谁也无法改变法则的铁律。这样，原始佛教一方面否定了人有自由意志的可能，同时又给予了人们以社会平等的权利。对这一学说，而后的部派佛教和大乘佛教虽然有不少修正，但思想核心没有原则变化。中国禅宗接受的域外佛教，主要是这一部分；章太炎之推崇禅宗的"依自不依他"，批判基督教，根据也是这一部分。

为什么后来的佛教要对这种业报法则进行修正？因为这一因果律包含着一对明显的逻辑矛盾。

矛盾之一是因果律自身的：从一方面讲，业因具有造作果报的能力，而且是唯一的造作者，所以必须对由此导向的结果负完全的、绝对的责任，而不能推给任何外力；无条件地接受它，而不能随意地转移它。如果这个论点能够成立，那必须有个前提，即承认众生具有选择如何造作和造作什么的自由，也就是拥有自由使用自我造作能力的意志。因此，就"业"的本质及其对"惑"的选择言，人的本性应该是完全自由的。但从另一方面说，果报只能接受业因造作的既成事实，处在果报位置上的众生，只能是被动的受体，失去了独立思想和言行的任何可能，从而也失去了选择自己的道路，把握自己命运的可能。这表明，人的本性，自生之初就是不自由的、意志缺失的。由此而言，任何人对自己的任何活动都无法负责，也不必负责。

于是现实的人就处在两难之中：他可以是完全自由的，他也可以是完全不自由的；对于社会而言，他应该对自己的命运和行为负完全的责任，他也可以是完全没有责任的。业报法则之所以产生这样的矛盾，主要来自两个错误观念：一是"三世轮回"，将因果关系神秘化为可以脱离实体而存在的东西，致使业因成了一种超时空的力量，令所谓果报成了无法证实是否与其业因有必然联系的事情。此生此时受穷，如何证实是彼生彼时作了穷业的结果？此生此时作恶，又如何证实来生来时必定得到惩处？实际上，它所宣布的因果律，在很大程度上是出自想象，是对于现世界善行不一定善报，恶行不一定恶报等不公正现象的一种解释和慰藉。

与此有关的，是这一缘起论把人抽象成了纯粹个体化的存在。人是社会动物，是社会的存在。任何个人都不可避免地生活于特定的社会关系之中，接受社会条件的制约，并给他的周围环境以相应影响，因此，个人的思想行为，必然反映着作为他的生存基础的那个社会；而他的遭遇，也绝对不可能脱离他实际的生活条件而得到合理的解释。因此，从现象上看，确是个人的行为塑造了他个人的形象，决定着他个人的命运，但若深层次地追究，决定着个人活动的，却是社会关系，尤其是与社会生产力相对应的社会经济形态和文明程度。在同样的社会条件下，个人之间的主观状况与行为性质存在极大的差别，从这个意义上可以说个人的因素起决定作用，个人对自己的行为后果要负主要责任；但从社会的整体考察，任何个人都不可能对自己的行为和行为后果负起全部责任来。

马克思在《〈资本论〉第一卷第一版序言》说：

> 社会经济形态的发展是一种自然历史过程。不管个人在主观上怎样超脱各种关系，他在社会意义上总是这些关系的产物。同其他任何观点比起来，我的观点是更不能要个人对这些关系负责的。

把个人的一切社会遭遇和社会行为，都归结为个人的原因，是不公正、也不正确的。

如何观察和处理个人与群体、个人与社会的关系问题，是一个重大的理论问题，既涉及道德伦理方面，又关乎法律正义方面，更关系社会的进步和个人的发展。把个人问题的解决与社会问题的解决统一起来，是更现实也更合理的途径。

逻辑矛盾之二，是肯定因果业报的真实存在，与否定"我"是真实存在的矛盾。

按"我"的本义，是单一性的、永恒不变而独立自存的实体，后来延伸作绝对的自由解。在这一含义上确立的"无我"观，针对的是造物主实在论和灵魂不灭论，表达的内容无疑是符合实际的。但是，在最早的经籍里就把"无我"的原理，推广到了一切现实事物悉无自性上："无我"即是"无自性"。有车轮、车把、车座，但没有"车"；有头有脑、有手有脚，但没有"人"——世上事物无不是诸多因素在特定条件作用下形成的复合体，人也不例外，即是五阴的和合；由于没有自己固有的自主性，所以是"空"。然而，作者既然不得自主，又非实体，让他来承担作业和作业的后果，当然难以自圆其说，所以到了部派佛教和大乘佛教，竞相修正，或变相地承认"我"的存在，或明确别有"我"的实存，或松动因果间的必然联系，修正业报法则。但这是佛教的一条根本性教义，任何派别都没有也不敢公开地丢弃。

第五，关于人生的终极理想和达到理想境地的途径：涅槃与修道业报法则是说明世间现象的，是世间的根本规律，不管天、人与地狱之间有多么巨大的差别，但归根结底都是"苦"。世间的本质只有苦。佛陀的一切教诲，最终集中在摆脱六道轮回，不受因果律的束缚，根绝"苦"的再生上，这就是"涅槃"。最切合涅槃本义的意译，当是"寂灭"，它的延伸则是无烦恼、"无生"。因为苦来自烦恼，烦恼由于有生，有生即有世间，而寂灭的实质，就是从不生着手，熄灭烦恼，铲除苦根，彻底地从世间解脱出来。因此，这个词本身，绝不含有"乐"的意思。"苦"、"乐"是一对密不可分的范畴，乐只是苦的一种特殊表现形式，何况乐极生悲，毕竟是苦。中国佛教将涅槃的原始思想，形象地概括为"灰身灭智"：身体与精神全都不在了，还有谁去作"乐"的感受？

这样，"世间"不复存在了，所谓"出世间"就是一片空白。涅槃不是另外的一种生存状态，更不是别样的生活空间，而是个纯粹否定意义上的"无"，亦即修行者的最终归宿"灭"——彻底的死亡。

原始佛教规定的全部修持，都是为了迈向这个最终目标。所谓"三学"、"三十七道品"，以及以禁欲主义为核心的戒律，都是围绕着在自身上实现涅槃而作的努力。由此修道获得的最高果报差别有四，加上为通达这些果报所做的准备即所谓"四向"，略称"四向四果"，就是以摆脱三界六道、证得不生世间的层次来划分的。例如四果中的"预流果"，是修习达到"见道"程度，断灭了三界的一切"见惑"所得的果位；正在断除"见惑"，趋向预流果的，即称"预流向"。这一向一果，标志着修行者在思想上正在和已经断绝了对三界的留恋，完成了彻底厌离所有世间的思维进程。若继续修习，则断除所谓"修惑"，即铲除了对三界根深蒂固的执著和情感，从此只要于死后再生"天"上与"人"间各一次，就可以达到完全断绝生死之路；处在这样阶段的行者，叫做"一来向"和"一来果"。从此再继续修习，就是"不还向"，获取"不还果"，意即死后再也不会生于三界中的"欲界"，再也不会受"人身"之苦了。由此仍继续修习，就是"阿罗汉向"和"阿罗汉果"。

阿罗汉的本义应是"不生"或"无生"，指其死后绝不会再生于三界即世间的意思；或意译"杀贼"，谓已经杀灭一切可能导向死后再生的烦恼。因此，整个修行，就是为了在死后也不要再次降生，在实践上则表达出原始佛教对于人身和生命的极端厌恶和决心遗弃的旨趣。中国道教以其极端的"贵生"而提倡长生之道，攻击外来佛教是"修死之术"，不是绝对没有根据的。

阿罗汉还有一个重要名称，叫做"应供"，意谓是理应受到大众的物质供养的圣者，因为只有这样的圣者才应该得到大众的尊重。这恐怕是对阿罗汉必须接受生活资料来维系最后生命的一种不失尊严的解释。

既然涅槃就是"不生"或"无生"，获得"不生"或"无生"称号的修持者，只有阿罗汉；反之，阿罗汉之所以成为佛教的最高阶位，就因为他证得了"灭谛"——灭谛即是涅槃的理论表述。因此，阿罗汉也应该是达到涅槃的人。可涅槃就意味着彻底的死亡，已经死亡的人，怎么还能以阿罗汉身份在世间活动，甚至在部派佛教中还发生了阿罗汉是否还会退失堕落问题的争论？于是就有了两种涅槃之说：所谓"有余涅槃"和"无余涅槃"。前者指，所有生死之业因已经完全寂灭了，死后绝不会再生了，但前世的业因在现世中仍然起作用，五阴人身依旧存活，这人身和需要维系人体生活的资料，就是涅槃尚未实现的部分，故称为"有余"，或"有余依"。修持到这种涅槃状态，已经完全失去了生活自理的能力，所以特别需要信徒的日常照顾。处在这"有余涅槃"的地位上，已经获得了阿罗汉的称呼，"应供"之名以及出现退失到恋生的可能，均来自这种异常的艰难境况。

至于"无余涅槃"，那就是人身及其全部生命的结束，实质上与平常人的死亡没有两样，唯一的差别，是死者于生前已经断绝了一切再生的欲望，并且他自己和他的信徒，都相信他再也不会降生于这个恶浊的世间，成为受苦的器皿。于是他彻底地解脱了，因为他终于死了。

原始佛教的悲观厌生主义，以及对死亡的讴歌和追求，在社会某些特殊的少数人中或许能够引发共鸣。在社会异常动乱、自然灾害频降、大多数人在死亡线上挣扎而看不到前途和希望时，它就会得到流行。域外佛教进入中国内地，历史的明确记载是公元前 1 年，但它的开始盛行，却在东汉末年，约 2 世纪中叶以后。为什么从初传到发展，约有 150 年的徘徊？一个非常显著的原因，就是当时的社会秩序完全崩溃，战乱和灾难的深重，可以说是历史上之最："乡邑望烟而奔，城郭睹尘而溃，百姓死亡，暴尸如莽。"（曹丕：《典论－自叙》）以至像曹操那样的枭雄也不得不发出"人生几何"的感伤。在正常的稳定的社会条件和人身正常而健康的状况下，原始佛教的这种生不如死的哲学，是不会有什么大的市场的。佛教若要在社会上长期站住脚跟，就必须发挥更积极的作用，得到社会持久的呼应。就是说，佛教必须适应社会主流的需要，改变厌生乐死的形象。原始佛教走向分裂，并由部派佛教向大乘佛教转变，就成了一种必然。改造涅槃的概念和演变修行的方法，也就成了当然的事了。

但就认识论讲，原始佛教有两个重要判断，是绝对成立的：

一，世上无常事，有生必有死。这反映的是自然规律。西方人自觉到这一法则，可以追溯到黑格尔："生命本身即具有死亡的种子"。恩格斯在《自然辩证法》中特别提到这一点：

　　　　今天不把死亡看作生命的重要因素……不了解生命的否定实质上包含在生命自身之中的生理学，已经不认为是科学的了……无论什么人一旦懂得了这一点，便会摈弃关于灵魂不死的任何说法……因此，在这里只要借助辩证法简单地说明生和死的性质，就足以破除自古以来的迷信。生就意味着死。①

据此可见，一切企图逾越自然规律，追求不变，奢望永生，都是妄想；由于好景不长而痛不欲生，为了逃避死亡而自虐自戕，也不是理性的选择。原始佛教对生死作了理性的分析，但却因不得长生不老而徒悲，以至将具有否定灵魂不死这一破除迷信的"辩证法"，也变成了消极颓废的东西。

当然，人不但是理性的，也是感情的。面对生老病死、离合不定，由之喜怒哀乐，悲欢起伏，是人生常态；如果麻木不仁、无动于衷，那才是变态。问题是要有理性的制约：面对人生，善待人生，珍爱人生，在曲折和奋斗中踏出自己的路，走好自己的路——在这里，人文关怀是需要的，科学精神更需要。人文关怀给人以人情和温暖，给人以精神上的慰藉；而科学则实际地教人如何生活得更健康，更快乐，也更长寿。就此而言，认识了必然，才有自由；不承认或不接受客观的必然性，与之相逆，那烦恼是无法排除的。

二，此有故彼有，此生故彼生。任何现象，都以他物为存在的条件；而其本身也必然是他物的存在条件。这种互为依存、互为因果、互相联系的缘起说，也是自然规律。它首先把孤立自在的唯一性在理论上否定了，同时也就否定了造物主真实存在的可能性。恩格斯说，现今的"自然科学证实了黑格尔曾经说过的话……相互作用是事物的真正终极原因。我们不能追溯到比对这个互相作用的认识更远的地方，因为正是在它背后没有什么要认识的了"。（恩格斯：《自然辩证法》）

也就是说，在事物的相互作用之外，根本不需要什么"神"作终极的原因或作"第一推动力"。

"缘起"说是佛教哲学区别于其他哲学派别的主要特色，在原始佛教之后，还有很大发展，至《华严经》而达到一个最高点，并由中国的贤首宗做了很好的系统工作。西方学者之所以视佛教为"无神论"，与佛教一贯地坚持"缘起"说，否定，"神"的实在性和具有造物主的功能，有密切的关系。

然而，也主要通过"缘起"说，否定了现实事物具有各自的本质属性，众生则是相对稳定的生命体，以至断言四大皆空，五阴非我，导致了自我失落感的发生和主体意识的泯灭，形成对人生价值的负面评价和消极的人生观。

第六，关于分析和还原的方法论问题

从接近真理的"缘起"说开始，最后导向具有谬误成分的"无我"说，这转化的中介是它的分析的、还原的思维方法。

根据某些今人的观点，分析和还原的方法产生于西方近代科学导致的机械论，并用东方所谓综合的整体观与之对立起来，由此断定东方的思维方式优于西方。这一说法颇为流行，但很难成立。因为人类的思维能力和思维规律，大体是一致的；在方式上固然会有所差别，但那原因与科学文明的程度和社会发展的水平有关，而与人种上的天赋无关。从人的认识历史进程观察，以西方为例，大致是以直观和想象为认识基础的古希腊哲学作为代表的整体观，经过近代科技以分析、还原为特征的机械论和思辨的辩证法，逐步达到了分析与综合、还原与整体统一的唯物辩证的认识论——由于现代世界性的思想文化交流频繁而紧密，这些思维方式实际上表现为形式极不相同的哲学体系，呈现出异常多样性的形态，仅仅用分析法还是整体观去考察东西方思维方式的异同，已经远远不够了。

但就依整体—分析—多样性的统一这一思维方式的发展轨迹看，也不是绝对的。古代的整体观，并非完全排斥分析；机械的分析法，也不否认整体。这细说起来有些离题，就事论事，与近代科技完全无关的原始佛教哲学所体现的思维方法，就是典型的分析和还原，而且与古希腊的某些思想遥相呼应。这也可以与古代中国作比较。

前文中已一再强调，原始佛教确立的"空"即"无我"的根本原理，是通过对"人"这一整体进行分析和还原的思辨过程得出的结论。分析的结果之一，是"人"不过是头脑、肠胃和肢体等部分的机械拼凑；对这些部分作为抽象概括的"五阴"，即是构造成"人"的基本元素；这些元素中还包含着其他可以分析出来的元素，例如从"色阴"中可以分析出"四大"（地、水、火、风）来，四大就成了构成色阴的元素。每一大，又可以再分析，一直分析到不可以再分析，旧译称作"临虚"，新译名为"极微"，它们就是组成物质的最小单位，亦即"原子"。于是"人"作为物质的和精神的聚合体（心色的和合），与其面对的世界一起，都成了诸多元素和原子的组合物。据此，被还原了的，以单一性为特征的元素，或以不可再分割为特征的原子，被认为是实在的、永恒的、不变的，此即称之为"有"；反之，由元素或原子集聚而成的和合物，由于它的多因素并处在不断变化中，所以没有固有的、永恒的实在性，此即是"空"，亦是"无我"。

由此来看，得出"空""无我"结论的，不是分析、还原法本身的错误，而是否定由此构成的事物具有与其诸因素不同的本质属性。现在已经公认，整体大于部分的总和。意思是说，整体与部分，是一对密不可分的范畴。一袋土豆与一个土豆，不是整体与部分的关系，因为所有的土豆相加，依旧是土豆，二者只有量的差别，没有质的不同。两个氢原子与一个氧原子结合而成一个水分子，这水与氢氧的关系，就不是量的差别，在水这个化合体中，已有了自己全新的质，也有了与其组成元素完全不同的功能。人是一个活的生命体，他的生理构造和精神活动，以及生理与心理的密切关系，是任何物体都无法比拟的细致和复杂，把"人"归结为若干零部件的机械组合，首先就是忽视或抹杀了人是一个活的有机生命体。

关于这个问题，黑格尔说过这样的话：

> 不应当把动物的四肢和各种器官只看作动物的各个部分，因为四肢和各种器官只有在它们的统一体中才是四肢和各种器官，它们绝不是和它们的统一体毫无关系的。四肢和各种器官只是在解剖学家的手下才变成单纯的部分，但这个解剖学家这时所处理的已不是活的躯体，而是尸体。

据此，恩格斯发挥说：

> 部分和整体已经是在有机界中越来越不够的范畴。种子的萌芽——胚胎和生出来的动物，不能看作从"整体"中分出来的"部分"，如果这样看，就是错误的解释。只是在尸体中才有部分。[①]

在原始佛教那里，"五阴"的每一阴都是单独的存在，是现成的，既有

---

① 《马克思恩格斯选集》第 3 卷，人民出版社 1972 年版，第 536 页及其注 362。

的；所谓"众生"及"人"，只是在业感的作用下，将这些分散的自在的元素召集聚合在一起的产物，而事实上，任何现实的动物都是由胚胎中孕育发展出来的，"五阴"只是这一生命体在适宜条件下的内部分化，而不是他的外部构成。换言之，把人简单地归结为诸多因素的和合，是丢弃了活的生命这一最本质的属性。恩格斯接着摘录黑格尔的话说：

> 简单的和复合的：这些也已经在有机界失去了意义的范畴是不适用的。无论骨、血、软骨、肌肉、纤维质等等的机械组合，或各种元素的化学组合，都不能造成一个动物。①

恩格斯欣赏黑格尔的这一思想，是因为它批评了一些机械论者，把人仅仅视作各种物质元素理化组合的结果，把人看做机器。这种机械论，至今并未完全消失，譬如把男女间的爱情归结为化学反应或荷尔蒙作用等，就是比较流行的一种。至于今后的科学能否采用物理化学的手段制造出活的生命来，那还得拭目以待——当然，这又关乎如何去认识和定义生命的本质问题了。

我这里特别对原始佛教采用的分析、还原的方法论啰唆了这么些话，主要在表达两层意思：第一，佛教哲学不但充满辩证法的内容，而且也具有机械论的倾向。第二，这样的机械论，其实在古希腊哲学中也不缺乏。众所周知，留基波和德谟克利特是最著名的原子论学者；而米利都学派则将万物的构成，归诸于四种原质，所谓水、火、土、气，与原始佛教确定的地、水、火、风"四大种"说完全相同。这种方法和观念上的一致，我们很难判断它们是谁影响了谁，但它们都可以划归为简朴的分析、还原论，是不会有异议的。

中国也有自己古老的元素说，那就是金、木、水、火、土，所谓"五行"："先王以土与金、木、水、火杂，以成百物"。（《国语·郑语》）与上述列举的元素相比，共有的是水、火、土，没有的是气，多出来的是金与木。这有可能与当时的中国已经进入了以制造金属工具从事农业生产的时代有关，而在西方，包括古印度，游牧业占有的比重要大得多。遗憾的是，西方哲学上的元素说，从直观的想象而最后发现了化学元素和元素周期律，而佛教始终停留在原始思维阶段，只在其中作些简单的增减变化；中国的"五

① 《马克思恩格斯选集》第3卷，人民出版社1972年版，第536页及其注362。

行"则与"阴阳"之矛盾统一的变化观相结合，扩大到解释一切现象——当一种学说，可以解释一切现象的时候，或者任何现象都用一种学说进行解释的时候，它的认识论价值和科学价值，也就剩余不多了。对一个民族来说，可能标志着思维的停滞。

然而历史地辩证地看，不论古代还是当代，分析还原的思维方法，始终是构成正确认识世界的一个不可或缺的重要方面，把它与整体认识对立起来，与综合的思维方法对立起来，是一个绝大的片面。原始佛教所提供的分析、还原法，与人类的思维发展大道是并行的，与它的辩证法因素有同等的价值。可以说，这是它在探索人类正确思维路上的贡献，也是不可避免的局限。它的特殊性，在于把它的机械观和辩证法结合在一个体系中，为的是证实它的极端消极的人生观——就此而言，形成人生观的，固然有方法论上的问题，但绝不限于方法论。在这里，态度、利益、情感、身份、心理等非理性的主体性因素，在感受苦乐和决定人生的苦乐观上，起的作用可能更大。

二　部派佛教部分结语

就哲学层面看，部派佛教的理论体系发展到说一切有部就算结束了。《成实论》号称说"空"，但此"空"是以承认"有"为实在作前提的，所以在根本世界观和方法论上，与有部没有原则区别。如果说，有部哲学中的主流，最终地转向了大乘菩萨行，那么，《成实论》可以作为它的一个支流，是导向了极端恶生厌世的一途，必定与头陀苦行派合流，并为它提供理论支持和实践指导。因此可以说，有部哲学是部派佛教的最后总结和最高成就。值得快慰的是，它的主要论籍，在汉译中保存得最为完备，不但有条件，而且也非常值得我们去认真整理研究。

说整理研究有部哲学论著很有价值，是因为这个部派的哲学，具有普遍性。它的核心观念，在中外古今的哲学思潮中，都有不同形式的反映，影响之大，普及率之高，极少有能与之比肩并立的。

西方影响最为久远的哲学派别，莫过于古希腊的三巨头：苏格拉底、柏拉图和亚里士多德，而以柏拉图为最。他的"理念论"认为，"理念"是永恒不变的客观实在，它独立于事物和人的意识之外，而成为现实事物和人格的原型；现实的一切则只是理念的"影子"或"摹本"。这种"理念"存在于具体事物之外和具体事物之先的主张，就与有部哲学大同：同属于客观唯心主义。我们且作些简单的比较：

2004 年，商务印书馆出版了王太庆先生翻译的《柏拉图对话集》，使我们有机会更准确地了解这位伟大学者的见解，但这里引用起来太过繁细，不妨参考罗素在他的《西方哲学史》中的介绍。

罗素概括柏拉图的重要思想有五点，与我们讨论有关的有四个，即"共相"问题，"灵魂不朽"和"宇宙起源"问题，以及他的"知识观"。

罗素把柏拉图关于理念的阐述，分为两部分，一是逻辑的，一是形而上学的。譬如说，"这是一只猫"，在逻辑上是一个判断。此处"猫"的意义，"就不是这只猫或那只猫，而是某种普遍的猫性。这种猫性既不随个体的猫出生而出生，而当个体的猫死去的时候，它也并不随之而死去。事实上，它在时间和空间上是没有定位的，它是'永恒的'"。就形而上学而言，"'猫'这个字就意味着某个理想的'猫'，即被神所创造出来的唯一的'猫'。个别的猫都分享着'猫'的性质，但却多少是不完全的；正是由于这种不完全，所以才能有许多猫。'猫'是真实的，而个别的猫则仅仅是现象"。

据此，世界就被两重化了：一个是"真实"的、永恒的，即"理念"亦即"共相"的、概念的世界；一个是"现象"的、变动的，即以"个别"形态存在的现实世界。理念世界是现象世界的"形式"（原型），现象世界则是理念世界的"摹本"（影子）。譬如："镜子里所反映的床，仅仅是现象而非实在，所以各个不同的床也不是实在的，而只是'理念'的摹本；'理念'才是一张实在的床，而且是由神所创造的。"

有两重世界，就有两类认识，一类叫"知识"，一类叫"意见"。依上例所说，对于"由神所创造出来的床，我们可以有'知识'；但对于由木匠们所制造出来的许多张床，我们就只能有'意见'了"。在这两类认识中，"哲学家便只对一个理念的床感到兴趣，而不是对感觉世界中所发现的许多张床感到兴趣"。换言之，只有"共相"的认识才是高级的，可以名之为"知识"；"别相"——感觉性的认识，是低级的，所以只能称作"意见"。

有部哲学讲的也是两重世界，两类认识。一重世界是"有"，超越时空，曰"三世实有"、"法体恒有"、是永恒的、真实的；一重世界是"空"，流动变化，相互制约，曰"无常""无我"，虚伪不实。与之相应的两类认识，一曰"真谛"，一曰"俗谛"。圣贤能够认识那个永恒的"有"的世界，这认识是真实的而不虚妄，故名"真谛"，亦称为"智"；凡人只能触及"空"（假）的世界，而误以为是"有"，此等认识为现象所惑，虚妄颠倒而执以为实，只能称作"俗谛"，亦即通常所谓的"识"。

有部哲学和柏拉图哲学的相似，主要表现在这两重世界和两类认识的区分上。至于"理念"和"有"是怎样形成的？在认识论的表达上也非常接近。"这是一只猫"的"这"，是个别，"猫"是一般；"猫"是"这"的种族，"这"就是猫的"摹本"。"猫"的"一般"就是所有猫的"共相"，亦即反映在思维过程的语言概念，柏拉图称之为"理念"。关于有部的"有"有许多解释，但最基础的是说它来自于族类，所谓"界"。"界"既有界限的意思，以示与他物的区别，也有"因"的含义，表示它还有为后来的自类作因的作用。因此，用"这是一只猫"来表达有部处理个别与一般，别相与共相的关系，以及由之得出的哲学结论，与柏拉图哲学大体是相当的，不过一个叫"理念"，一个名为"有"。

这里需要插一段话，是汪子嵩先生为《柏拉图对话集》作的《序言》里讲的。大意说，"理念"的英文词是 idea；陈康先生认为更切合原意的，是应该译作"相"和"型"，王太庆先生表示赞同。据此，汪先生在撰写《希腊哲学史》第二卷"论述柏拉图哲学时，下决心将'理念'改译为'相'"。王太庆先生还认为，"柏拉图的'相论（Theory of Ideas）'，也就是'是论（Theory of Being）'"；此中的"是（Being）"，中国通译作"有"或"存在"，而在柏拉图继承的希腊哲学中，译作"是"比译作"有"或"存在"，更为准确。

翻译是一门大学问，我全不懂，但汪先生的介绍，却为比较有部哲学和柏拉图哲学的异同，提供了一个全新的视角。因为如果柏拉图的"理念"理应译作"相"，而"相"亦即旧译的"有"，那么，至少在文字的表达上，东西方的这两个哲学派别就更紧密地联结起来了——前面已说过，有部是以认识"法相"作为自己的哲学任务的，所以《阿毗昙心论》的《界品》开宗就说："法相应当知"。它所应知的"法相"，不是局限在世人共知的地坚相、水湿相等别相上，而是遍在于地、水等个别事相之中，像"无常"等更高一层的"共相"。不过别相与共相是相对的，地坚相，水湿相，相对于个别的地、水而言，也是一类"共相"，所以也是有部的认识对象，也都可以称作

"自相"。上经《序品》说：阿毗昙"如灯照明，是慧根性，若取自相则觉法"。它的全部智慧，就在"取自相"；只有通过对"自相"的认识，才能把握"真实义"。在有部那里，共相、自相与法相，在哲学意义上是同类的，是故又说："若知诸法相，正觉开慧眼"。"自相"表现在个别的具体事物中，即是自性，如马有马性，而无牛性；这马性的原型，是所有马的共相。

认知法相的方法，是对法进行分析；由分析中推出单一的、不变的性质，即事物的质的规定性，那就是法相；从法相是永恒不变的存在而言，也就是"三世恒有"的"有"。于是结论就与柏拉图一样了："相"即是"有"。至于有部所谓的"有"，是否可以相当英文的 Being，或 Being 也可以译作"有"，我就不敢妄言了。到此为止，可以说有部的"有"论与柏拉图的"理念"论是一致的，在哲学史上可以归为客观唯心主义一类。但若进一步考察，差别就显露出来了。

首先，"理念"或"有"，是怎样形成的？柏拉图的回答非常明确：是"被神创造出来的"；譬如"'人'的共相是神所创造的人的类型的名字，而实际的人则是这个人的类型之不完全的并且多少是不真实的摹本。"①

"神"在柏拉图哲学中占有创造主的地位，这与有部哲学，以至整个佛教哲学完全不同，也是佛教与一神教最突出的区别。

罗素依《蒂迈欧篇》对柏拉图"宇宙生成论"作了详细评析，其中有一段陈述柏拉图原意的话，颇长，但极具特色，所以全引如下：

　　凡是不变的都被理智和理性所认知，凡是变的都被意见所认知。世界既然是可感的，所以就不能是永恒的，而一定是被神所创造出来的。而且神既是善的，所以他就按照永恒的模型来造成世界；他既然不嫉妒，所以他就愿意使万物尽可能地像他自己。"神愿望一切事物应该是尽可能地好，而没有坏"。"看到了整个的可见界并不是静止的，而是处于一种不规则和无秩序的运动之中，于是神就从无秩序之中创造出秩序来"……神把理智放在灵魂里，又把灵魂放在身体里。他把整个的世界造成为一个既有灵魂又有理智的活物。仅仅只有一个世界……因为世界是被创造出来的一个摹本，而且被设计得尽可能地符合于为神所理解的

① 罗素《西方哲学史》上卷，商务印书馆 1982 年版，第 171 页。

那个永恒的原本的。

在上引第一个删节号处，原有罗素一个注释：

> 看来柏拉图的神并不像犹太教与基督教的上帝；柏拉图的神不是从无物之中创造出世界来，而只是把预先存在着的质料重新加以安排。

其实这段话可以作多层理解，罗素是其中的一种。因为"世界是被创造出来的一个摹本"，而摹本的原型即是理念，则神不但给"质料"以"秩序"，实际上还通过对理念（共相）的再创造，创造了全世界，例如，"猫"这个理念是"神"的创造物，理念的猫又创造了全世界所有个别的猫。

在基督教神学的思想资源库里，柏拉图哲学是最重要的一个，奥古斯丁（353—430）的神学来源于新柏拉图主义—逻各斯哲学，基督教内部也是承认的。柏拉图直接影响了亚里士多德；托马斯·阿奎那（约 1225—1274）则吸收了亚里士多德关于"实体"和"形式"的观念把共相（一般）放置于上帝的理性中，断定概念先于个别事物而存在于人的理性中，从而形成有名的"唯实"神学。此外，活跃于公元前的斯多葛派哲学，则是形成早期基督教的重要思想条件，这个学派也是用"普遍理性"解释"神"的，认为他是万物的主宰和第一因。不论这些神学互相间有什么不同，但在肯定共相理念、一般，决定个别事物，是一切个别事物的真理上，基本一致。

至于有部在用"有"解释世界万物形成时，有两个原本，一个是印度传统的世界模式说，把"三界六道"的世界及其"成、住、坏、空"的运动规律，说成是永恒的不变法则，是客观的存在形态，与任何他力都无关系；"神"只是这个世界众生中的一个组成分子，服从的是同样的客观法则，完全没有创造或左右他物的权力和能力。就是说，神不是创造主，对佛教来说，是绝对的，不容含糊。那么世界和人生是谁创造的呢？这就是第二个原本，佛教独有的理论："业感缘起"。有部哲学在这方面有充分理论化的发挥。

从"三世恒有"、"法体实有"的命题说，"三界六道"、"三千大千世界"，是永恒不变的世界模式，构造他们的种种元素，则是永恒不变的单一的实体。现实表现出来的是千变万化的众生及其所处的种种环境，则是个别众生的业力对这些元素的特殊组合，以及对世界模式进行选择的结果。人身就是一种选择和组合，人生道路也由选择和组合决定，人们的生活环境则是选择和组合的另一种形态。

驱动元素的组合和世界模式的选择有两大因素：一曰"业"，二曰"惑"。"业"即是驱动力，"惑"则决定选择什么，怎样组合。善净选择善净的世界模式，将善净的元素组合起来，由此获得与善净相应的结果，如王者，富者，美者，寿者，幸运者等；反之，若选择恶秽的世界模式，将恶秽的元素组合在一起，则获得的必定是贫贱、丑残、短命等种种与恶秽相应的结果。是做天神还是入地狱，全靠众生的自我选择和自我创造——选择与组合，都是个体自身的决定，与任何神都无关系。

此中被选择的世界模式和可以用于组合的元素，都是已有的，现成的；但选择与组合的主动权，全部都落在"业"上。"业"，即思想与行为，是感得世界模式和元素组合从而生成现实世界和人物的关键。如此生成的世界人生，叫做缘起；由于是"业"的感得或感召所生成，即名"业感缘起"。

"业感缘起"之说，成于原始佛教时期，至部派佛教，以说一切有部为代表的哲学，则给这一思想安置了一个永恒的模式和可以和合成物而永恒不变的元素表，那就是著名的"五位七十五法"，由此构建了一个多元化的本体论，并就此止步。柏拉图则又进了一步，把"理念"即"共相"作为现实事物之永恒的"相"或"模型"的基础上，又为所有各色"理念"安置了一个创造主，即"神"，把它们统一起来，使他的哲学带上了一元化本体论的色彩。佛教有部哲学与柏拉图哲学在共相方面的区别，即集中于多元本体还是一元本体之上。

欧洲中世纪的基督教，主要是通过神学家奥古斯丁（354—430）的发挥，把柏拉图哲学改造成为基督教神学的一块重要基石，由此形成所谓柏拉图主义，一直影响着神学的发展方向。这一思潮的出发点和理论前提，就是断定"共相"为独立于个别事物而真实存在的实体，所以一般哲学史称之为"唯实论"或"实在论"。由此推论，上帝就是最终的实在，亦即创造者，创造者以"理念"为模式，创造出了世界万物，于是《圣经》的创世说就成了真理。奥古斯丁是基督教神学的奠基人，在盲目信仰之外，开创了以"理性"诠释《圣经》和传播神迹与教理的新途径，而这一对"理性"的崇尚，也是来自柏拉图的哲学。

有部对"三世恒有"的论证有很多种，发展到后来，尤其是到了新有部，则突出了"识不缘无境"的观念。这一观念原自"为境生觉，是真有相"的认识论。按通常知识，关于色声香味触等的主观认知，是来自色声香味触的客观实在；没有这些客观实在，就不会有色声等认知的可能，犹如镜面之映照某物，若无某物，镜内就不会有它的影像。就此而言，这也是一种反映论——一种直观的、直线的机械性的反映论；反过来，它用这种直线性的反映论证明，只要是"识"所认知的对象，亦必定是"有"，正如从镜面之影像就可以肯定必有与之相应的某物实存一样。

有部的这一论证方法，在西方基督教证明上帝是客观实在的神学中也有呼应，那就是著名的"本体论证明"。首先提出这一证明的是安瑟伦（约1033—1109），他也是一个奥古斯丁主义的信奉者，唯实论的中坚，他的《宣讲》、《独白》、《上帝为什么变成人》等著作，对基督教神学的创新和发展有很大的影响。按照他的说法，上帝是作为"完善"的观念而成为我们思想对象的，他必须是现实地存在，否则我们就可以想象出比他更完善的东西，而事实不可能；反之，上帝不能被想象为不存在，因为不存在就不是"完善"，所以必须肯定他一定存在。简言之，因为我们想象中上帝是存在的，上帝就必定是客观实在的。这与孔夫子所谓"祭神如神在"，以至演化为俗语说的"信神如神在"，意思大体相当。但本体论证明是否能够成立却成了西方哲学上的一个备受争议的论题。

为了把这个问题说清，不妨看看恩格斯的意见。在《反杜林论》的《世界模式论》一节中，恩格斯说：

> 杜林先生为了用存在的概念去证明上帝不存在，却运用了证明上帝存在的本体论论证法。这种论证法说："当我们思考着上帝时，我们是把他作为一切完美性的总和来思考的。但是，归于一切完美性的总和的，首先是存在，因为没有存在的东西必然是不完美的。因此我们必须把存在算在上帝的完美性之内。因此上帝一定存在。"——杜林先生正是这样证明的："当我们思考着存在的时候，我们是把它作为一个概念来思考的。一个概念所包含的东西是统一的。因此，如果存在不是统一的，那么它就不能和它本身的概念相适应。所以它一定是统一的，所以上帝是不存在的。"

　　这段话指出，杜林想用"存在"这一概念，把上帝从"存在"中排斥出去，但使用的方法，恰巧就是论证上帝存在的本体论论证法。这个论证法的特征就是用思想中的概念证明客体的实在。杜林之所以想从这同一种论法中得出上帝不存在的结论，是因为他企图用"存在"这一概念去统一世界。恩格斯认为，"存在"是没有任何差别的概念，此岸和彼岸，精神与物质，头脑与幻想，都是存在，所以杜林最后就把这样的存在与"虚无"等同起来，实际也就是容纳了上帝，而不是相反。恩格斯认为，"世界的统一性并不在于它的存在"，而"在于它的物质性"。

　　据此而言，即使本体论证明在逻辑上能够成立，上帝的存在也不一定是真实的客体。基督教提出"圣灵"之说的实质，就在期望把创世主安置到每个人的心灵里；"道成肉身"的原则若能成立，也定会与"唯一真神"发生矛盾。

　　新有部主张的"识不缘非境"命题，扩大了"有"的范围，不止作为单一元素的"真有"，即使作为现实复合物的"俗有"也包容到了"有"的范畴，其效果可以与杜林的"存在"论相比。

　　至于共相实有之说，在欧洲影响之大，还可以从它的反对者的强大反衬出来。像"唯名论"就是与"实在论"并行的反对派，而怀疑论和唯物论更是它的当然的对立面。以下想着重介绍马克思主义哲学是怎样来分析这一学说的，对我们深入理解有部哲学的历史地位和现实意义，是很有益的。

　　考察个别与一般的关系问题，是马克思主义哲学中的一大课题。最先映入人们眼帘的是《神圣家族》。此书是为清算青年黑格尔派哲学写的，该派用"自我意识"代替现实的个体的人，"并且同福音传播者一道教诲说：'精神创造众生，肉体则软弱无能'"。其第五章《思辨的结构》一节里，有这样一段话：

　　　　如果我从现实的苹果、梨、草莓、扁桃中得出果实这个一般的观念，如果再进一步想象我从现实的果实中得到果实这个抽象观念就是存在于我身外的一种本质，而且是梨、苹果等等的真正的本质，那么我就宣布（用思辨的话说），果实是梨、苹果、扁桃等等的实体，所以我说，对梨说来，决定梨成为梨的那些方面是非本质的，决定苹果成为苹果的那些方面也是非本质的。作为它们的本质的并不是它们那种可以感触得到的实际的定在，而是我从它们中抽象出来又硬给它们塞进去的本质，即我的观念中的本质——果实。于是我就宣布：苹果、梨、扁桃等等是果实的简单的存在形式，是它的样态。诚然，我的有限的、基于感觉的理智，辨别出苹果不同于梨，梨不同于扁桃，但是我的思辨的理性却说这些感性的差别是非本质的、无关重要的。思辨的理性在苹果和梨中看出了共同的东西，在梨和扁桃中看出共同的东西，这就是果实。具有不同特点的现实的果实，从此就是虚幻的果实，而它们的真正的本质，则是果实这个"实体"。①

　　这段话是分析黑格尔哲学为什么会把"理念"或"概念"从个别事物中分离出来并使之成为个别事物的本质的，所涉及的则是关于"共相"的来源及其被抽象化为本体的思维过程。大致谓：相对于水果言，苹果、梨是"个别"，果实则是"一般"。从"个别"到"一般"，是一个思维"抽象"的过程，"一般"表现为概念、范畴或曰"理念"，乃是抽象的结果。抽象的特点，是略掉苹果、梨等个别事物的特有属性，而将它们之间"共同的东西"归纳为一类，作为这同类的"本质"，并用语言概念记认和表达出来，成为继续思维和进一步认识世界的介体和工具。按照《实践论》的说法，这个抽象过程就是从感性认识向理性认识的飞跃，飞跃所获得的认识，形成为概念；概念扬弃了事物中无关重要的属性而反映着事物本质，所以理性认识基于感性认识而高于感性认识。

　　这一论述表明："共相"来自于思维对现实的个别事物的抽象，它只能在思维中存在，而不可能颠倒过来，成为现实的个别事物的原因、原本或本质、规律。据此，马克思主义哲学反对把"一般"从"个别"中分离或独立出去，当成个别事物的模型。

　　列宁在《亚里士多德"形而上学"一书摘要》中着重分析了把"共相"视为客观实在的认识论原因：

　　　　原始的唯心主义认为：一般（概念、观念）是单个的存在物。这看来是野蛮的、骇人听闻的（确切些说，幼稚的）、荒谬的。可是现代唯心主义，康德、黑格尔以及神的观念，难道不正是这样的（完全是这样

①　《马克思恩格斯全集》第 2 卷，人民出版社 1957 年版，第 71—72 页。

的）吗？桌子、椅子和桌子观念、椅子观念；世界和世界观念（神）；物和'本体'、不可认识的'自在之物'；地球和太阳、整个自然界的联系——以及规律、逻各斯、神。人类认识的二重化和唯心主义（＝宗教）的可能性，已经存在于最初的、最简单的抽象中（一般的'房屋'和个别的房屋）。

列宁继续说：

　　智慧（人的）对待个别物，对个别物的模写（＝概念），这不是简单的、直接的、照镜子那样死板的动作，而是复杂的、二重化的、曲折的、有可能使幻想脱离生活的活动；不仅如此，它还有可能使抽象的概念、观念转变（而且是不知不觉的、人们意识不到的转变）成幻想（最后＝神）。因为即使在最简单的概括中，在最基本的一般观念（一般'桌子'）中，都有一定成分的幻想（反过来说，否认幻想也在最精确的科学中起作用，那是荒谬的）。[①]

　　列宁这里讲的就是普遍的共相与个别事物的关系问题。在他看来，哪怕生活中最常用的最简单概念，也是来自对无数多的个别事物的抽象，例如"桌子"，就是无数个别桌子的抽象；由抽象获得的概念，本是客观实际事物的"模写"，但由于这一抽象过程的复杂和曲折，而呈现为"二重化"的现象——就是说，它不仅可以如实地反映客观事物，而且也可能变成幻想，导向错误。概念与观念是第二性的，永远不能如现实生活那样内容丰富，而且生动多变；但人类之具有强大的能动性，能够运用概念进行理性思维（包括幻想），并用以指导实践，创造不同于自然界的文明和文化，具有抽象能力是最重要的环节之一。所谓人是理性的动物，主要是这个意思。因此，如何保证人的正确思维，不犯错误或少犯错误，多一些实在的创造发明，少一些假话空话，正确认识共相问题，正确处理个别与一般的关系，就成了一个很现实的思想方法问题。

　　列宁对个别与一般的关系的问题，特别重视，有许多专门的论述，最著

---

① 列宁《哲学笔记》，人民出版社1956年版，第338—339页。

名的是他的《谈谈辩证法问题》。文中说，从任何一个命题开始，如树叶是绿的，哈巴狗是狗等，这里就已经有了辩证法：个别就是一般，因为不能设想在看得见的房屋之外，还存在着一般的房屋。这是说，个别一定与一般相连而存在；一般只能在个别中存在，只能通过个别而存在。任何个别，不论怎样，都是一般；任何一般都是个别的（一部分，或一方面，或本质）。任何一般只能大致地包括一切个别事物；任何个别都不能完全地列入一般之中，等等。列宁认为，在这对范畴的关系中，还包含着偶然和必然、现象和本质等方面的关系，具有辩证法一切要素的萌芽。

据此，列宁认为辩证唯物主义和形而上学唯物主义在认识论上的区别，就在于是否把这样的辩证法应用于反映论，即是否承认认识是一个辩证的过程和曲折的发展。也因此，他反对把哲学唯心主义粗暴地定作"胡说"。

> 相反地，从辩证唯物主义的观点看来，哲学唯心主义是把认识的某一个特征、方面、部分片面地、夸大地过分地……发展（膨胀、扩大）为脱离了物质、脱离了自然、神化了的绝对。

正是在"认识的某一特征、方面、部分"的意义上表达了思维的辩证法，所以列宁认为，某些哲学唯心主义比某些形而上学的唯物主义更接近事实。

辩证唯物主义最重要的一项原理是承认精神对物质的反作用。思想观念依赖物质（肉体、大脑），源自物质（是物质世界的反映），但同时指导实践（人体的现实活动），用自己的劳动改变着自然界的面貌，创造出自然界所没有的世界，即不断更新着的社会和社会生活，以及与之有关的，唯有人类才能具备的一切文明和文化。"理念"论在客观上反映了人类的这种主体性和能动性，而说一切有部亦得参列其间，应该享有同样的哲学荣耀，总结同样的理论失误。就有部论著数量之繁多，涉及的认识论问题之深广，尤有系统总结的价值。

为什么有部哲学在中国流传了那么长的时间，有关译籍的数量又那么多，却似乎并没有得到什么显著的反响？早期的禅数学，稍后的毗昙学，都是以有部哲学为理论指导的，但当时的人们着重于它的名相解说，而忽视这些名相之间的关系；重视它的人生观和修行实践，忽视它的世界观和方法论，加上上层社会青睐般若学和涅槃学，从而把有部的法相学给忽视了，以至直到今天，我们还把法相学仅仅归结为唯识宗一家。尽管如此，作为一种理论思潮言，它在中国古代的影响还是不可忽视的。

最早的中国佛教著作当属《理惑论》，它在论证"魂神不灭"这个中国佛教特有的观念时说："身譬如五谷之根叶，魂如五谷之种实。根叶生必当死，种实岂有终亡？"所谓"种实"，即是物种；种实不亡，即是物种不灭。此后，三国吴康僧会编译的《察微王经》，用"元气"统一地、水、火、风"四大种"，证明"识神""魂灵"之流转轮回，则把元气、四大和魂灵，统视为构造人身的元素，身死之后均不泯灭。至于后秦姚兴撰《通三世论》，提出"其理常在"的命题，进一步用"理"的不变性统一阿毗昙普遍强调的那永恒的"五阴"："如火之在木，木中欲言有火耶？视之不可见；欲言无耶？缘合火出……过去、未来虽无眼对，理恒相因"。五阴以及五阴所体现的道理，即使人们没有感知得到，也是存在的。

这类观点在世俗文人中也有相当的反映。西晋有位与贵无派玄学对立的人物裴頠，著《崇有论》提出"始生者，自生也"；"生而可寻，所谓理也；理之所体，所谓有也"等论点，即以"有"为万物之本原，而将事物所体现的"理"定义为"有"。就其立论的出发点看，他也是基于对万有的分类和对这种类的判断：

　　夫总混群本，宗极之道也。方以族异，庶类之品也。形象著分，有生之体也。化感错综，理迹之原也。

由于这段话写得十分晦涩，还难以弄清它的哲学本义，所以不能说它与有部哲学有什么直接的关联，但它所用的混、本、品、类、族、分、迹、化、感、理等概念，以及这些概念间的关系，也不能说它与有部思想的传播毫无关系，这样看东晋文士们的有关论文就非常明显了。现在可以看两个人的文章：一是郗超的《奉法要》，一是罗含的《更生论》。

《奉法要》说：

　　心为种本，行为其地，报为结实。犹如种植，各以其类，时至而生，不可遏也。

此文把"心"作为一切种子的本体：心不同则种子不同，但只要种植，它们就会生出与其类相应的果实来，这是不可逆转的必然规律。此处已经把"心"作为一切"有"的载体了；其"生"是各随其"类"，不能错乱的。

《更生论》的说法尤为系统，同时突出了它的社会意义：

> 天地虽大，混而不乱；万物虽众，区已别矣。各自其本，祖宗有序；本支百世，不失其旧……人物变化，各有其往；往有本分，故复有常物。散虽混淆，聚不可乱。

用这些十分清楚的说法去比照上述《崇有论》的晦涩言论，不难看出它们的相似点，由此也很容易联想到当时世家大族，看到他们是怎样用哲学去维护自己的特殊身份的。

《更生论》把世界完全凝固起来了，不但族类不变，个体的种姓与数量也不变，他们之间的界限也是永恒的，不会混杂，不会转化：

> 人物有定数，彼我有成分。有不可灭而为无，彼不得化而为我。聚散隐显，环转于无穷之途；贤愚寿夭，还复其物，自然贯次，分毫不差。

对佛教的三世轮回作这样的解释，是把命定论推向了极端，将现实人生的主观能动性，抹杀得也"分毫"不剩。

至于隋唐佛教，有部的"有"转向了两个方面发展，一是"心"学，一是"理"学。

天台智颤有个关系他的思想体系的命题，叫做"一念三千"。按这个判断的解释，人们除非没有心念，一有心念，哪怕只是一瞬间，立即就会有"三千种世间"存在于心。但是，当人们没有心念的时候，这三千世间是否存在，以及存在于何处？智颤把这些问题归于出世间的不可思议领域，我们世间人是既不可认识，也不能表述的，所以没有答案；但三千世间存在于活动着的心行中，则必须绝对肯定。这一思想是智颤最有个性的创造，任何外来的译籍中都没有，但他却充分地运用了既有译籍提供的资料。按智颤自己的说明，此处的"三千"，是由"十法界"、"十如是"、"三种世间"等三类名数以互相包含而不可分离的形式综合形成的。这些名数分别来自《华严经》关于众生的分类，所谓天、人、非天、畜生、饿鬼、地狱等"六凡"，以及声闻、独觉、菩萨、佛等"四圣"，是谓"十法界"；来自《妙法莲华经》关于事物性能和关系的分类，所谓如是相、如是性、如是体、如是力、如是作、如是因、如是缘、如是果、如是报、如是本末究竟等，即称"十如是"；《大智度论》关于世间的分类，所谓器世间、众生世间、五阴世间，总称"三种世间"。这些种类的"法界"、"如是"和"世间"，涵盖着更多的概念，他们综合起来形成所谓"三千种世间"的这个"种"，依旧有族类的意思；具体的个体众生，就是对这些"种"的自由选择和特殊组合中生成的。

这种哲学导向的人生观，在于强调个体的生命和生活道路，均出自个体的自我选择，自己的形象是自己所塑造的，用不着归咎于外在因素。但自我塑造中选择的元素，则是本有的，只要你有心理活动，这些元素就会无保留地提供给你选择，或遗弃，或吸取，最终和合为种种现实的人生。

这些不变的"世间"实质上就是有部的"有"。智者回避回答它们是否是客观的存在，但肯定了是"心"行所必在的固有物，从而成了"止观"者、"观心"者探究的对象。

华严宗是以讲"理"著称，但也可以列入心学范围，因为它的"理"，实质上是精神性的东西，但它采取的理论形式，却是说"理"的，而且影响也很大，所以应该以"理"学目之。

最晚从法藏开始，就已经把世界二重化了，所谓"理法界"和"事法界"，前者是本体，后者是现象，即用这二重世界解释现实中的一切事物。他有两个重要命题，叫"理彻于事"和"事彻于理"，所谓"许如来藏随缘成阿赖耶识，此则理彻于事也；亦许依他缘起无性同如，此则事彻于理也"。据此，所谓"理"指的是"如来藏"，即永恒独存的绝对"清净心"，从其无任何分别、无任何活动而言，亦名"一心"；所谓"事"，此处特指"阿赖耶识"，即有分别、有活动，染净并存的世间心，相当于天台宗所说具有了"三千种世间"的"念心"；依照唯识家理论，这阿赖耶识是派生现实世界的直接根源，因此所谓"事"，也就包括世间的一切心理和物理现象。

就理本体与事现象的次第而言，理是事的本原，事生于理；但从它们实际的存在关系而言，理事互彻，联结得密不可分。华严宗着重阐发的，就是二者不可分离的联系，而不是生与被生的关系——这层关系，必须通过特定的因缘才能发生，是佛教的另外一项任务。所谓"一即一切，一切即一"，就是表达理、事之紧密关系最概括的表述。

就此而言，华严宗的"理"已经与有部所说的"有"，有了很大的区别。作为"理"的实有，虽然也是亘贯三世，系为"恒有"，而与"事"的无常虚幻相对应，但这里的"理"是唯一的，而不是多元的；是派生现象的根源，而不是"事"相的模型。因为这个"理"是从光明中抽象出来，加以哲理化了的：光明为万物生命之源，但并不生产万物；光明遍照一切，一切中体现着光明。这一理论模式，就是《华严经》中的光明，它被人格化了的，则是毗卢遮那佛；有部的"有"，是对于种族分类的哲学抽象，所以事相就成了"实有"的摹本。

瑜伽行派是有部哲学的继承和改造，这已经是常识了；玄奘在译介这一学派的论著的同时，更系统地翻译有部著作，都说明二者的关系不一般。唯识家继承了有部的什么呢？一句话，就是那多元化的"有"，数不清的族类、法界，唯识家将它们称作"种子"；二者的不同点，最明显的是，有部把它们分散地放置在不可思议的客观场所，而唯识家将它们全部置于一个精神的藏库中，所谓阿赖耶识，从而将有部多元化的客观唯心论，改造成了一元化的主观唯心论。

般若经和中观派是说"空"的，因而被冠以"大乘空宗"的名目。那么它们"空"的是什么？当前研究者的有关说法颇丰，但总给人一种隔靴搔痒的感觉，原因之一，是不甚了解它们批判的对象主要是说一切有部。由于它们的"空"，针对性很强，而研究者对有部不都那么了解，所以往往一头雾水，不知所云。大乘空宗与小乘有部的争论，是佛教哲学史上最激烈，也最有理论价值的部分。

以上说了有部哲学这么多话，只有一个意思：如果缺失对有部的认识，很难对中国的佛教哲学有更深厚的理解，对于域外的佛教哲学就更不容易如实地把握了。

至于有部哲学把概念，以至把观念、原理、原则等看成是第一位的，而认为客观实际应该依从或符合它们的定式存在，由之指导人们的行动，在哲学上叫做唯心主义，在实践上，就是教条主义。通过对于有部哲学的剖析，可以比较清楚地了解这种唯心主义和教条主义之陷于错误的思维过程和形成的原因，对我们今天学习如何正确的思维和实践，也是有启发的。

儒释三议

怎样看待历史上的儒释关系，不是一个新问题。近些年来，它之所以又重新引起学界的注意，是因为涉及我国传统文化或民族文化同外来文化的关系，使问题的性质带上了更强烈的现实感。不过就我接触的议论看，当前做理论性的概括，似乎为时尚早，倒是有一些基本的历史事实，需要进一步弄清楚。以下的三点想法，主要是从这方面考虑的。

一

一个民族要接受一种外来文化，首先会受到传统文化的制约，这大概是没有疑问的。但是，佛教在两汉之际传进内地，究竟是受到哪种传统文化的制约？

有一种相当流行的看法，认为佛教是经历了"方术化"、"玄学化"和"儒学化"，而后实现中国化的。就是说，于两汉之际，佛教被当做"方术"容纳进来，在魏晋南北朝依附于玄学，至于隋唐与儒学结合，是佛教"中国化"的最后完成。我以为，这种意见不能反映历史的全貌，可推敲处颇多。

说佛教初传是依附于"方术"，在原则上是对的，但绝不能认为"方术"只是以后道教弘扬的那种巫术或神仙术，因为当时的"方术"，其实就包容在汉武帝独尊的"儒术"中。董仲舒是"儒术"的首倡者，同时也是天人感应论的编造者。在佛教初传的年代，儒生的身价，主要不决定于能否精通《五经》正义，而在于是否善于图书谶纬、阴阳五行、占星望气，能否推算灾异。有史记载的第一个《浮屠经》的接受者，是汉哀帝时的"博士弟子"，即当时最标准的儒生，绝非偶然。楚王刘英，畜养"桑门"，斋戒祀佛，同他招纳"方士",造作图谶一样,并不被视为与"儒术"有什么抵触的事情。

儒术与方术混一,儒生与方士难分,这是佛教传进时我国的一个总的社会文化背景。我们不能看到它表现为"方术"的一面,而忽略它初传就依附于儒学的一面。

从佛教文献看,佛教更多的是向儒学靠拢,对道家的神仙术则逐渐取排斥态度。传为中国第一部佛教译籍的《四十二章经》,力主离家别亲,弃妻、子、财产而"为道",这有悖于儒学一贯倡导的宗法观念,为了不招致反对,编译者要郑重地加上一段:"二亲最神",故"事先天鬼神,不如孝其亲矣"。汉末出现的第一部中国佛籍《牟子理惑论》,大量引用儒家典故,把佛学解释得似乎比儒学还儒学。也就是在这部论中,作者从佛教的立场,对道教的神仙术作了激烈的抨击。

到了三国,佛教的儒学化有了新的进展。一个叫做康僧会的僧侣,明确提出了"儒典之格言,即佛教之明训"的主张,在两晋佛教的发展上,开辟了足以与般若学并立的一条路线。

近现代的佛教研究者,注意到康僧会的人不多,但在三国两晋,康僧会却很有名气。至南朝梁,建业还绘有他的画像;东晋的著名文士孙绰为之作赞,称他"属此幽夜"、"卓矣高出"。他祖籍康居,生于交趾,对于儒家经典十分熟悉。东吴赤乌十年(247)到达建业,说孙权为舍利建塔,劝孙皓崇奉佛教。他通过编译《六度集经》,将佛教的"菩萨行"纳进儒学的"仁道"轨道,理论重点也从申诉个人痛苦和探索个人解脱,转向"悲愍众生"、"慈育人物"方面,强调发挥佛教的社会作用。中国佛教思想发展史上最终地接受了佛教大乘一系的思想体系,在康僧会的言论中,已略见端倪。

康僧会用以贯通佛教的儒学,主要是《孟子》。他在《六度集经》中说:"诸佛以仁为三界上宝",故王者"为天牧民,当以仁道"。把佛、天、王、民在"仁道"上统一起来,并以此作为推进"菩萨行"的出发点,是康僧会的核心思想。他说,"天帝尊位,初无常人",唯"行仁者得以居之"。相反,"利己残民,贪而不仁",是"天道"的豺狼,对这样的君主,臣民理应起来驱逐。他还坚持孟子的反战主张:"佛戒以杀为凶虐之大;活生,仁道之首也";因此,"绝杀尚仁",终于"干戈戢藏,囹圄毁矣",成了菩萨行追求的一种社会理想。他认为,衡量君主是否尚仁有德,有一个客观标准,即看他能否施惠于民,以改变"父母冻饿,兄弟妻子离散"的惨状,创造一种人富家足、尊老育幼的生活环境。康僧会为菩萨行规定的社会任务很多，但归根结底，在于运用五戒、十善等佛教手段，确立一种适合中国封建社会的伦理关系，所谓"君仁臣忠，父义子孝，夫信妇贞，比门皆贤"。西晋在译介大乘佛典中，加重了向儒学比附的风气，可能与他的倡导有关。

至于佛教与玄学的关系问题，比较复杂，一时难以讲清。但认为佛教依附玄学是魏晋南北朝的主流，则肯定是不全面的。这不全面的表现之一，也是忽视了儒学对佛学的改造。

这里，特别需要提出的是东晋慧远。他把佛教分为"二科"，其一是"处世弘教"，明确规定，弘扬"奉上之礼，尊亲之敬，忠孝之义"，乃是佛教当然的社会职责，由此促使佛教做到"与王制同命，有若符契"；其二是"出家修道"，现象上似是"内乖天属之情"，"外阙奉主之荣"，实质上在令"道洽六亲，泽流天下"，通过出家者的影响，"协契皇极，大庇生民"。他曾与戴逵论因果报应，与何镇南辩僧侣袒服，与桓玄争沙门不敬王者，从中可见，他是在自觉地用儒学改造外来的佛教，并为这种改造过的佛教，争取有一个独立的社会地位。他在辩论中运用的理论武器，最后总是要归结到儒学上去。

众所周知，慧远的宗教哲学核心是"形尽神不灭"，但很少有人注意到，这个思想的本原是儒家的孝道，而非外来的佛教。他讲授《丧服经》，为江南学士所师。《孝经》云："死以祭礼，有鬼来享"，所以灵魂不死是祖宗崇拜的前提。最懂得这个道理的是梁武帝，他在发动对范缜的《神灭论》的大围攻时，引用的经典根据是《祭义》和《礼运》，而非佛经；宣布《神灭论》的罪状是"违经背亲"，而非叛佛背祖。相反，与慧远同时代在长安译经的大翻译家鸠摩罗什，则在《中论》、《百论》诸论中展开了对有"神"论的激烈抨击。他与慧远论色法，论佛身，直接斥责慧远的言论"近乎戏论"，主要是反对慧远的执法实有，而执法实有可以直接引申出魂灵不死的结论。鸠摩罗什的弟子僧叡为其译经作序，还特别指出，道安（慧远之师）在佛教理解上的基本错误，就在于受"存神之文"的影响。因此，慧远的"神不灭论"虽然维护了佛教业报轮回这一宗教基石，但却是经过儒学观念改变了的，并曾为传播外来佛教的思潮排斥过。

我以为，迄于东晋，佛教同儒家在社会政治思想、伦理观念和宗教观念等主要点上，已经基本融合。此后不过是这种融合的展开和扩大。以号称

"涅槃圣"的道生为例，他之提倡"顿悟"说的理论来源，虽然也有佛典译籍的依据，但用来作为统帅的却是儒家观念。谢灵运在《辨宗论》中就反复说明这一点，认为若不从儒学"一极"之理上了解，就无法把握"顿悟"的道理。

以鸠摩罗什译经集团的互解为契机，东晋末年以后，般若学的怀疑论倾向受到普遍的怀疑，佛性论和唯识学大盛，佛教同儒家在哲学上的融合也有了进一步的加强。佛性论肯定一切众生皆有佛性，且皆可成佛；南北朝的唯识学大都把"一心"归结为"净识"或"如来藏"，这都很容易从儒家关于"人皆可为尧舜"的性善说上得到解释。以北朝后期的"地论学"为基础，同广州北上的"摄论学"相汇合，形成了隋代佛学的一股重要潮流。二者的主力都视"净识"为世界的本原和成佛的根据，尤其是地论学者，又大多受过儒家的良好教育。《地论》的翻译，由魏宣武帝主持，参加者为"义学缁儒"。缁即当代名僧，儒为彼时硕儒。儒释并弘《地论》，时髦了相当一阵。于魏孝武、孝明两代高居要津的崔光，曾为《地论》作序，并有注疏。他就是一个精通儒学的人。地论师学者，后分南北两道，北道地论师的创始者道宠，原是"国学大儒"熊安生的弟子，魏收、邢子才、杨休之等都曾参学过他的讲席；南道地论师的创始者慧光门下，从儒学出身的人更多，在他们中间，《孝经》、《论语》、《周易》等儒典相当流行。题为马鸣著、真谛译的《大乘起信论》一书，历来有人怀疑是地论师所造，这起码在理论体系上是说得通的。

总之，说佛教的传入，曾依附过道家、方术、玄学等民族文化的既有形式，未尝不可，但若因此掩盖或忽视了儒家从一开始就制约着佛教发展的基本方向，恐怕就会违背主要的历史事实，陷入片面。

我这里列举释依于儒的一些史实，都是来自佛徒方面。通过这些史实，还想说明，历史上的中国僧侣，虽然信奉外来的佛教，但并没有背叛传统文化的骨干而增多了"奴仆思想"。倒是相反，即使在研究思想史上，我们有时也自觉不自觉地表现一种排斥外来文化的情绪。创始三论宗的吉藏，祖居安息；奠基华严宗的法藏，原籍康居，似乎还没有把他们列入外国僧侣；但像上述的康僧会，以及与他同时代的支谦等，就很少有人把他们列进中国国籍。至于世居敦煌，孙绰匹之为山巨源的竺昙摩罗刹（竺法护），以及出生于龟兹，终身活动于河西走廊和长安的鸠摩罗什等，更直接当做异国的佛教徒了。我以为，不但应该恢复他们的中国国籍，也应该更换一下我们华夏的正统观念。在引进外来的佛教文化，并致力于佛教的中国化方面，国内的兄弟民族和侨居中国而后汉化了的佛教学者，是都起过重大作用的。

二

还有一种意见，以为儒学是属于我们"民族的"，是反佛排佛的旗帜，所以好像佛教只有向儒学依附的义务，儒学不可能吸取佛学的东西，二者更不能成为相互吸收又相互抗衡的力量。我以为，这也不完全符合历史事实。

同佛教依附过道家，也批驳过道家一样，佛学对儒学也是既依附又批驳。像《理惑论》所谓"书不必孔丘之言"，明确指出，真理不一定都在儒家六经中。按照佛教有关"法身"的说法，儒学和儒家先师，都只能算是如来应世变化的一种表现。至于从儒学的立场，写《均圣论》，主"内外两教本为一体"，或"殊途同归"的言论，更比比皆是。

其实，佛教若是完全依附中国的传统文化，而不能发挥传统文化中没有或不完全有的作用，那它同样不能在中国存在和发展。佛教正是以自己独特的思想体系，满足着传统文化所不能满足的社会需要，才使它能够在这么广大的土地上流传近两千年。

就以儒学言，佛教以为它的缺门太多。《理惑论》谓："尧舜周孔，修世事也，佛与老子，无为志也。"儒学注重齐家治国平天下，热衷功名利禄，因而不能满足那些由于种种原因而超脱政治，或遁世，或在野，或不为名利所制，或志在混世的人的需要。

在朝或在野，处世或出世，在实践上不一定那么对立，但作为两种思想体系，确有明显的差别。儒学以社稷民族为本位，个人只是体现或实现特定政治伦理观念的工具；佛教从个人出发，视国家和家庭为樊笼，以不拘俗务、不问是非、求得个人解脱为目的。因此，在哲学上，儒家特别重视道德和政治的实践，以及由此积累的主观经验。同佛教相比，可以说是相当地忽视理论思维，对于人生观、本体论和认识论、方法论的探讨，都很薄弱。古代的一些佛徒已经看出了儒学的这类不足。支遁说："六合之外，非典籍所模"，这典籍当然属于儒典。颜之推谓："凡人所信，唯耳与目"，"唯耳与目"，也是儒家的出发点。《庄子·齐物论》曾言："六合之外，圣人存而不论；六合之内，圣人论而不议，《春秋》经世先王之志，圣人议而不辩"，这"不论"、"不议"、"不辩"，无疑也是儒家的一贯态度。庐山慧远针锋相对地批评说："六合之外"，"非不可论"，"论之或乖"而已；同样，不议不辩者，亦非不可议不可辩，唯是"辩之或疑"，"议之或乱"。为什么呢？"此三者皆即其身耳目之所不至以为关键，而不关视听之外者也"。此等评论当然在为佛教神学开路，但客观上也揭示出，儒家过分切近的经验主义，使它自身无力解决人们需要深度思考和解决的问题，从而给佛教的扩展，留下了充分的余地。在我国历史上，极少出现传统观念与佛教在哲理上进行对抗和斗争的情形，反佛排佛的大师们，除了从政治的、经济的、伦理的和民族的角度提出异议外，几乎没有任何理论反驳的能力，宋明儒家哲学的空前丰富，倒实在是由于引进了佛理的结果。袁宏谓佛教"所求在一体之内，而所明在视听之外"，这大体反映了一般初接触佛教的学者对它的惊讶和必然引起的兴味。

那么，有哪些理论领域是儒家所薄而为佛教所重呢？

首先，我以为是关于人的本原和社会不平等的起源问题。

儒学讲人性，但不讲或少讲人的本原；只是为了说明人伦家庭的必要，才涉及男女居室，为了弘扬孝道无上，才讲到父母养育之苦。人自父母构精，天地合气，这算是大胆的言论了。至于人的社会差别，和人生的不同遭遇，则大都归结为笼统的"天命"，极少有系统的阐述。佛教则不然，特别是它的原始教义，着重要说明的恰恰是在天地父母之外人的本原和社会不平等问题。这就是著名的"缘生"说和"业报"论。"缘生"说的理论形式是"此有故彼有，此生故彼生"，世界万有，包括人自身的产生及其命运，都是由"因缘"造成的结果。这"因缘"的分类很多，就内容言，所谓"惑"、"业"而已。"惑"指世俗的认识和情感，"业"指人的思想和言行。特定的思想情感及其引起的言论和行动，必然产生一定的后果，这后果就表现为作业者自己的心身状况及其可能遭遇到的生活条件。就是说，人自身创造自身，同时也创造自身存在的周围环境。这就是"业报"论的哲学含义。此论的神秘主义化，构成了因果报应、三界轮回这一佛教核心的宗教观念，其影响之广大深远，几乎是家喻户晓。

这种在儒家传统观念中缺少的"业报"论，在传进的当时，引起相当的震动，"王公大人观死生报应之际，莫不矍然自失"。

其次，关于宇宙万物的内部结构问题。

儒学讲"有"，道家主"无"，中国历来就有"有"、"无"两说。至于玄学"贵无"、"崇有"两派出现，使这一对最抽象的概念，更显得是本地风光。佛学内部也存在"空"、"有"两宗，但涉及的却是完全不同的理论体系。

佛教空有两宗是从探讨人生观扩展到宇宙观的过程中形成的。有宗的共同特点，是确立构成世界的基本因素，以及由这些基本因素造就诸种实际事物的具体条件。基本因素有两大类，一类是构成事物的基本元素，所谓地、水、火、风"四大"，再加"空、识"，称为"六大"；亦可概括为色、受、想、行、识等"五蕴"。另一类是组成事物的最小单位：物体分解到不可再分解的程度，称为"极微"或"邻虚"；分析包括精神现象在内的一切事物到单一性质，或称为"法性"、"法体"。前者近乎化学上的元素说，与中国的"五行"说相类似，后者近乎物理上的原子说，这在我国传统哲学中极为罕见。

佛教的这一类说法，在方法论上的意义，远超过它的那些具体规定。它不只是从整体上或宏观上，而且从它的组成部分或微观上把握事物的全貌，这对中国传统上习惯于用一般与个别的范畴分析问题的方法，就是很大的补充。整体与部分是佛教哲学的中心范畴之一，在解决二者的关系问题上，它确实错误百出，但它在我国传统哲学面前，突出地提出了这个问题，就是一个贡献。

第三，关于宇宙的本体论问题。

佛教发展到大乘阶段，原始的带有多元性质的"业感缘起"论上升为唯心主义的一元论，所谓"三界虚妄，唯是一心作"，成为被普遍接受的世界观。

三界唯心的基本内容是"识外无境"。重点论述这一内容，并由此指导道德实践和宗教实践的，是唯识学。在它看来，世界和人生不过是"一心"或诸识的变现，但这"一心"的性质，是杂染不净还是纯净无瑕，以及这"一心"是通过什么样的渠道，用什么方式变现世界，反映世界和改造世界的，说法众多，总归为两派：所谓"阿赖耶缘起"和"如来藏缘起"。前者大同于性恶说，后者近似性善说。

"性恶"、"性善"是儒家人性论上的两大派。但把"人性"问题改变成

"心性"问题，而且把特定的"心性"当做创世的本体，则是儒家所从未设想到的。儒家历来提倡"尽人事"，极注意人的能动性方面，但比起佛教从认识的主观方面所作的发挥，实在是小巫见大巫。儒学至唐宋，有急剧地向主观唯心主义发展的趋势，内容也更见丰富多彩，其向佛学吸取的痕迹异常明显。此外佛教对于宗教心理和道德心理的分析，以及对于因明逻辑的介绍等，都是儒家所缺乏的。

此外，学术界一般不甚注意、但对宋明理学却产生过重大影响的，是有关"法身"的思想。"法身"的本义，是指佛和佛经所说的道理，譬如"四谛"、"十二因缘"、"空"、"唯识"等，他们认为这些道理是实在的、永恒的，是普遍而不以人的意志为转移的客观实在。佛教大乘有部所谓的"真如"、"真谛"等，也往往是这种"法身"的演绎。它在人心的存在，亦称"佛性"；在万物中的存在，或称"法性"，各类佛菩萨、贤圣等，只是它的现化，它自身则"如如不动"。据此而探讨个别与一般的关系问题，内容也比传统的儒学丰富得多。儒学之由"天命"观转向"天理"论，佛教的这一客观唯心主义体系起了重要作用。

第四，关于认识的可靠性问题。

儒学视"知"为人的一种天赋能力，极少怀疑认识的可靠性。佛教则不然，它认为人是"无明"的产物，与生俱来，认识就是"颠倒"。因此，若从是非真伪上判断，佛学的认识论是绝对的荒谬。但若从探究认识的本性看，佛学所触及的问题，不论在广度或深度上，都大大超出儒学的水平。特别是被视作大乘空宗的般若学，相当细致地考察了。对于同一个对象，不同的人可能有极不相同的认识，同一个人的认识，前后也会发生变化。因此，它认为对象只是认识的自我选择、自我规定和自我创造，不可能是客观的实在。它还认为，人的认识不但受主体的特殊经历和所受教育的制约，而且也受到精神活动中的其他成分、尤其是情欲意念和感情因素的制约，所以认识总是主体的纯主观的整体运动。它把认识分为两类：一曰"现量"，指不借助语言的直觉和感觉；另一曰"比量"，指概念思维。这两种认识都含有不可调和的矛盾，而矛盾就是不真实的表现。为了证明认识的不真实性，他们到处去寻找认识中的矛盾，尤其是概念的矛盾，诸如生灭、一异、断常、来去、有无、因果、得失、吉凶等。在一定程度上揭示了认识的辩证法。

般若学作为否定世俗认识的方法论，为一切大乘派别所共同使用。但以般若学为根本原则的某些派别，则是彻底的怀疑论和不可知论。他们不承认绝对真理，也怀疑有实在的佛和神；对世界和自我的一切认识，无不采取批判的态度。这种本质上带有反潮流色彩的思想，在抗拒传统观念、助长不合作或叛逆精神上，比起《庄子》的相对主义，有更加深厚的理论基础。相对于以中庸为美德的儒学来说，它也算是一种呼喊个性和创造的力量。当然，它的具体作用还要作具体分析。

第五，是关于宗教观念问题。

儒学正宗的宗教观念是天帝崇拜和祖宗崇拜，前者是自然经济的反映，后者是宗法关系的产物，内容之简朴直观，连无神论与有神论的界限都显得模糊。佛教带来的则是天外有天，帝上有佛，地下有狱，飞禽走兽，精灵生灭，山川草木，万物有神；世界无限，时间无限，轮回无限。其譬喻之机智，寓言之隽永，神话之丰富，在我国的传统文化中是少见的。

这类宗教观念，从一种角度讲，全是胡说八道。"子不语怪力乱神"，这是儒家的长处；但从另　角度说，佛教表现和训练了人们的想象能力。虚构和想象能力，同经验和理论思维一样，既是文艺创作，也是科学创造的主观条件。没有这些主观条件，就没有改造客观世界的能动性。不注意想象力的提高，也是一大缺陷。

三

以上列举了一些佛教所长而儒学所短的方面，只是为了说明，佛教得以在中国传播，并非由于单方面地依附于传统文化，而且还因为它能用自己的独特思想补充传统文化。因此，所谓"长短"云云，并无褒贬的意思。

其实，佛教糟粕之多，几乎触目皆是。像它那种引人克己内省的思维路线，教人苟安于现状的宗教观念，使人悲观预丧的人生哲学等，就很难令人恭维。它所特有的这些消极因素，在儒学中也是没有或少有的，不过，这也是一种补充。社会机体对于文化的选择，并不是按照某种绝对标准，譬如今人所说的"精华"和"糟粕"之类进行取舍的，更多的是决定于当时的社会需要，尤其是时代和阶级的需要。

儒学在我国传统文化中历史最久，尽管每个时期的表现形式和统治者对待它的政策往往有很大不同，但确乎存在亘贯古今、持久地影响着封建社会的稳定体系。据我看，那就是建立在自然经济上的农本思想，以宗法关系为核心的伦理观念，以及由此形成的大一统的政治理想。这个三位一体的体系，反映着我国封建制度的基本特征，没有哪种文化思想可以同它相背离。汉武帝尊儒，是出于巩固封建秩序的需要，有其历史的必然性；佛教在根本点上不得不依附于儒学恐怕也是这个原因。

然而靠天吃饭的农业异常脆弱，基本的社会活动，是集中在养家糊口上。享受就是奢侈，只有对少数权势者才是合理的。土地集中和统治腐败，往往是小农经济衰败的直接原因。农业一旦崩溃，接踵而来的必然是社会的全面危机。君臣、父子、夫妇的典雅生活一旦不能照旧维持下去了，儒家的正统地位就不可避免地发生动摇。动乱的社会条件，需要超出儒学的多种哲学，其中佛教就提供了一种既能使人在苦难中得到精神安慰，也能使人适应离乱生活的世界观和处世哲学。佛教自传入到东汉桓帝年间，经历约160年，时续时断，社会影响极小。但以桓灵为起点，佛教得到突发性的扩展。按经录统计，汉代译介的佛籍334部，416卷，基本上是在桓帝以后的70年中出的；三国45年，所译佛籍201部，435卷，数量也十分可观。佛典是佛教思想文化的主要负荷者，为什么它会以如此巨大的规模突然向内地涌进？我以为，这正是由于汉末社会的空前大动乱，使社会有了与稳定时期有显著差别的新需要的结果。

这次社会动乱，开端于汉桓帝，中经黄巾起义而迄于三国，恐怕是我国历史上破坏最大，人民遭受苦难最深的时期。饥饿、战争、瘟疫和其他灾害，全面夹击，不幸和痛苦带有全民的性质。原是论证君权神授的"方术"，被分化成了农民组织武装的手段，尊崇了三百余年的儒家六经，连同它的观念体系，几乎被各个阶级摒弃。汉桓帝带头祭老祀佛，传统儒学首先在统治层中动摇。五斗米道以《老子》为教材，太平道用《太平清领书》作经典，农民唾弃了儒学。士大夫中也以研习《老子》为时髦，"竞录奇书"成为一代风尚。及至孔融谓父母与子女无亲无恩，阮籍以礼法为残贼乱亡之术，嵇康倡"越名教而任自然"，非汤武薄周孔，儒学的正统观念成了社会舆论批判的对象。

没有这样一个时代背景，佛教要得到如此迅猛的发展是不可能的。因此，是依附也好，是补充也罢，文化之间的关系，归根结底，都要以社会的需要为转移，而社会的需要，又总是植根于当时的社会经济状况和政治状况。佛教同玄学的关系，也是如此。

通常所谓佛教在魏晋南北朝是依附玄学的，也要做许多辨疑工作。这里只指出三点：第一，佛教在这 360 余年中，已经介绍了多种性质的经典，出现了众多的"师说"。被认为是依附于玄学的，只是佛教中的般若学。其他类经典和师说，对当时的思想界也有很大影响，这是研究思想史和哲学史中不可忽视的。第二，般若学的主要经典，是大小《般若经》和《维摩诘经》，其中小品《般若》的第一个译本，比之"正始之音"早 60 余年；《维摩诘经》的第一次译出，也在"正始之音"前后。如果离开社会条件，把般若学的流传只看做是"格义"或比附于玄学的结果，与史实很难协调起来。第三，自向秀、郭象之后，"三玄"无所发展，而从姚秦开始，佛教义学被正式纳进玄学领域，玄学的含义大变。至于南北朝，除儒学复兴外，几乎全是佛教义学的阵地，而原来的般若学也为涅槃学和唯识学所取代。笼而统之，把南北朝也视作玄学与般若学的世界，不利于考察全国从分裂走向统一的思想趋势。

盛唐既是我国封建社会的繁荣时期，也是佛教的发达时期。这看起来有些怪异：它不是像汉末以来在战乱和危难中膨胀，倒是在和平与安定中发展。这原因，我以为同佛教的长期流传积淀而使自己的思想信仰多元化，从而具有了满足多种需要的能力直接有关。早在社会动荡时期，佛教就曾被当做吉祥的象征、福祐的神源、治安的手段，为人们所崇拜，被统治者利用。至于太平盛世，它更变成了讴歌现世、祈福未来、为祖先追福、为皇权装饰的风习。因此，它已不单是贫困和愚昧的呻吟，也是安宁富裕的花缀。来自官民两方的巨额布施，造就了隋唐实力强大的寺院经济，形成了一些文化重镇，出现了我国传统中少有的经院哲学。

整个封建社会的历史，确乎表现为一治一乱。在"乱"中总有谋求"治"者，在"治"中，总存在着"乱"的成分，加上科学和文化知识的相对落后，致使内容庞杂的佛教总有自己存在的客观根据。我以为这才是佛教能够在中国土地上开花结果的根本原因。

其实，传统文化也不是一成不变的。它同外来文化有一个共同命运：最终都要接受时代和阶级的选择。从总体上看，为社会所接受的那些部分，不论是固有的还是外来的，对民族的发展和历史的进步，大体是起积极作用的；被拒绝和排斥的那些部分，是理该被淘汰的。当然，完全相反的情况也有，把人家的痈疽当成自家的宝贝，将历史的渣滓看成当今的国粹，一百多年来，不是屡见不鲜吗？但那样的时代和阶级或集团，恐怕是保守或没落的居多。因此，对外来文化的评价，不能限于同传统文化的比较，还应该放到特定的社会历史条件下加以考察。

总之，历史对文化的抉择，并非完全按照某种好坏或"精华"、"糟粕"的绝对标准进行，而是看它们能否满足社会的需要。这种需要是否合理，以及据此接受的文化内容，又决定于这社会躯体自身是否健康。健康的社会躯体，有强大的消化能力，足以化腐朽为神奇；相反，病态的躯体，即使对他人是健康的东西，也会转化成腐朽物。历史上的佛教文化之对于民族文化的关系，也可以作如是观。

中国儒家的历史命运和儒家的基本精神

　　自塞缪尔·亨廷顿教授在他的名著《文明的冲突》① 一书中，把儒家文化也列为世界文明冲突的一方以来，有可能引起普通美国读者的关切：儒家文化是何许物也？实际上，在我们国内，对儒家的赞誉也在飙升中，而我以为，某些倡导者对儒家并没有足够的认识，他们的话不一定中肯。借此机会，我想就我的知识范围，向国外的朋友谈谈我的一些感受。

一　中国文化与儒家演变

　　儒家的创始人是孔子（前551—前479），与佛教创始人释迦牟尼大约同时，比希腊哲人苏格拉底（前469—前399）则早了约80年。他出身贫贱，做过小官吏，最高做到一个诸侯国（鲁国）的行政长官，不久即被迫离职，率其徒众，周游列国，推行他的社会和政治主张，最后不得志而死。他是中国民间办学的第一位教育家，所教的内容广泛，略称"六艺"（即《周礼》所谓"礼、乐、射、御、书、数"）；从学的弟子很多，号称三千，贤者七十二；他整理和编纂了儒家的六部根本经典，所谓"六经"（亦称六艺），即《礼》、《乐》、《书》、《诗》、《易》、《春秋》，后因《乐经》下落不明，故多称"五经"。孔门弟子记录其师的言行，辑为《论语》一部，是了解孔子思想的主要文献根据。

　　孔子生活在"春秋"末年，继之而来的是"战国"（前475—前221）。在这三百多年中，思想文化领域异常活跃，兴起了各种学派，被称为"百家

---

① 　全名《文明的冲突与世界秩序的重建》，新华出版社1997年版。

争鸣"的时代，涉及的范围非常广博，包括哲学、政治、经济、天文、军事、医学、数学、逻辑以及伦理、宗教等许多学科，成为此后中国文化繁荣昌盛的源泉；其学术自由的程度和思维的深度，则垂范于整部中国思想文化史。孔子只是"诸子百家"中的一个学派；孔子死后，儒家又分化为八派，思想、行事各有不同，而以孟子（孟轲，前 372—前 289）和荀子（荀况，约前 313—前 238）二系影响最为深远。与此同时，孔子的学说也受到其他派别的抨击，像道家、墨家、法家，就是对儒家观念点名批判的极有影响力的学派。

把学术问题转作政治问题处理的，始于秦王朝（前 221—前 207）。秦是统一中国的第一个大帝国，它的一切措施，都是为了国家的统一，在思想上也是如此。国家奉行的是法家主张，用官吏治国，官吏即是教师；而"儒以文乱法"，容易触犯国家法令，由之发生了"焚书坑儒"事件。取代秦王朝的是汉，汉初期（约前 206—前 140）提倡"与民休息"，以道家的黄老哲学为指导，儒家依旧受到排挤和打击。所以自秦至此，儒家就由诸子中的一家之言，变成了一个备受压迫的流派。

但是，到了汉武帝当权（前 140—前 87），正式宣布"罢黜百家，独尊儒术"，儒家得到官方的承认和支持，从此开始了它新的发展征程，直到东汉覆灭（前 140—220）。在汉武帝以后的三百年间，儒家的理论形态发生了巨大变化。它把全部儒学安置在"五经"的基础上，通过对"五经"的阐释，集中论述国家"大一统"的合理性，以及如何实现"大一统"的途径，史称"经学"。经学也分为两派，所谓今文经派、古文经派，而以今文经派最为显赫，它的影响，直到近代的维新变法。

今文经派的特点，是运用儒典，尤其是《春秋》解释当下的社会秩序和政治方略问题，主要人物是董仲舒（前 179—前 104）。他为汉儒提出了一个全新的哲学命题，叫"天人感应"，教人从"天人相与之际"观察和说明君民关系，并将封建国家的伦理关系绝对化、永恒化，从而给传统的儒学披上了一袭神学的外衣，推动了谶纬（预言吉凶的文字或符箓）迷信在全民中的盛行。董仲舒对儒学的这一改造，是将先秦儒学的宗教化，与孔子的世俗理性主义有明显的不同。

迄于汉魏晋之际（180—260），法家的刑名之术和道家的老庄哲学大盛，两汉儒家思潮受到上下一致的遗弃，怀疑和批判之风高扬。走在怀疑和批判前头的是所谓"玄学"。它将儒家历来重视的"天人之际"的关系，改作"自然"与"名教"的关系，力图让儒家礼教更符合自然的人性要求。玄学发展到嵇康（223—262），更提出了"非汤武而薄周孔"的口号——对儒学传统采取了全盘轻蔑的态度，这也达到了玄学舆论的高潮。

旧儒学的全面崩溃，在中国文化史上造成的最重要结果，是为佛教被完全地纳入中国文化的深层结构开拓了平坦的大道。佛教传入中国内地的可靠记录，是在公元前 2 年，但它能够上升到整个士大夫阶层，与儒家和道家抗衡，实在是借助儒学的时代危机和玄学对汉儒的唾弃。自此开端，中国文化就形成了儒、释、道三教并行的局面。其中，推进理论思维不断创新的主要是佛教，而创建和传播宗教观念的，则是佛教和道教；儒教看来并不显赫，但却起着稳定社会的政治伦理和家庭伦理的作用。这一形势延续到唐五代（960），约 700 年左右，直到宋代，文化格局才又为之一变，那就是儒学正式上升为国家的统治思想。

从两宋（960—1279）到清朝末年（1910）的九百多年的时间里，儒学成了唯一的官学。儒家经典成了选拔官吏的主要依据，因而也就成了所有教育的主要教材。但这时期的儒学，充分吸取了佛教的哲学观念，抽象的"道"与"气"替代了具象的"天"与"人"，成了儒家哲学的中心概念，而佛学也为儒家伦理所完全改造，逐渐失去了它的理论创新能力，由此产生了所谓"新儒学"。新儒学也分两大派别，所谓"理学"和"心学"，最终以朱熹（1130—1200）代表的理学成为明清时期国家的正统学说。这个学派，选定儒家"四书"（《论语》、《孟子》、《大学》、《中庸》）为主要教材，将"三纲五常"定为最根本的社会伦理观，从而成了中国后期封建国家的正统思想。

近现代人通常所谓的儒家，主要指的是这个学派。

二 中华振兴和儒家衰微

1840 年的鸦片战争，拉开了中国反帝反封建主义、振兴中华的序幕，儒学在整个国家文化中的地位再度发生动摇，伴随而来的是兴起向西方学习的热潮。最先有太平天国运动（1851—1864），洪秀全（1814—1864）成立

"拜上帝会"，试图用基督教的某些观念冲击儒家的思想和政治统治，最后以失败告终。继之有 1898 年的"戊戌变法"，康有为（1858—1927）打着孔子的旗号，托古改制，设想推行西方的君主立宪制，但结果是更快的惨败。获得成功的是孙中山（1866—1925）领导的民族民主革命，他以西方的民主共和制为范例，彻底推翻了行之两千多年的帝制，于 1912 年建立起中华民国的全新政体。这当然是中国历史上划时代的伟大事件。

按孙先生自己的说法，这次革命也远未成功。国内的封建主义制度和国外的帝国主义侵略，没有得到根本性改变，复辟与反复辟的斗争，军阀割据引发的战争，以及围绕卖国与爱国间的斗争，始终没有停止过。终于 1919 年 5 月 4 日爆发了全国性的爱国主义民主运动，史称"五四运动"。它的政治口号是"外争国权，内惩国贼"；它的文化口号是"科学与民主"，由此开拓了中国民族民主革命的新纪元。

奠基在这一爱国主义基础之上，以"科学与民主"为基本内容的新型文化迅速崛起，而后即成为推进中国文化向前发展的主流，通称"新文化运动"，或"五四新文化运动"。它以 1916 年《新青年》的创刊为标志。它的主编是陈独秀（1879—1942），主要撰稿人有鲁迅（1881—1936）和胡适（1891—1962），而围绕在他们周围的一大批知识分子，展开了"启蒙"与"救亡"为一体的积极活动。

"启蒙"面临的主要任务，是将全民从封建主义儒教（礼教）的蒙昧主义中解放出来，所以喊出了"打倒孔家店"、"救救孩子"的呼声；由之形成所谓"疑古派"，对传统儒家采取"离经叛道，非圣无法"的批判态度；同时开展"文学革命"，提倡白话文和文字改革，力图把现代文化交给人民大众，切实提高全民族的文化素质，而用以替代封建文化的，即是所谓"赛先生"（科学）和"德先生"（民主）。因此，一般也称这一运动为中国的"文艺复兴"。

"救亡"的本质，是争取国家独立和领土完整，将中华民族从外国占领下解放出来，所以一般称之为"民族解放运动"。它在思想上反对文化侵略，以及与之有关一切包含奴化思想的文化。1922 年由蔡元培（1868—1940）支持的"非宗教运动"，就是显示教育不许外国干预、文化主权不容侵犯的文化运动。它的结果之一，是推动了中国基督宗教自主自办的进程，强化了教育权收归国有的信念。

　　新文化运动几经周折，最后统一到了"民族的、科学的、大众的"方向上，终于成了中国现代文化发展的主流。

　　就这一新文化的政治层面看，它是彻底地反帝、反封建的。但就其学术意义上讲，它既不是盲目排斥外来文化，也不是全盘否定儒家传统。新文化的骨干，几乎全是经过外国留学的文化人，同时受过良好的儒家教育。一些反儒的学者，着眼在当时儒家对现实社会发展的负面作用上，而不是在历史的考察和学术的研究上，是对于儒家体现的当时社会结构和伦理结构的批判，而不是对儒家精神实质的否定。

　　在这样的气氛下，从鸦片战争到"五四"以后的上百年中，几乎所有的西方流行思潮都被引到国内，且不说西方自由民主的政治学说，创造财富的经济学说，以及强国强军的科学技术，就是达尔文的进化论、弗洛伊德的心理学、柏克森的直觉主义、尼采的生命哲学以及美国的实用主义、英国的实证主义，都在中国文化领域有过传播；至于社会学说，波及面更大，民主主义和社会主义，自由主义和无政府主义，都在民国时期的政治结构中扮演过角色。

　　"拿来主义"是当时全民族的需要，同时反映了儒家文化在保守性外壳里边始终活跃着的容受力和生命力。

　　建立在封建主义土壤上的儒学形态，总体上已经趋向没落。尊孔读经一派最后成立"孔教会"，奉孔教为国教，成了复辟帝制的代言人，所以一直为新文化运动所排斥；另外提倡"整理国故"一派，希望保存中国的儒家传统，但客观上与尊孔读经派的界限不清，也难与当时新文化运动的洪流相协调，因而受到相当的冷落。儒家想恢复往日的独尊地位，时代已经不允许了。当前中国海外一些文化人提出并推行所谓"新儒家"或"新新儒家"，希望引入一些西方的思想观念，修正和补充旧儒家的缺憾，但影响很小。东西方的一些学者，包括亨廷顿教授在内，把东方一些国家和地区的经济高速发展，归诸于儒家的作用，其实是估计过高了。

　　今天，我们大陆也有人以继承和发扬传统文化为口实，要给我们的民族文化安置一个"根"，于是不惜诋毁"五四新文化运动"，呼喊尊孔读经，甚至也想把儒教定为"国教"，或硬向学校中推广。可惜他们的有关知识缺位严重，或受其他什么思潮的支配，多讲不到点子上。因为他们忘记了，如果没有中国先进分子的向外虚心和勤奋的学习，不但拯救不了我们的民族，连今天谈论民族文化的资格恐怕都没有了。儒家文化，是包含自我批判、自我更新的文化，是不断激励民族前进的文化。

三　儒学的基本精神

从五千年的中华文明史看，儒家并不能涵盖全部中国文化。在儒家被定为一尊之后，它的内部也始终存在多种思想倾向，并不是铁板一块；在儒学的全部发展过程中，它不间断地吸取和容纳其他思想文化，包括它的对立面，作为自己的营养与有机成分。就此而言，儒学也是中华文化的概括者，是中国传统文化的主要载体，因此，它是一个多样性的动态的概念，用其中任何一个时期的思潮、某几位儒者之言，或某几部经书，都不足以作为整体上的儒家文化的代表。

然而自两汉以来，不论儒学形态经过何等内在的变迁，受到过何种思潮的冲击，但最后，它令法、道、墨、名、阴阳诸家都失去了独立性，成了羽翼；即使势力强大，一度发动过独立运动的佛教，也没有离开儒学的基础。甚至可以说，佛教之所以会在中国扎根成长，正因为它可以作为儒学的补充，为儒学提供持续发展的养料。这说明，浮现在儒学多样与动态表面的背后，还有其潜在的、推动它不断更新的历史一贯性和稳定性。这一贯性和稳定性就可以视作儒学的基本精神。

大家都知道，中国是一个多民族国家；中华民族就是几千年来诸多民族不断融合形成的。儒学的基本精神，也成了凝聚各个民族的文化因素。那么，这相对稳定的基本精神，有些什么具体内容呢？

历代注意的多是儒家的政治伦理观念，例如仁义礼乐、忠孝节义、礼义廉耻、温良恭俭让，以及可以归纳到"三纲五常"的其他许多观念，这一切无疑都属儒学范围。但这一类观念，往往只能与其特定的社会关系相适应，为当时的政治结构和伦理结构服务，不但在诠释上能够产生多种歧义，变动性也非常大。因此，我不认为这些仅属特定时期、特定社会条件下的观念就能代表儒家精神；相反，只有那些贯穿全部历史的，上承三代之学，近至当代新文化运动，令中华民族凝结在一起，并不断推动文明发展的那些要素，才是儒家的基本精神，而封建主义的意识形态，只是儒学发展过程中的一个阶段，一些部分。我以为，包括"五四运动"人物本身，骨子里就是充满儒家精神的，不管他们在表现上对儒家采取的是如何横眉冷对的态度。

这种儒家精神，我认为可以归纳为四点：

第一，"日新，日日新"。

《孟子》中有句评价孔子的话，叫做"圣之时者也"。什么意思？儒家经典的一些论述可以为这"时"作注。《周易·系辞》为"易"下定义："生生之为易"。"生生"就是生命永远不息的运动。这种运动的最大特点，是"新"，而且还是"日日新"，所谓"日新之谓盛德"。所以《大学》说："苟日新，日日新，又日新。"据此可以说，孔学的第一个稳定特点，就是不断更新自己的知识结构和思想观念，要求适应和推动社会和人格的发展，而不是因循保守，阻碍这些发展，这其中当然包含创造发明，不断更新人的生活方式。这种观念，表现于文字，潜藏在深处，往往会在历史的关键时刻突发出来，形成强大的社会潮流。在近代的表现，就是以"新学"取代"旧学"，以新政取代旧政，以维新和革命取代陈腐的旧体制，以建设新社会取代旧社会。

这个"日日新"有两个不可分割的规定，一是内在的"自强不息"，《周易·系辞》所谓："天行健，君子以自强不息"。这"自强不息"形成一种民族性格，那就是独立自主、自尊自力、坚韧不拔、不屈不挠。这种性格反映在中华民族的全部历史上，可以说无所不在。章太炎把中国佛教特点归之为"依自不依他"，就是这一精神的体现。"日日新"的另一个规定是以求知为愉悦，看重学习。孔子说："学而时习之，不亦说乎"，他把"多闻"、"好学"纳入人格的培养范围。儒家普遍重视教育，"有教无类"以及"学而不厌，诲人不倦"，是中华教育的优良传统。汉魏之际的《牟子理惑论》提出："书不必孔丘之言，药不必扁鹊之方，合义者从，愈病者良"，于是儒士们纷纷拜佛徒为师，佛教终于消解到中华文化之中，成为它的组成部分。清末张之洞（1837—1909）提出："经国以自强为本"，而"自强生于力，力生于智，智生于学"，他是提倡教育救国的祖师。他特别主张"游学"西方，以"西学为用"，不惜改造儒家祠堂、佛道寺观而为学堂，最后导致"科举"的废除，开近现代教育之先；也为此后"科学与民主"的发动，准备了人才。

这种向西方学习，向一切其他民族国家的优秀文化学习的风气，至今不衰，将来也不会停止。中华文化从来没有把其他民族和国家的文化，当做必然引发冲突的力量看待。

第二，在天人之际"人为贵"，在君民关系上"民为贵"。

"天"是中国最古老的模糊概念之一，它有时特指能够干预人事的人格神；有时泛指无意识的自然界或自然规律；大多数是介乎二者之间，混混沌沌，并不明确。但有两点可以肯定：第一，照《说文》解释："天，颠也，至高无上"；第二，这"至高无上"并非创世主，也无造人的功能。古人或称有意识的天为"帝"或"上帝"，但他依旧不是创世造人的"神"。中国传说开天辟地的是"盘古氏"，造人的是"女娲氏"，他与她都是神话中的人物，既没有依据此类神话形成出什么宗教组织，也没有成为某种信仰崇拜的对象。一句话，中国传统文化中没有与"一神教"相应的"神"；儒教也是如此。这是中国文化之所以是世俗的传统，而与西方的宗教文化传统区别最大的地方。

儒教提倡"敬天祭祖"，既有宗教含义，也有礼教含义。因为要"祭祖"，所以是否需要一个不灭的灵魂（鬼或神），曾成为儒家内部长期争论的问题；因为天"至高无上"，不论从哪个意义上都需要敬畏，所以天人关系问题就成了传统思想普遍关注的课题。

近现代研究者，多认为中国文化源于"巫、史"，归类于萨满教一类信仰。巫、史只是巫觋自身的一种分工，他们都有通天知命的本事，也都有不畏惧天神鬼怪、甚至驱使天神鬼怪的本领。上古是由专人司掌的一种文化职能，后来流传于民间底层。由此又造就了另一种民族性格，那就是无所畏惧，不可屈服。这种性格的宗教化，就形成道教的"神仙术"。神仙不仅可以长生不老，而且能够移山倒海、改天换地。像孙悟空闹天宫、哪吒闹海、姜太公封神一类的故事，就体现了对"至高无上"者的抗争，以至于要制服"至高无上"为自身现实利益服务的精神。因此，撇开巫、史的法术一面（包括卜筮在内的种种巫术或方术），它的精神大体可以代表古代中国人看待和处理天人关系的基本精神。

孔子所谓"尽人事，听天命"，是这一精神的消极反映，而他的后学，要比他积极得多。荀子主张"天人之分"，认为"天行有常"，并不能干预充满矛盾和多变的人事，相反，人倒是能够"制天命而用之"，所以在天人关系上提出了人"最为天下贵"的观念。这是一种人本主义，它在民间的发展，就是既不畏惧鬼神，也不屈服于自然和命运的"人定胜天"。孟子是主张"天人合一"的，但他把"天"的意志解释作人民意志的反映，天的视听就是人民的视听；所以说"天不言，以行与事示之"。这"行"与"事"就体现在人民的实际生活上。据此，在处理君民关系上，他提出了"民为贵，君为轻"的主张，认为暴虐其民的君主，人人皆可共诛之，这也是代天行罚的一种。这是社会政治领域的民本主义思想，它可用于说明"三代"更替的原因，而后则成为历代改朝换代的政治指南：不论当权的皇帝，还是造反的民众，都奉之为合理性的依据。《周易·革卦》所谓："汤武革命，顺乎天而应乎人"，人间革命，就是天命。武则天做皇帝，用的是这个词，中国近现代所言"革命"，也是来自这个词。

　　"天人合一"的思想，可以溯源于《周易·文言》，而把它作为一个命题明确起来的则是董仲舒。他以为"天人之际，合而为一"，"以类合之，天人一也"。他用这一理论，证明君权神授，但也用这一理论，制约君权，认为君主既是天命所授，就必须顺从民意，不可妄为，否则，天命同样能够把君权剥夺回去，使你皇帝做不成。明代是中国君主专制主义演变的一个最高点，但它的开国皇帝依旧不敢违背儒家的这一祖训："所谓敬天者，不独严而有礼，当有其实。天以子民之任付于君，为君者欲求事天，必先恤民。恤民者，事天之实也。"因此，国家任命的官吏，必须"福民"，若不能福民，即是弃君之命，是对君主的大不敬。

　　把人民视为上帝，除人民外别无上帝，就是中国儒家传统。这种人贵与民也贵的传统观念，可能是与西方宗教观念最大的差异处。

　　与此有关，这就涉及儒家的宗教观。《周易》有言："圣人以神道设教而天下服矣。""神道设教"就成了历来儒家宗教观的灵魂："神"对天下百姓有教化作用，所以要行"神道"。那么什么是"神"？《周易》也有个明确的界定："阴阳不测谓之神。"故荀子谓："四时代御，阴阳大化，风雨博施，万物各得其和以生，各得其养以成；不见其事而见其功，夫是之谓神。"至于"神道"，唐儒解释为："微妙无方，理不可知，目不可见，不知所以然而然，谓之神道。"因此简单说来，人们对于未知或无知的自然现象不能得到正确的理解，即称之为"神"或"神道"。这其实是一种类似不可知论的观点，因为它并没有进一步判定是否有人格神的真实存在。

　　不承认有创世造人的唯一的神，以及对神鬼不置可否、模棱两可的态度，造就了中国多神主义的传统。西方有人说中国是"无神论"国家，毋宁说中国是否认一神独尊的国家；对于造神封神，可说是全民风气，历来不衰。从古到今，究竟造过多少神，无法统计。人们敬佩的英雄、爱戴的志士、自己的祖宗，以及看不明说不清的事物，都可以被尊之为神；甚至每一个人都想成神，每个物件也可以被视之为神。人人都可以成为圣贤，人人都可以成佛，人人也都能成为不死的神仙。所以大至国家社稷，小至村落、家庭、厕所、灶上，都有神在主管；行帮职业，也各有自己主祭的神，每个人还有不朽的识神。也因为如此，历代王朝对于宗教一直持宽松放任的政策，只要不触犯王法，允许各种宗教活动和神祇存在，而王朝本身并不一定恪守什么特定的信仰。当然，神鬼的反对者，以及无神论者和唯物论者，影响亦很巨大，历代不断，而且是以儒者为中坚；明清的王朝统治集团，也多倾向无神论，但不放弃"神道设教"的原则。

中国历史上流行过各种宗教，不但有外来的如众所知的佛教、基督教、伊斯兰教，以及琐罗亚斯德教和摩尼教，而且国内还不间断地产生着无数的民间宗教组织，此起彼伏，但在总体上，没有发生过西方那样的宗教歧视、宗教迫害，更没有宗教战争，就此而言，宗教信仰自由也是儒家的传统，允许个人的爱好和自愿选择。这是一个优秀的传统。

第三，"大一统"与"和而不同"。

"大一统"也是来自儒家经典。《春秋公羊传》谓："大一统者，天地之常经，古今之通谊也。"作为一项抽象原则，大一统就是国家统一，文化统一。通观中国全部历史，自殷周以来，虽然纷争不断，分裂不断，但国家的统一和文化的统一，始终是发展的大趋势。不论哪个氏族或民族当政，不论国家已经分裂到何等程度，也不论国家已经处于何等危急关头，但统一之心，自上而下，始终是全民的共识。所以，统一是国家的常态，分裂被视为罪恶。由此形成的爱国主义，根深蒂固，以至于成为国人最根本的价值观、士人的最高节操。

在国家统一过程中，中华文化起了正面作用。这一文化最重要的载体是语言文字；它使一切地方方言统一在方块字上，牢不可破；方块字承载的思想和文化，为一切进入内地的少数民族所倾倒，最终融合为中华民族的共同体。这是一个自然过程，秦汉是一个各氏族融合的大潮；隋唐是各民族融合的大潮；元明清则是多民族联合的一个大潮——融合是融为统一无间的汉民族；联合是联为统一的休戚与共的中华民族。

孔子认为，"和而不同"是君子之道。意思是说，在人际关系上，应该和平相处，不应互相歧视、互相排斥，由此显示儒家对异己者的宽容性；但同时反对抹杀人际间的差别性，由此显示儒家对个性的尊重。历史上外来的侨民和诸多民族的融合，就是"合"的社会史实；儒家吸取了诸子百家之学，容纳了佛教和其他宗教的传入，则是"合"的文化史实；中华民族由56个民族组成，至今依然保持各自的民族特色，这是承认社会"不同"上的史实，而儒释道的长期共生，以及多种宗教信仰与无神论者的共存，就是在文化上呈现的"不同"。因此，"和而不同"是"大一统"的内在规定，我们称之为"多样性的统一"。

这种"和而不同"的"大一统"，统一中的多样性，使我们不断地吸收和容纳外来文化充实和丰富我们民族的精神世界，同时维护和促进着我们民族内部的文化交流，使得文化生活不断活跃和升华，持续不断地推动我们民族的整体进步，也为每—个体的健康发展提供了相当的资源与空间。

第四，"大同"与"平等"、"均富"。

这三个词所表达的，同属于儒家传统中最牢固的社会理念。

儒典的《礼记·礼运篇》称："大道之行也，天下为公"，这个"公天下"，被称作"大同"。认为在"大同世界"中，产品异常丰富，但不是为了私人占有；人人都要劳动，但不是为了谋个人利益；"老有所终，壮有所用，幼有所长，鳏寡孤独、残疾者皆有所养"，而不会再有利己主义，各自顾各自。由此天下太平，人们不会再有生活之忧，遭受盗贼战乱之苦，当然也不会有犯罪一类的社会丑恶。

这一理想，作为民族的潜意识，其实在时时发生作用。孔子说，社会经济问题"不患寡，而患不均"，深得民心；"均贫富、等贵贱"是农民起义的经常性口号，佛教的"众生平等，无有高下"，也因之而流行。到了近代，康有为著《大同书》，孙中山倡"天下为公"，也都是来自这同一传统。孙中山创三民主义，但向往社会主义，所以把平均地权和限制资本作为他的行动纲领；毛泽东以新民主主义作为革命的起点，将共产主义作为终极理想，都可以视作儒家的影响在起作用。邓小平提出建设"小康"的目标，其实也是来自儒家的这一理念，不过一般只把它理解为经济上的富裕程度，不免有失偏颇。

儒家的这类理念，可能也蕴涵着中国未来的发展方向。

【附注】

为了方便了解塞缪尔·亨廷顿教授关于儒家文化和儒家精神的论述，兹摘他的几个精彩片段，以见一斑：

《文明的冲突》中译本第 94 页在评价世界文化形势时说："世俗的儒家文化的文化复兴采取了肯定亚洲价值观的形式，但在世界其他地方，宗教文化复兴却表现为对宗教价值观的肯定。"这是否意味着儒家文化就是对抗西方文化的一大理由呢？

第 254 页谈及中美关系："中国的崛起对美国形成了更根本的挑战。美国和中国几乎在所有重大政策问题上都没有共同的目标，两国的分歧是全面的。"为什么会是全面分歧？按作者的理论前提，是"源于文化差异"（第 252 页）："盛行于众多亚洲社会的儒家精神强调这样一些价值观：权威，等级制度，个人权威和利益居次要地位，一致的重要性，避免正面冲突，'保全面子'，以及总的说来，国家高于社会，社会高于个人……"（第 250 页）